映像文化の社会学

長谷正人 編

Sociology of Visual-Imagery Media

有斐閣

はじめに

　本書は，映画，写真，テレビ，パソコンといった，私たちの周囲に溢れている映像文化を，人間の社会生活の営みとして社会学的に捉えるための教科書です。映画や写真を，ただ娯楽や芸術として味わって終わらせるのではなく，そもそもなぜ人間が多様な映像文化を自らつくりだし，楽しもうとしてきたのかを考え，人類の社会生活の歴史のなかで位置づけ直すこと。そのような社会学的な思考のきっかけを読者のみなさんに提供することを目的にしています。

　いささか空想的なたとえ話ですが，もしいま宇宙人が地球にやって来て，人間はどのような生物であるかを，科学的に調査・研究することになったとしましょう。まず彼らはきっと，人間が社会的に活動している最中に，必ず誰かがそれをカメラで撮影しているという事実に驚くに違いありません。政治的議会の様子から自然災害の状況から有名人の恋愛まで，あらゆる出来事の周囲にはいつも多くのカメラマンがそれを撮影しようと必死に群がっていますし，観光スポットでは，つねに大勢のふつうの人びとがカメラを構えて美しい風景を写そうとし，結婚式や誕生日や運動会など，あらゆる儀礼的活動を人間は撮影して記録しています。そうやって記録された写真の枚数や動画の長さは，地球上すべてを合わせると計り知れないほどの分量になっているに違いありません。

　そういう意味でその宇宙人科学者は，人間とは「映像」にとりつかれた生物だと考えるに違いないでしょう。実際私たちの社会生活は，政治活動も経済活動も家族や友人のコミュニケーション活動も，さらには医療活動や軍事・警察の活動にいたるまで，すべてが映像技術の媒介なしには成り立たなくなっています。ただ私たちは，そのとき映像技術は社会活動の道具として利用しているだけで，政治や医療や軍事の本筋には関係のない付随的な問題にすぎないと考えているだけのことです。でも，本当にそういいきれるでしょうか。テレビ中継のない政治活動も胃カメラのない医療活動も衛星写真のない軍事活動も私たちはもはや考えることができないでしょう。だから実は，映像をつくりだすことのほうが人間の文化にとっては本筋かもしれないのです。

　だから本書は，これまでの常識的な視線をほんの少しずらして，人間の社会

活動を，映像文化の一種であるという視点から観察する試みとして編まれました。ハリウッド映画やテレビ番組も，それらが作品として優れているかどうかという視点からではなく，人間たちの社会活動の一種という視点から捉えようとしました。

　構成としてはこうなります。第1部では，写真，映画，テレビ，パソコンといった映像技術の種類ごとに，それがどのような文化をつくりだしてきたかの歴史を説明します。第2部では，映像文化が家族や友人や国家などといった多様な社会的秩序をつくるのにどのような役割を果たしてきたかを考えます。ここまでが本書の総論的な部分です。後半は各論的に，さまざまな映像文化を扱っています。第3部では，医療や警察や科学的な観察といったハードな映像文化を，第4部ではアイドル文化や心霊現象やアニメーションといったソフトな（遊戯的な）映像文化を扱っています。

　このような映像文化への視点自体が，学術的にも新しいものだといえるでしょう。ですので，私たちの記述や説明も，まだ教科書としては不十分なものかもしれません。しかしだからこそ，読者のみなさん自身が，本書をきっかけにして自由に考えてほしい。自分たちが宇宙人になった気分で，映像を通して人間の社会生活はどう構成されているかを大胆に議論してほしい。私たちは，そのような自由な思考と議論こそが，人文社会科学的な学問の最大の意義だと考えています。多くの読者が，本書を通して，私たちの社会生活をそれまでとは異なった相貌で見ることができるようになること。それによって人間や映像や社会の可能性について自由な考えをもつことができるようになること。編者としては，読者のみなさんがそういう思考の醍醐味に触れることを願ってやみません。

2016年7月

長谷　正人

執筆者紹介

(執筆順)

長谷 正人(はせ まさと)　　　　　　　　　　編者，序章，第 2, 7 章
　早稲田大学文学学術院教授
　主著　『映画というテクノロジー経験』青弓社，2010 年。『映像という神秘と快楽
　　　──"世界"と触れ合うためのレッスン』以文社，2000 年。

菊池 哲彦(きくち あきひろ)　　　　　　　　　　　　　　第 1, 5 章
　尚絅学院大学総合人間科学部表現文化学科准教授
　主著　『歴史と向きあう社会学──資料・表象・経験』（共著）ミネルヴァ書房，
　　　2015 年。『記憶と記録のなかの渋沢栄一』（共著）法政大学出版局，2014 年。

加藤 裕治(かとう ゆうじ)　　　　　　　　　　　　　　第 3, 12 章
　静岡文化芸術大学文化政策学部文化政策学科教授
　主著　『全訂新版 現代社会を学ぶ人のために』（共著）世界思想社，2014 年。『無印
　　　都市の社会学』（共著）法律文化社，2013 年。

鈴木 洋仁(すずき ひろひと)　　　　　　　　　　　　　　　第 4 章
　事業構想大学院大学准教授
　主著　『「元号」と戦後日本』青土社，2017 年。『「平成」論』青弓社，2014 年。

角田 隆一(つのだ りゅういち)　　　　　　　　　　　　　　第 6 章
　横浜市立大学国際総合科学部社会関係論コース准教授
　主著　『ネットワークシティ──現代インフラの社会学』（共著）北樹出版，2017 年。
　　　『歴史と向きあう社会学──資料・表象・経験』（共著）ミネルヴァ書房，2015 年。

大久保 遼（おおくぼ りょう）　　　　　　　　　　　　　　　　　第 8, 11 章
　愛知大学文学部人文社会学科特任助教
　　主著　『映像のアルケオロジー――視覚理論・光学メディア・映像文化』青弓社，2015 年。『デジタル・スタディーズ 3　メディア都市』（共編）東京大学出版会，2015 年。

増田 展大（ますだ のぶひろ）　　　　　　　　　　　　　　　　　第 9, 14 章
　立命館大学映像学部講師
　　主著　『科学者の網膜　身体をめぐる映像技術論：1880-1910』青弓社，2017 年。「現実はいかにして拡張されたのか――写真・GPS・ナビゲーション」神田孝治・遠藤英樹・松本健太郎編『ポケモン GO からの問い　拡張される世界のリアリティ』新曜社，2018 年。

松谷 容作（まつたに ようさく）　　　　　　　　　　　　　　　　　第 10 章
　國學院大學文学部准教授
　　主著　『手と足と眼と耳――地域と映像アーカイブをめぐる実践と研究』（共著）学文社，2018 年。「映像身体の誕生――19 世紀末～20 世紀初頭における映像実践と身体の関係」博士論文，神戸大学，2010 年。

前川 修（まえかわ おさむ）　　　　　　　　　　　　　　　　　第 13 章
　神戸大学大学院人文学研究科教授
　　主著　『痕跡の光学――ヴァルター・ベンヤミンの「視覚的無意識」について』晃洋書房，2004 年。「写真論としての心霊写真論」一柳廣孝編『心霊写真は語る』青弓社，2004 年。

目　次

序　章　映像文化というパースペクティブ ——————————— I

　　　複製技術とアウラの凋落　I　　本書の構成　2　　テクノロジーとしての映像文化　2　　コミュニケーションとしての映像文化　3　　科学としての映像文化　4　　呪術としての映像文化　5　　平凡さの魅力とアウラの魅力　5

第1部　テクノロジーとしての映像文化

第 1 章　写真というテクノロジー ——————————— 9

　1　写真というテクノロジー ………………………………… 10
　　　写真術の誕生　10　　ダゲレオタイプという写真術　10　　ダゲレオタイプの時代におけるネガ・ポジ法　11

　2　写真の痕跡性 …………………………………………… 13
　　　痕跡としての写真　13　　ダゲレオタイプの一点性と写真の痕跡性　14　　デジタル写真の痕跡性　16

　3　写真の複製性 …………………………………………… 17
　　　ネガ・ポジ法の台頭　17　　写真の複製性による大衆化　17　　複製性に支えられた写真の文化　19

　4　「撮ること」の文化とデジタル時代の写真の文化 …………… 20
　　　写真を「撮ること」の大衆化　20　　デジタル時代における「写真を『撮ること』の大衆化」　21　　デジタル時代における「撮ること」と「見られること」　22

第 2 章　映画というテクノロジー ——————————— 25

　1　テクノロジーとしての映画 ………………………………… 26
　　　科学装置としての映画　26　　マレーとマイブリッジの連続写真　27

　2　「撮る」文化から「見る」文化へ ………………………… 29

「撮る」文化としてのシネマトグラフ　29　「見る」文化としてのリュミエール映画　30

3　アトラクションの映画と古典的映画 ……………………… 32
「見る」文化の3つのパラダイム　32　アトラクションの映画　32　古典的映画　34

4　イデオロギー批判と「アウラ」の凋落 …………………… 36
映画のイデオロギー批判　36　映画の社会変革性　37　チャップリンとミッキーマウス　38

5　映画文化のパーソナル化と「撮る」文化 ………………… 39
映画のパーソナル化　39　ポスト古典的映画　40　テクノロジーのパーソナル化　41

第3章　テレビというテクノロジー ——————————— 45

1　「通信」と「放送」の間で揺れ動くテレビ ……………… 46
映画とは異なるテクノロジーの系譜　46　「通信」か,「放送」か——ラジオの先行　48　ラジオ放送からテレビ放送へ　49

2　「放送」としてのテレビ …………………………………… 51
街頭テレビと大衆の受容　51　ナショナルな共同性を産み出すテレビ　53　時間を編成するテレビ　55

3　繰り返される「放送」と「通信」のゆらぎ ……………… 57
テレビを「見る」ことのパーソナル化　57　「通信」化する「放送」?　59

4　テレビのゆくえ——「見る」の多様化・自由化のなかで ……… 60

第4章　パソコンというテクノロジー ——————————— 63

1　映像文化のすべてを飲み込むパソコン …………………… 64
すべてを1つの画面に　64　本章の目的　65

2　パソコンの誕生と映像のパーソナル化 …………………… 66
なぜ「パーソナル」か　66　「パソコン」の誕生まで　66　「パソコン」の誕生　68

3　パソコンが映像文化にもたらしたもの＝DIY化 ………… 70

パーソナルという発想の転換　70　　「ホール・アース・カタログ」に見る「パーソナルな力」　71　　「ホール・アース・カタログ」とパソコン文化　73

4　パソコンというテクノロジーの論じ方 …………………… 74
日本におけるパソコンというテクノロジー　74　　パソコンの歴史と現在　75　　パソコンが変えた映像文化の論じ方　76　　「パソコン」はどのようなテクノロジーか　77

第2部　コミュニケーションとしての映像文化

第 5 章　個人をつくる映像文化 ── 81

1　肖像写真とそこに写る人物 …………………… 82
写真術黎明期の肖像写真　82　　最初期の肖像写真をめぐるエピソード　82

2　社会的記号としての肖像写真 …………………… 83
肖像写真とブルジョワ文化　83　　ブルジョワジーの社会的記号としての肖像写真──カルト＝ド＝ヴィジット　84　　ブルジョワジーのなかの個人──ナダールの肖像写真　85　　ブルジョワジーの社会的記号からの解放──ザンダーの「20世紀の人間たち」　86

3　同一性の記号としての肖像写真 …………………… 87
個人を特定する肖像写真　87　　司法写真の試み──ベルティヨンのシステム　87　　ベルティヨン・システムの限界──肖像写真と個人の結びつきの不確かさ　88　　パスポートの証明写真と個人　90

4　コミュニケーションのなかでつくられる個人 …………………… 91
肖像写真がつくる個人　91　　写真の日常化とコミュニケーションとしての写真　92　　イメージがつくる拡散する個人の現在──デジタル化とセルフィ　94

第 6 章　コミュニケーションをつくる映像文化 ── 99

1　コミュニケーションをつくる写真文化 …………………… 100

2 集団に埋め込まれた写真コミュニケーション …………… 100
　　集団を維持する写真コミュニケーション　100　　大きな集団に埋め込まれた写真コミュニケーション　101　　大衆化する家族写真コミュニケーション　102　　個人化する写真コミュニケーション　103　　「私」を構築する写真コミュニケーション　104

3 「つながる」ための写真コミュニケーション …………… 105
　　既知の集団から解放された写真コミュニケーション　105　　人間関係をつくるプリクラ・コミュニケーション　106　　拡散する写真と「写交性」　107　　「つながり」を求める写真コミュニケーション　109

4 「盛る」ための写真コミュニケーション …………… 110
　　「盛る」文化としての90年代プリクラ・コミュニケーション　111　　過剰な「盛り」とリアリティ感覚　112　　現実を「盛る」写真コミュニケーション　113

5 「つながり」と「盛り」の写真コミュニケーションのゆくえ …………… 114
　　「盛る」から「整える」へ　114　　「つながり」×「盛り」＝？　115　　写真コミュニケーションはどこへ向かうのか　116

第7章　社会をつくる映像文化1 ―――― 119

1 私的映像と公的映像 …………… 120
　　「撮ること」「撮られること」「見ること」　120　　社会制度としての親密な映像　121

2 御真影――国家をつくった写真 …………… 122
　　御真影と明治近代国家　122　　2枚の御真影　123　　写真に見守られる　124

3 オリンピア――政治の美学化としての映画 …………… 125
　　複製写真とプロパガンダ映画　125　　『オリンピア』の撮影技法　126　　リーフェンシュタールと全体主義思想　127

4 アポロ月面着陸のテレビ中継――私生活の公共空間化 …………… 129
　　テレビと消費生活　129　　テレビによる遠近法の倒錯　130　　アポロ月面着陸の生中継　130

- 5 映像文化研究と新しい映像文化 …………………………… 132
  記号論，精神分析学的アプローチ，オーディエンス論　132
  新しい社会の映像文化　134

第 8 章　社会をつくる映像文化 2 ———————— 137

- 1 歴史的な瞬間の記録 ……………………………………… 138
  再演された国旗掲揚　138　　歴史の冷厳な瞬間　140
- 2 戦時国家とナショナル・シンボル ……………………… 142
  第 7 回国債ツアー　142　　記念切手と海兵隊記念碑　144
- 3 消費社会とポップ・カルチャー ………………………… 146
  映画『硫黄島の砂』の公開　146　　広告，ポップアート，そして iPad ケース　147
- 4 ポスト 911 の「硫黄島の星条旗」……………………… 149
  グラウンド・ゼロの星条旗　149　　映画『父親たちの星条旗』152

第 3 部　科学としての映像文化

第 9 章　医療における映像文化 ———————————— 159

- 1 診断を受けるということ ………………………………… 160
  映像による診断　160　　画像診断への違和感　160
- 2 近代以前の診断術 ………………………………………… 161
  問診による診断　161　　解剖学の展開　163
- 3 近代医学の誕生 …………………………………………… 164
  臨床医学のまなざし　164　　聴診と触診　166
- 4 医療技術と写真術 ………………………………………… 168
  写真による診断術　168　　写真のまなざし　168
- 5 映画と X 線 ………………………………………………… 170
  映画と外科医　170　　X 線の衝撃　171
- 6 見えないものを見る ……………………………………… 173

裏返しにされた身体 173　　見えないものを見る 174

第10章　警察と軍事における映像文化 ―――――― 177

1　警察と司法写真 ………………………………… 178
顔を歪める女性 178　　19世紀のパリ 179　　個人の特定化 180

2　軍事と映像 ……………………………………… 183
警察化した軍事行動 183　　イコンとしての軍事映像 186　　ゲーム化する軍事行動 188

3　日常化する警察・軍事映像 …………………… 190
日常の警察・軍事の映像 190　　監視カメラの映像 191　　不安と恐怖の遍在化 192

第11章　人類学における映像文化 ―――――――― 195

1　映像と人類学のまなざし――初期の実践者たち ……… 196
黎明期の映像と人類学――「異文化」の発見 196　　参与観察と記録――マリノフスキ『西太平洋の遠洋航海者』 197　　ドキュメンタリーと再現――フラハティ『極北のナヌーク』 198　　映像による人類学――ベイトソン／ミード『バリ島人の性格』 200

2　人類学における映像の位置――記録と再現，科学と芸術の間で
……………………………………………………… 202
研究資料としての映像――ルロワ＝グーランと身ぶりの記録 202　　「言葉の学問」への批判――マーガレット・ミードと映像による人類学 203　　民族誌映画の創造――ジャン・ルーシュと「シネマ・ヴェリテ」 205

3　映像と文化の詩学／政治学――方法論的・認識論的な課題
……………………………………………………… 206
表象の危機と映像――批判的人類学とまなざしの政治学 206　　芸術と人類学の境域――民族誌的シュルレアリスム 208　　映像＝人類学以前への遡行――フィオナ・タン『ディスオリエント』 210

第 4 部　呪術としての映像文化

第 12 章　スターという映像文化 ──────────── 217

1　スターという存在の不思議さ ……………………… 218
　スターと私たちの非対称な関係　218　　映画から生まれるスター　219

2　超越的な存在としてのスター ……………………… 221
　崇拝と憧れ，そして模倣の対象としてのスター　221　　消費社会とスター　222　　憎しみの対象としてのスター　224

3　「親しみ」の存在としてのアイドル ……………… 225
　TVとアイドルの関係　225　　日常を「見る」ことへの興味　226　　「業界人」のように「見る」ことの出現　227

4　多様なスター・アイドル文化のなかの「見る」こと ……… 228
　「会う」アイドルの興隆　228　　アイドルのように「撮る」・「見せる」こと　229　　非対称に「見る」ことの残存　230

第 13 章　心霊現象という映像文化 ──────────── 233
　はじめに──写真という「死」　234

1　心霊写真の誕生と死──ステージ 1 ……………… 234
　あるものがある心霊写真　234　　なかったものがある心霊写真　235　　現実認識のゲーム　236

2　心霊写真の 2 度目の死──ステージ 2 …………… 238
　3 点認識型の心霊写真　238　　ステージ 2 の終焉　239

3　メディアの間にある心霊写真──ステージ 2・5 … 240
　心霊写真の復活と 80 年代末の力学　240　　心霊ビデオと J ホラー　242

4　デジタル写真以降の心霊写真──ステージ 3 …… 243
　90 年代からの写真の変容　243　　心霊写真の変容　244　　00 年代のデジタル写真　245　　現代の心霊写真の新たな時制　246

第 14 章　アニメーションという映像文化 ───── 249

1 **アニメーションの生命力** ・・・・・・・・・・・・・・・・・・・・・・・・・・・・・・・・ 250
　アニメーションの位置　250　　アニメーションの意味　251

2 **動きが生じるということ** ・・・・・・・・・・・・・・・・・・・・・・・・・・・・・・・ 253
　アニメーションの源流　253　　映画，またはアニメーションの「父」　255

3 **デジタル技術とアニメーション** ・・・・・・・・・・・・・・・・・・・・・・・・ 256
　「すべての映画はアニメーションになる」　256　　ポストプロダクションとアニメーション　257

4 **完全映画とアニメーション** ・・・・・・・・・・・・・・・・・・・・・・・・・・・・ 259
　完全映画の神話　259　　完全映画におけるアニメーション　260

5 **モーションキャプチャとアニメーション** ・・・・・・・・・・・・・・ 261
　動きを抽出するということ　261　　動きを合成するということ　262

6 **アニメーションという動き** ・・・・・・・・・・・・・・・・・・・・・・・・・・・・ 264
　フル／リミテッド・アニメーション　264　　動きとしてのアニメーション　265

参 考 文 献 ・・ 269

索　　　引 ・・ 279

本書のコピー，スキャン，デジタル化等の無断複製は著作権法上での例外を除き禁じられています。本書を代行業者等の第三者に依頼してスキャンやデジタル化することは，たとえ個人や家庭内での利用でも著作権法違反です。

序　章
映像文化というパースペクティブ

　複製技術とアウラの凋落

　ヴァルター・ベンヤミンは,「複製技術時代の芸術作品」という1935～36年に書かれた論文において,写真と映画という19世紀に生み出された映像文化(「複製技術」と彼は呼ぶ)に注目し,それらは伝統的な芸術作品がもっていたアウラ(オーラ)を凋落させると主張している。教会の天井に描かれた宗教画や王宮に飾られた君主の肖像画を思い出せばわかるように,もともと多くの芸術作品は,宗教や政治に関わる権威を輝かせるためにつくられていた。だから芸術とは礼拝的価値をもつものだった。しかし写真に撮られて美術全集に載せられたキリスト生誕の絵画は,もはや人びとの信仰や崇拝の場所からは引き剝がされ,自室のソファーで他の時代や場所の絵画と比較検討されて眺められるような美的鑑賞の対象にすぎなくなるだろう。だから芸術はそこでは,礼拝的価値の代わりに展示的価値をもつものとなった,とベンヤミンはいう。

　そして彼はさらに,映像文化は芸術のアウラを凋落させるだけでなく,政治のアウラをも凋落させる,と主張する。(筆者流の比喩を使わせてもらえば)アンデルセン童話の「裸の王様」で正直な子どもが,豪華な服を着て立派に見える(アウラを帯びた)王様が実は平凡な裸の人間にすぎないと見破って王様の権威を凋落させてしまったのと同様に,複製技術は伝統的な政治的権威を覆っていた神聖なアウラを凋落させ,誰もが平凡で平等な人間として政治に参加できるような民主主義や社会主義の社会を到来させることに通じているというのが,ベンヤミンの歴史認識だった。

　この論文が書かれてから80年が経過し,ベンヤミンが夢見ていた社会主義革命はどうやら失敗に終わり,他方でテレビやパソコンなど新しいメディア・

テクノロジーが全世界に普及するなど，現在の映像文化と社会の状況は1930年代とは大きく変化してしまった。にもかかわらず，ベンヤミンがそのとき提起した，「アウラの凋落」という命題は，現代においてもいまだ有効であると思われる。その命題は，人間がテクノロジーによって基礎づけられた芸術（＝映像文化）をもったことが，人間の世界に対する知覚や認識の枠組みをどのように変え，私たちの社会生活をどのように変化させたかという人類史的な問題に私たちを向き合わせるからである。もちろんパソコンやスマートフォンの普及によって，現代社会にはさらなる映像メディア環境の変化も起きている。これらの新しいテクノロジーと社会生活の変化を，ベンヤミンの視点を引き継ぎつつ，やはり人類史という大きなパースペクティブから捉え直すこと，それが「映像文化の社会学」と題された本書がめざしていることである。

本書の構成

さて本書は，ベンヤミンが提起した問題を，以下の4つに整理して捉えている。第1に，写真や映画といった映像文化を，その1つひとつの作品内容からではなく，表現形態としての「テクノロジー（＝複製技術）」の問題から考えること（第1部「テクノロジーとしての映像文化」）。そして第2に，映像文化の問題を「芸術」や「美」の問題に閉じ込めることなく，「政治」や「社会」の問題として考えること（第2部「コミュニケーションとしての映像文化」）。さらに第3に，そうした映像技術による機械的な知覚様式が，人間の現実認識や社会秩序のありようを変化させる破壊的な力について考えること（第3部「科学としての映像文化」）。最後に，そうしたテクノロジーの力に抵抗しようとする，人間の呪術的な認識作用のアウラ的な力について考えること（第4部「呪術としての映像文化」）。このような4つの命題を考えることを通して，私たちは「映像文化」と「社会」の関係を捉えるような視座を提供したいと考えている。

テクノロジーとしての映像文化

まず第1部「テクノロジーとしての映像文化」では，写真（第1章），映画（第2章），テレビ（第3章），パソコン（第4章）という4つの映像文化を，それぞれメディア・テクノロジーの歴史として捉えたセクションである。私たちは

ベンヤミン的な視点から，これらの映像文化をただ内容から見るのではなく，そのテクノロジーの特性から見ることのできるような視点を提供するために，このセクションを置いた。写真には写真の，映画には映画の歴史がある。しかしそこでもう1つ注目してほしいのは，現代における映像テクノロジーに起きている「パーソナル化」という大きな変化である。それが第1部全体のもう1つのテーマだ。

　20世紀の大衆的な映像文化としての写真，映画，テレビは無数の大衆によって見られることによって成り立っていた。だからベンヤミンはそこに大衆を主役とした公共的な社会変革の可能性を感じ取っていた。しかし現代社会では，誰もがデジタル・カメラを所有して自分のパーソナルな世界を撮影している。つまり映像文化は，公的な「見る」文化から私的な「撮る／撮られる」文化へと変化した。しかもパソコンのネットワークは，そうした人びとの私的世界をつなぐ通信テクノロジーとしての役割を果たしている。だからそこには個々の私的世界が並んでいるだけで，大衆的に共有される文化は存在しない。このような大衆的テクノロジーからパーソナル・テクノロジーへの下部構造の変化を，社会学的にどう捉えるか。それが現代においてベンヤミンを引き継ごうとする私たちの課題になるだろう。

コミュニケーションとしての映像文化

　第2部「コミュニケーションとしての映像文化」では，映像文化と社会や政治との関係について，ベンヤミンの命題に抗って考えようとするセクションである。すなわちベンヤミンが，複製技術によって政治的秩序のアウラは凋落するということに着目したとするなら，私たちがここで扱いたいのは，そうしたベンヤミンの命題に抗うかのように，人びとは映像作品を，家族，共同体，国民国家といった社会秩序を統合するためのシンボルとして，役立ててきたという歴史的な事実である。

　たとえば19世紀のブルジョワジーたちは，自分の肖像写真を撮ってもらって所有することを通して，自分を社会的に立派な「個人」として確立し（第5章），20世紀の家族たちは，何かの儀式で自分たちを写真やホーム・ムービーで撮影することを通して自分たちが家族であることを確認してきたし（第6章），

近代日本は，御真影という天皇の写真を礼拝する儀礼を通して，国民国家としての秩序をつくりだした（第7章）。第2次世界大戦中のアメリカもまた，「硫黄島の星条旗」というシンボリックな写真をメディアに流通させることを通して，ナショナリズムを生み出していた（第8章）。

ただしここでも，そうした公共的な社会秩序のシンボルとしての利用とは異なった，パーソナルな映像文化のありようが，現代的問題として提起されなければならない。プリクラ写真を交換する友人間のコミュニケーションの流動的なありようや，YouTubeにおいて赤ん坊やペットが写ったホーム・ムービーが氾濫している事態は，新しいパーソナルな映像文化と社会との関係を示しているだろう。第6章を中心にして私たちは，そうした新しいネットワーク社会における映像文化を分析するための糸口を示した。

科学としての映像文化

第3部「科学としての映像文化」は，再びベンヤミンの「アウラの凋落」という命題に従って，複製技術による平板な視覚が，いかに私たちの社会生活のなかにノイズ性や暴力性をもって侵入してくるかを，さまざまな映像文化の事例から明らかにするセクションである。たとえば医療における胸部X線写真や胃カメラの映像は，私たち自身には不可視の身体の奥深くを，不気味な機械的な光景として私たちの目に晒け出していつも驚かす（第9章）。また，街中に取りつけられた監視カメラの映像は，24時間休みなく私たちの生活を自動的に捉え続け，そのノイズだらけの街の光景を警察の捜査活動の一部としてテレビ報道で見せられることになる（第10章）。

こうした娯楽やコミュニケーションとはまったく無関係な映像文化においてこそ，「アウラの凋落」という変容はいまも起き続けている。そして人類学者たちが撮影した未開の人びととの姿や生活の映像記録は，私たちの生活自体を，まるごと監視カメラ的な冷たい視線で捉えてしまう可能性を示している（第11章）。こうした意味で，第3部が示しているのは，複製技術が，ベンヤミンのいう政治の民主化の可能性をもっているだけでなく，私たちの日常生活や身体の尊厳（＝アウラ）を突き崩してしまう破壊的な力をもっていることだといえるだろう。

呪術としての映像文化

第4部「呪術としての映像文化」は，そうしたアウラなきテクノロジー的映像に対して，人間たちが再びアウラ的な意味を付与しようとする事例を，アイドル文化，心霊写真，アニメーションという大衆文化現象のなかに求めたセクションである。たとえばベンヤミンは複製芸術論のなかで，ハリウッド映画のスター中心主義を，特定の人間にアウラをまとわせようとする反動的な行為だといって批判している。しかし現在の大衆文化においてもアイドル崇拝の傾向が収まらないのだとすれば，私たちは誰かを崇拝するという欲望自体を，映像文化の根幹に据えて分析すべきだろう（第12章）。

また心霊写真や心霊ビデオといった，大衆的に人気の高い映像作品のさまざまな事例は，人びとがテクノロジーによって生み出された映像の無機質なノイズ性に，心霊（＝死者の心情）という人間性を読み込もうとしてきたことを示している（第13章）。またディズニー以来のアニメーション文化の隆盛は，多くの人びとが，実写映画におけるリアルなノイズ性を孕んだ映像よりも，シンボル的な意味が充満した描画の神話的世界を愛してきたことを示しているだろう（第14章）。

このように，ベンヤミンの「アウラの凋落」の主張のあと80年を経過したにもかかわらず，人間は映像文化のなかに呪術的なアウラを感じ取ろうとすることをやめようとはしていない。ベンヤミンのいうように複製技術が「アウラの凋落」を引き起こしたのは間違いないが，他方で人間はその機械的な映像に呪術的なアウラを付与することで，社会や文化を有意味な世界とすることをやめないこともまた間違いない。ここに映像文化の社会学のポイントがある。

平凡さの魅力とアウラの魅力

だが，それにしても，映像文化を社会学的に考察することの魅力はどこにあるのだろうか。それは，映像文化が人間の平凡さや無名性に関わっているからだと思われる。学校の卒業アルバムの集合写真や大都市の街頭の光景を捉えた記録映画などに写っている，無名の人びとの姿に，私はどうしようもない魅力を感じてしまう。もし映像文化がなければ歴史に名を残すこともなかった人びとの姿を，私が100年以上経って見ていることは奇跡だとさえ思う。過去の無

名の人びとを無名のままで見るという経験。それは翻って，私たち自身が無名のままで自らの人生を肯定される可能性をも開いているのではないだろうか。そうした無名の人びとを主役とした歴史が始まるという可能性を，ベンヤミンは複製芸術論文を通して訴えたかったのだろう。

　しかし，むろん他方で人びとは，平凡なままではいたくないという欲望ももっている。女性が晴れ着を着て街を歩くときの，他人の注目を浴びることの晴れがましさはどうだろう。だから人びとは，その輝かしい姿を記録に残そうと，ハレの儀式の着飾った姿を写真撮影してもらい，それをアルバムに貼って残してきたのだ。そのとき平凡な人間は，少しだけスターのような輝かしい（アウラを帯びた）存在になることができる。その晴れがましさの喜びを得ようとする限り，人間は映像文化を通してアウラを付与することをやめることはないだろう。

　そうした平凡であることの魅力と平凡さを超えたいということの魅力。ベンヤミン的にいえば，アウラが凋落する喜びとアウラを感じ取る喜び。そうした，人間が生きていることの喜びの根源に関わるような，2つの矛盾する力に触れることができるからこそ，映像文化について考えることもまた魅惑的なのだと思う。それが映像文化の研究を通して，「社会とは何か」「人間とは何か」を考えることの意義だろう。

―――― 長谷 正人 ◆

第 **1** 部

テクノロジーとしての映像文化

第 1 章　写真というテクノロジー
第 2 章　映画というテクノロジー
第 3 章　テレビというテクノロジー
第 4 章　パソコンというテクノロジー

第1章
写真というテクノロジー

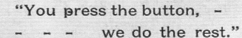

「ザ・コダック」の広告（1889年）（Wikipedia, https://commons.wikimedia.org/wiki/File:You_press_the_button,_we_do_the_rest_(Kodak).jpg, 2015年9月4日最終アクセス）

> 　私たちは大量の写真に囲まれて生活している。写真に囲まれているだけでなく，カメラ付携帯電話でいつでもどこでも写真を撮り，インターネットで世界に拡散させている。写真を撮り流通させるテクノロジーが私たちの写真の文化を形づくっている。しかし，写真のテクノロジーは，最初から現在のようなものではなかった。私たちの写真の文化は，写真のテクノロジーが形づくってきたさまざまな文化が重なることで成り立っている。本章では，写真のテクノロジーの歴史をたどりながら，そこから形づくられた写真の文化のありようを捉えていきたい。

1 写真というテクノロジー

写真術の誕生

　写真術は、カメラ・オブスキュラ内部に映し出された像を定着するテクノロジーとして発明された。写真術は、何よりもまず、「世界をそのまま写しとる」という科学的（光学的・光化学的）な関心から生まれたテクノロジーなのであり、芸術表現の手段として発明されたのではない。「暗い部屋」を意味するカメラ・オブスキュラは、真っ暗な部屋の壁に穿った小さな穴から入った光が、反対側の壁に上下左右の反転した外界の像を映し出す現象を利用した、箱形の写生装置で、15世紀頃から画家たちに使用されてきた（図1-1）。

　他方、一部の銀化合物に光を当てると黒く変色する現象が1720年代以降広く知られるようになった。19世紀に入ると、この光化学現象を利用して、カメラ・オブスキュラに映し出された像を自動的に定着させる複数の試みが同時発生的に行われた。そのなかで、フランス、ブルゴーニュ地方のシャロン＝シュル＝ソーヌで実験を行っていたジョセフ・ニセフォール・ニエプスが、1822年頃にカメラ・オブスキュラ内部に映し出された像を定着させるのに成功したといわれている。ニエプスは自身が考案した方法を「光が描いたもの」を意味する「エリオグラフィ」と名づけた。このニエプスの方法によって、実用にはほど遠いものではあったが（露光時間に8時間以上を要した）、写真術の原型が準備された。

ダゲレオタイプという写真術

　ニエプスは感光剤の感度を高めるために研究を続け、パリで同様の実験を行っていたルイ・ジャック・マンデ・ダゲールと協力関係を結ぶ。立体的な風景画を楽しむ巨大な視覚的娯楽装置であるジオラマの経営者であったダゲールは、ジオラマの背景画を効率的に生産するために写真術の研究を行っていた。ニエプスは1833年に急逝するが、ダゲールがその研究を引き継ぎ、「世界をそのまま写しとる」ことができる実用的な写真術を開発、自身の名前を冠した「ダゲレオタイプ」として公表する。この発明権をフランス政府が買い取り、その技

図1-1　カメラ・オブスキュラ（"Gernsheim Collection, Harry Ransom Humanities Research Center, The University of Texas at Austin"）

術を公開したことで，ダゲレオタイプはまたたく間に世界に普及することになった。ダゲールの方法が公表された1839年を写真術発明の日付とするのが一般的である。

　ダゲールが発明したダゲレオタイプという写真術は，銀メッキを施した銅板の表面にヨウ化銀の膜をつくり，そこにカメラ・オブスキュラで得られた像を映して感光させ，その板に水銀蒸気を当てて現像，さらにそれを洗浄して像を定着させて最終的な写真を得る。つまり，被写体の明暗や色が反転したネガを使用して複数のポジ像（ネガの明暗や色が再反転して正常になった像）を得る，私たちがよく知るネガ・ポジ法の銀塩写真（いわゆるアナログ写真）とは異なり，ネガを介さずに1枚のポジ像を直接得る複製不可能な方法であった（そのためポジ像は左右が反転した鏡像になる）。また，銀板に像を直接定着させる方法であるため，その像は非常に精緻なものだった。

ダゲレオタイプの時代におけるネガ・ポジ法

　複製可能なネガ・ポジ法の写真術が実現されていなかったために，複製不可能なダゲレオタイプが未完成の写真術として受容されていたわけではないことは強調しておきたい。ニエプスやダゲールと同様，イギリスでカメラ・オブスキュラが映し出す像の定着を試みていたウイリアム・フォックス・トルボット

図1-2　トルボット撮影のネガ像（左）とポジ像（右）（ウィリアム・ヘンリー・フォックス・タルボット　題不詳〔娘の肖像・ネガ／ポジ〕東京都写真美術館所蔵。Image: 東京都歴史文化財団イメージアーカイブ）

は，1835年に成功した「フォトジェニック・ドローイング」という方法を改良し，1840年に「カロタイプ」として写真術の特許を取得している。カロタイプは，紙に写しとられたネガ像を介し複数のポジ像がプリント可能なネガ・ポジ法の写真術であった（図1-2）。カロタイプの複製可能な技術的特性を示すため，トルボットは写真集『自然の鉛筆』を1844年に出版している。ネガ・ポジ法はダゲレオタイプと同時期に実現されていたにもかかわらず，写真術を受け容れる社会は複製不可能なダゲレオタイプのほうを受け容れていたのである。

　その発明当初，複製可能なネガ・ポジ法ではなく，ダゲレオタイプのように複製不可能な方法こそ「写真術」であった。その背景には，ダゲレオタイプは特許がフランス政府に買い取られたために誰でも自由に利用できた一方で，カロタイプはトルボットが特許権を保有したために使用料を支払う必要があったという事情もある。しかし，そうした事情も含めてダゲレオタイプが普及し社会に受け容れられていたからこそ，この複製不可能な写真術に即した写真の文化が形成され，それゆえに複製可能な写真術が受け容れ難かったともいえる。そして，ネガ・ポジ法の写真術が社会に受け容れられていく歴史のなかで，複製可能な写真術に即した写真の文化が形成されていく。写真術とその歴史的変

容に注目することで，こうした写真の文化のありようとその質的変容を捉えることができるのである。

2 写真の痕跡性

痕跡としての写真

　写真術の登場は，絵画のような描かれた図像を見る経験とは異なる，写真を見るという経験をもたらした。それは，写真を生み出す写真術というテクノロジーの性質と関わっている。写真を見る経験を他の画像を見る経験と分かつ「写真の痕跡性」としておこう。人の手で描かれた画像は，描かれたものとその画像が似ているか（たとえば肖像画や似顔絵），あるいはその画像が習慣的に何を意味しているか（たとえばシンボルマーク）という視点から見られる。画像と「描かれたもの」あるいは「意味」の間にあるのは解釈という間接的な関係である。それに対し，写真術は，被写体に当たって反射した光が感光板（フィルム）の表面に塗布された化学物質を変化させることによって自動的に像を生み出すテクノロジーである。写真とその被写体の間には，被写体が存在したという直接的・物理的関係がある。写真術によって生み出される写真とは，いわば，被写体がカメラの前に存在したことのたしかな痕跡なのである。

　ロラン・バルトの『明るい部屋』（1980年）は，写真をその痕跡性において捉える写真論の1つの到達点である。本書の中心的な考察は，最愛の母を亡くしたバルトが，幼い彼女の姿が写っている古い写真に「母のあるがままの姿」を見出したことから出発する。もし，写真が伝達する意味がその本質であれば，彼の知る母とはまったく似ていない姿が写った写真に対し，故人の写真として特別な感情を抱くことはなかったはずだ（彼が誕生するはるか以前の母の姿なのだから）。にもかかわらず，この写真が「母のあるがままの姿」として自分の感情に触れるのは，自分の母の存在そのものをこの写真に見出すことができるからだとバルトは考える。そして，そこから現象学的に考察を進め，写真の本質を「それは＝かつて＝あった」というその痕跡としてのあり方に見出す。このあり方は，写真と被写体そのものとの結びつきそのものであり，それは，写真

図1-3　ケースにはめ込まれたダゲレオタイプ（オルセー美術館所蔵）

が被写体の発した光を直接定着させて得られるものであるがゆえに，写真にとって本質的なのである。

ダゲレオタイプの一点性と写真の痕跡性

アンドレ・バザンも指摘するように（バザン 2015: 18），写真は，その痕跡性によって，被写体そのものの存在と強く結びついている。19世紀中頃に活躍したフランスの作家オノレ・ド・バルザックは，写真を被写体から発散される霊的な膜を定着させたものと捉えていた，というエピソードを同時代の肖像写真家フェリックス・ナダールが紹介している（Nadar 1994: 15-16）。また，日本においても，ダゲレオタイプが渡来した幕末から「写真に撮られると寿命が縮む，命を吸いとられる」といった写真をめぐる迷信が広まっていた（小沢編 1996: 237）。肖像写真が被写体の生命に関わるものとして捉えられたことは，写真が被写体そのもの，あるいはそれに準じるものとして捉えられていたことを示している。

写真が被写体そのものと重ね合わされて捉えられていたことは，初期の写真術がダゲレオタイプという複製不可能なテクノロジーとして受け容れられていたこととも関連する。ダゲレオタイプの肖像写真は，ヴェルヴェットや宝石で装飾されたケースや額に丁寧にはめ込まれ，被写体をよく知る人びとの間で鑑賞されていた（図1-3）。また，映像文化史家のジェフリー・バッチェンが紹介

図1-4 遺髪とダゲレオタイプが一緒になった装身具 (Batchen 2004: 66)

するように,故人の肖像を写したダゲレオタイプがその遺髪などの身体の一部と組み合わせて装身具に加工され,近親者が身につけることもあった(図1-4)(Batchen 2004: 65-76)。ダゲレオタイプ肖像写真のこれほどまでに丁重な扱われ方は,ダゲレオタイプという複製不可能な写真の一点性が被写体という存在の唯一無二性と重ねられたためだと考えられる。

　ここで注意しておきたいのは,写真と被写体の存在とを同一視する文化は,ダゲレオタイプに特有の複製不可能な一点性によってというよりも,写真の痕跡性というネガ・ポジ法にも共通する写真術の技術的原理によって支えられていたということである。ダゲレオタイプの一点性は,あくまでも,その痕跡性に由来する写真と被写体の同一視をより強調するものである。したがって,ダゲレオタイプが衰退し,ネガ・ポジ法が写真術の主流となっても,写真の文化においては痕跡性に支えられた写真と被写体の同一視が現れている。

　たとえば,1980年代頃までは,中高生が好意を寄せる人物の写真を生徒手帳にはさんで持ち歩く文化が見られた。これは,好きな人物の存在を身近に感じていたいという欲望が,写真の痕跡性と結びついたものと理解できる。また,「丑の刻参り」という日本の呪術がある。丑の刻(午前1時から午前3時)に相手の身代わりとしての藁人形を神社の御神木に五寸釘で打ちつけて呪いをかけるものである。呪いの効果を高めるために,相手の身体の一部(毛髪など)をなかに入れて藁人形と相手の存在との結びつきを強めるが,藁人形の代わりに

第1章 写真というテクノロジー　15

呪いをかける相手の写真を直接釘で打ちつける事例も報告されている（小松 1995: 18-20）。写真が，呪術における相手の身代わりとして，身体の一部を入れた藁人形に匹敵することは，写真の痕跡性が被写体との直接的つながりを担保していると考えることができる。

デジタル写真の痕跡性

写真の痕跡性は，アナログ写真においては，文字どおり，感光板・フィルムの表面に光化学変化という物質的痕跡として残されていたが，画像を電子的データとして処理する現代のデジタル写真において痕跡性は失われてしまったのだろうか。写真の痕跡性は，おそらく，映像が電子データとして処理されるデジタル化された写真術においても（弱められることはあるにしても）維持される。というのも，デジタル写真においても，被写体に反射した光にカメラ内部のセンサーが反応することで像がデータ化されるのだから，そこに直接的・物理的な関係は保たれている。

その点で，私たちは，どんなに精巧な画像であっても，コンピュータで描いたコンピュータ・グラフィックス画像とデジタル・カメラという光学装置が生み出すデジタル写真を区別している。私たちのデジタル写真に対する意識においても痕跡性は保たれているのだ。だからこそ，恋人や家族のデジタル写真を携帯電話やスマートフォンの待ち受け画像にして持ち歩くことは，生徒手帳にはさまれた好意を寄せる人物の写真や，装身具にされたダゲレオタイプと同じ文化のなかにあるといえる。もっとも，デジタル写真は，画像データの消去が容易でもあるため，データの形式や保存媒体が，写真＝被写体との関係やその意味づけによって区別されている（消えてもかまわない画像は携帯電話に撮りっぱなし，大事な画像はパソコンに保存する，など）。ともあれ，デジタル写真においても，写真をその被写体の存在と同一視して「見る」という，写真の痕跡性に支えられた文化のなかにあるのだ。

3 写真の複製性

ネガ・ポジ法の台頭

　写真術はダゲレオタイプを主流として出発したが，テクノロジーの変化は陰に隠れていたネガ・ポジ法の写真術を表舞台に上げる。トルボットの開発したカロタイプは紙のネガを使用したネガ・ポジ法だったのに対して，イギリスのフレデリック・スコット・アーチャーがガラス板のネガを使用する湿版コロディオン法と呼ばれる写真術を 1851 年に発表した。湿版コロディオン法によって露光時間が大幅に短縮され（長くても十数秒），複製可能なネガ・ポジ法が注目されるきっかけとなった。他方で，ダゲレオタイプの一点性が写真術の痕跡性と結びついて写真と被写体を同一視する写真の文化のなかで，ガラス・ネガの複製可能性を消去したうえで一点もののポジ像として扱うアンブロタイプと呼ばれる方法も現れた。しかし，湿版コロディオン法の難点であった撮影から現像過程でのネガの取り扱いの難しさ（撮影直前にネガを薬液に浸し，乾燥する前に撮影・現像を済ませなければならなかった）を改良したゼラチン乾板が，1871 年に登場したことで，ネガ・ポジ法の普及は決定的となる。

写真の複製性による大衆化

　1850 年代から 70 年代にかけて，ダゲレオタイプに代わって，ネガ・ポジ法の写真術が主流となっていくなかで，写真の複製性を前提として，大量生産される写真商品が現れる。フランスの写真家アンドレ＝アルフォンス＝ウジェーヌ・ディスデリは，1854 年に「カルト＝ド＝ヴィジット」と呼ばれる小さな判型の肖像写真（名刺判写真とも呼ばれる）の撮影を開始した（図 1-5）。カルト＝ド＝ヴィジットは，一度の撮影で 12 ポーズ前後撮影可能でなおかつ複製が可能なことで実現された低価格によって，それまで一部の富裕者のみに享受されていた肖像写真を一挙に大衆化した。ここでいう肖像写真の「大衆化」とは，肖像写真を「撮られる」ことだけでなく，肖像写真を「見る」ことの大衆化も含んでいる。というのも，ディスデリは，有名人のカルト＝ド＝ヴィジットを撮影依頼者である有名人に渡すだけでなく，ネガを使用して複製し一般に

図1-5　ディスデリ撮影のカルト゠ド゠ヴィジット（"Gernsheim Collection, Harry Ransom Humanities Research Center, The University of Texas at Austin"）

も販売したのである。現代のブロマイド写真のはしりであるが，これによって，有名人の肖像写真が商品として社会のなかで流通するようになる。肖像写真の大量流通により，「直接の面識はないが顔かたちをよく知っている有名人」が出現した。

　ステレオ・スコープなどと呼ばれる装置を使って写真を立体的に見せるステレオ写真は，1851年のロンドン万国博で公表され，1850年代に大流行した視覚玩具である（図1-6）。装置にセットする写真を取り替えることができたので，大量に複製されたステレオ写真が販売された。さまざまな地域の自然や文化を写したステレオ写真の人気が高かったため，カルト゠ド゠ヴィジット同様に「訪れたことはないがよく知っている風景」を生み出すことになった。

　「直接経験したことがないものを見せる」こうした写真商品の登場によって，写真を見るという経験が被写体の存在と切り離され始める。そして，こうした写真の大量流通によって，写真の痕跡性に支えられるのとは異なる写真の文化が形成されていく。この文化を支えていたのは，写真の複製性に関わるテクノロジーである。

　ネガからポジへの写真の焼きつけによる複製を前提とした写真術が主流にな

図1-6　ステレオ写真一式（ステレオビューアー。東京都写真美術館所蔵。Image: 東京都歴史文化財団イメージアーカイブ）

ることだけでなく，写真印刷の技術改良も写真の大量流通の技術的基盤となり，複製性に支えられた写真の文化を形成するうえで重要な役割を果たした。印刷によって写真を複製する写真印刷（写真製版）の技術改良は1850年代から進行した。そして，1880年代にアメリカで実用化されたハーフトーン印刷（網目写真版印刷）が普及し，新聞や雑誌に写真が大きく掲載される時代が到来した。写真印刷の普及により，1920年代後半には，写真を中心に記事を編集したグラフ雑誌が現れ，1936年にアメリカで創刊された『ライフ』誌は世界規模で読者を獲得した。写真印刷の改良・普及によって，人びとは，新聞や雑誌を通して，写真を当たり前のように目にするようになった。

複製性に支えられた写真の文化

痕跡性に支えられた写真の文化においては，写真が被写体と同一視されることは，写真を見る経験をある意味で特別なものにしていた。被写体を直接知らないものにとってはただの写実的な像でしかないが，被写体をよく知るものにとっては，その写真を前にすることは，被写体そのものを経験することに等しい。ある特定の個人にとって意味をもつという点で，写真は非常にパーソナルなメディアである。それに対し，写真商品の流行や写真印刷の普及によって，

複製性に支えられた写真の文化が形成されていく。写真の大量流通によって，人びとは，写真を見ることを通して，被写体の存在を直接知らなくても，その存在を信じることができるようになる。そして，写真は，像とその被写体との結びつきを切り離し，その像だけを広範囲に大量流通させるマスメディアとなった。こんにちのデジタル化された写真術は，こうした写真の複製性を，より徹底するテクノロジーといえるだろう。

ただし，複製性に支えられた写真の文化の出現によって，痕跡性に支えられた文化が取って代わられたわけではない。たとえば，有名人の写真について考えてみよう。私たちはポスターや雑誌など，さまざまなメディアで複製されて流通する有名人の写真を目にしている。これらの写真を通して，私たちは，彼らを「ただの像」として経験しているが，その一方で，メディアに複製された写真ではなく，カメラによって彼らを直接撮影した写真を「ナマ写真」と呼び，複製された（たんなる）写真とは異なる価値を認めている。この「ナマ」という表現には，被写体の「直接的痕跡性」という意味が込められている。このように，写真の痕跡性は，複製性に支えられた写真の文化が支配的な場においても現れている。だからこそ，写真の文化をその痕跡性と複製性を合わせもつテクノロジーという視点から捉えなければならないのだ。

4 「撮ること」の文化とデジタル時代の写真の文化

写真を「撮ること」の大衆化

写真術の歴史的変化から写真の文化のありようを見てきたが，ここまで，写真の文化における「写真を見ること」の様相を中心に取り上げてきた。しかし，写真術の歴史的変化は，「写真を撮ること」の様相にも関わる。最後に，写真術の「撮ること」に関わる様相に注目して，写真の文化を検討しておこう。

その黎明期において，写真を撮ることには光学や光化学の専門知識が不可欠であった。初期の写真術は，薬品を塗布した感光板を自分たちで準備しなければならなかったし，現像の過程もさまざまな薬品処理を必要としたため，専門的な化学の知識や設備を必要とした。つまり，写真を撮ることはそれを職業と

する専門家が独占する技能であり，写真は「撮るもの」ではなく「撮ってもらうもの」だった。したがって，写真撮影は職業文化の領域に属し，「写真の文化」をより多くの人びとに関わるものとして考えると，それは「写真を見ること」をめぐる文化が中心とならざるをえない。

しかし，写真術の歴史的変容が，写真を「撮ること」の大衆化という側面もともなっていたことは見過ごせない。まず，カメラや感光板の技術的改良は，それらをより扱いやすいものにし，写真撮影術の修得をより容易なものにしていった。そして，写真を撮ることの大衆化にとって決定的だったのは，アメリカのジョージ・イーストマン社が1888年に発売したカメラ「ザ・コダック」である。このカメラは，100枚撮影可能なロール・フィルムを装填した状態で販売され，撮影後にカメラごとイーストマン社に送付して10ドル支払うと，現像，焼き付けしたうえで，カメラに新たなフィルムに換装して返送するというシステムとともに提供された。そのキャッチコピー「あなたはシャッターを押すだけ，あとはわが社にお任せください」が示すように（本章扉図版を参照），写真撮影から専門性を取り払い，カメラさえ手に入れれば誰でも写真を撮ることができるようになった。

さらに，1960年代以降，カメラの自動化・電子化が進み，カメラ操作はますます簡略化し，1977年にはオートフォーカスも実現した。こうした経緯を経て，現像，焼き付けの過程のみをサービスとして提供したザ・コダックを越えて，文字どおり「シャッターを押すだけ」で撮影可能な環境が実現した。カメラ操作の簡素化とともに，小型化，低価格化が進むことによって，カメラは「一家に一台」に近い状態で普及していった。1980年代になると，手軽に入手可能で操作も簡単な「レンズ付きフィルム」（使い捨てカメラ）も登場し，写真を撮ることが一挙に大衆化した。写真は「いつでもどこでも誰でも」撮ることのできるものになったのだ。

デジタル時代における「写真を『撮ること』の大衆化」

写真を撮ることの大衆化のなかで写真の文化はどのように変化してきたのか。まず，写真撮影の大衆化によって，職業としてではなく趣味として写真を撮影する「アマチュア写真家」の出現を指摘できるだろう。さらに，写真が「撮ら

れるもの」から「撮るもの」になるにつれ，撮影される写真の意味合いも，「特別な機会に撮影する記念写真」から「日常の一側面を記録したスナップ写真」という意味合いを強めるようになった。写真術の歴史的変化とともに，写真を撮ることが日常生活のなかに浸透してきたのである。

そして，こんにちの写真術のデジタル化は，写真を撮ることの大衆化をより徹底した。デジタル・カメラは，1988年に一般消費者向けモデルが発売され，1995年以降カメラ・メーカーだけでなく家電メーカーも市場に参入したため，小型化，低価格化が急速に進行し，普及に拍車をかけた。そして，デジタル・カメラの普及において決定的だったのが，2000年に発売されたカメラ付携帯電話の登場だった。パーソナルな携帯通信端末との連携により，デジタル・カメラは「一人に一台」に近い状況をもたらし，「いつでもどこでも誰でも」撮影することをさらに推し進める。デジタル・カメラの登場とその普及によって徹底された写真を撮ることの大衆化は，写真の文化に新たな様相をつけ加えたのである。

デジタル時代における「撮ること」と「見られること」

デジタル・カメラは，ネガやプリントのような支持体を必要としないデータとして写真を生み出す。したがって，デジタル写真は，撮った写真をモニターのような表示装置に表示しなければ見ることができない。しかし，表示装置があれば，撮影したそばからすぐに見ることができる。つまり，コンピュータをはじめとする他のデジタル機器との連携が前提なのである。この前提が，デジタル写真における「撮る文化」を特徴的なものにする。コンピュータのインターネット接続が急速に一般化した1995年以降，個人が撮影した写真をインターネットで広く流通させるようになり，カメラ付携帯電話とともにそれで撮影した画像の送受信サービス（「写メール〔写メ〕」と呼ばれる）も登場した。インターネットを通したデジタル写真の流通は，それらが広い範囲で「見られる」ことを可能にした。

こうした動きは，「広い範囲に意図的に見せる（公開する）」機会をもたらしたという点で表現活動の開放と考えることも可能だし，そうした側面も確かにもっている。しかし，デジタル写真は，「表現」として「広く見せる」ためだ

けでなく，ただ自分で見るために，あるいは親しい人びとに見せるためにネット上にデータを「置いている」場合もありうる。しかし，デジタル写真をインターネット上で流通させることが，見せたい人以外の人の眼に触れる可能性をともなっていることは見落とすことができない。デジタル化された写真術においては，写真を「撮ること」が「見られること」と直接的に結びつきやすく，しかもこの「見られること」は「広い範囲に意図的に見せる」ことから「当事者たちの想像を超えて見られる」ことまで広く含んでいる。

　デジタル・カメラが日常生活のさまざまな場面に浸透したことで，「いつでもどこでも誰でも」撮影できるデジタル写真は，私的な傾向を強めている。その結果，ネット上で私的な写真が見られる可能性が高まる。場合によっては，私的であるがゆえに公的には不適切な写真までもが人目に晒され，トラブルになることもある（SNSでの画像投稿をきっかけに発生する「炎上」事件など）。写真を撮ることの大衆化は，写真術のデジタル化の登場とともに，写真を「撮ること」と広い意味での「見られること」が一体となった，新しい写真の文化を出現させているのである。

　現在の写真の文化は，ここまで見てきたように，写真術によって歴史的に形づくられたさまざまな写真の文化が積み重なって成り立っている。私たちは，現在の写真の文化のなかで生きていかなければならないからこそ，現在生じている現象にのみ目を向けるのではなく，そうした現象を支えているテクノロジーとその歴史的変容に目を向け，そこから写真の文化の現在のありようを精確に捉えなければならない。

●読書案内●
①クエンティン・バジャック『写真の歴史』伊藤俊治監修，遠藤ゆかり訳，創元社，2003年。
　　写真史の記述はどうしても「写真表現の歴史」に接近しがちだが，「テクノロジーとしての写真術の歴史」として成り立っている書物。扱っている時代が1900年頃までではあるが，それゆえに写真術黎明期の諸テクノロジーを詳細に学ぶには有益。
②飯沢耕太郎『デジグラフィ――デジタルは写真を殺すのか』中央公論新社，2004

年。
　　デジタル写真論は，テクノロジーが可能にする表現の新しさにおいて語られがちで，やがて時代遅れにならざるをえない面がある。本書もそれを免れない部分はあるが，写真をデータとして扱うことの意味について検討している点は，デジタル写真とは何かを本質的に考える重要な手がかりとなる。

③ヴァルター・ベンヤミン『図説 写真小史』久保哲司編訳，ちくま学芸文庫，1998年。
　　難解ではあるが，テクノロジーとして写真を考えるうえでは避けて通れない著作。複数の邦訳があるが，詳細な訳注だけでなく，ベンヤミンが文中で言及している写真や，関連の深い資料も合わせて収録している上記の版をおすすめする。

④ジゼル・フロイント『写真と社会――メディアのポリティーク』佐復秀樹訳，御茶の水書房，1986年。
　　スーザン・ソンタグの『写真論』と並ぶ，写真論の古典的著作。基本的には写真のイデオロギー批判の立場だが，テクノロジーへの注目など，その範疇に収まらない部分が多く含まれている。日本の映像文化論において，ソンタグに比べて言及されることが少ないのは長らく入手困難なためであろうか。再刊を望みたい。

――――菊池 哲彦◆

第2章
映画というテクノロジー

リュミエール兄弟のシネマトグラフ（Albert A. Hopkins ed., 1897, *Magic: Stage Illusions and Scientific Diversions, Including Trick Photography*, Munn & Co., p. 510）

　「映画」といえば、私たちはハリウッドで製作され、映画館やDVDで見る大衆娯楽作品のことをすぐにイメージする。しかし、ここではその常識を疑ってみたい。リュミエール兄弟は、映画というテクノロジーを科学の実験装置として開発した。だから最初それは娯楽というより、科学の領域から出発した。また他方、現在のデジタル・ビデオカメラの普及は、「見る」楽しみとしてではなく、「撮る」楽しみとしての映画文化を普及させている。つまり本章では、映画を人類が19世紀末に手にしたテクノロジーとして考え、これをどう扱ってきたかの歴史をたどることで、映画文化を別の枠組みから考え直したい。

1 テクノロジーとしての映画

科学装置としての映画

　映画はテクノロジーとして発明された。目の前に起きている現実の光景を，1秒間に18枚とか24枚といった目に見えない高速度でカメラが次々と静止写真として捉え，その静止写真を同じ速度で間歇的に映写したとき，観客はその映像を動くままに捉えられた現実として（錯覚的に）知覚する。これが動く映像としての映画を成り立たせている基本的なメカニズムだろう。撮影段階では「写真」と同様に現実を光学的に捉えるが，しかし再現段階では紙などの上に固定化されるのではなく，つねに時間的な現象としてヴァーチャルに再現される。だから観客は，写真のように物質としてそれを所有して能動的に眺めるのではなく，音楽のように時間的な流れとして受動的に経験するしかない。こうしたテクノロジーとしての特徴が，映画という映像文化の基底的部分をつねに規定している。

　だがむろん，こうしたテクノロジーとしての映画の特徴が，そのまま20世紀にハリウッド映画産業を中心に発展してきた，観客が恋愛物語や戦争スペクタクルを楽しむ文化に反映させられているわけではない。実際のところ，19世紀末に映画を発明したフランスのリュミエール兄弟（1895年）は，こうした娯楽文化としての映画を想像していたわけではなかった。発明期の映画は，むしろ顕微鏡やX線などと同様に，生物の動きのメカニズムを明らかにするための実験器具の1つだったといったほうがよいだろう。たとえば映画発明直後の1897年，スコットランドのジョン・マッキンタイアーは，カエルの足の動きをX線写真で連続的に撮影してその写真群をループ状につなげて映画化したというし，1898年にオーストリアのルートヴィッヒ・ブラウンは，生きた犬の心臓を取り出してその鼓動する様子を映画撮影したという。ここでは映画とは，人間の肉眼では捉えられない生物の「動き」を観察し，記録し，再現する生理学のための科学装置として考えられていたのだ。

図 2-1　マレーの連続写真（Marta Braun, 1992, *Picturing Time: The Work of Etienne-Jule Marey*, The University of Chicago Press）

マレーとマイブリッジの連続写真

　映画が科学装置であったことは，映画以前の原型的な機械装置の歴史を見ても明らかである。その歴史には2つの系譜があったが，それらはいずれも人間の生理学的研究に関わっていたからだ。1つの系譜は，1860年代から80年代にかけて，フランスのエティエンヌ＝ジュール・マレーやアメリカのエドワード・マイブリッジが，人間が歩行したり，馬が疾走したり，鳥が飛翔したりする動きのメカニズムを，高速の連続写真を利用して図表的に記録しようとしたときの一連の実験装置である。その実験結果では，動物の動きや人間が歩いたり投げたりするような動作が，等間隔に分解された写真として図表的に提示されている（図2-1）。とくにマレーは生理学者として，脈拍や血圧を図表的に記録する装置と同じ文脈でこの運動の連続写真を活用しようとしていたのであって，そこには娯楽的要素は一切なかった。

　もう1つの系譜は，1820年代から30年代にかけて人間の目がいかに世界を捉えているかという生理学的メカニズム（の限界）を明らかにするために発明された，ソーマトロープ，フェナキスティスコープ，ゾーエトロープなどの実験器具である。これらはいずれも人間の目が何かを見たあと視覚に像が残って，次に見たものに重なって見えるという網膜残像現象を人工的に引き起こすために考案された実験器具である。このうちフェナキスティスコープは，円板に8

図2-2　フェナキスティスコープ (Museum for the History of Sciences, Ghent)

つ（もしくは16）のスリットを入れ，そのスリット間にパラパラ漫画の要領で，一連の分解された人間の「動作」を描き，この円板を鏡に向けて回転させて，どれかのスリットから覗くと，残像効果によって断続した動作が連続した運動として錯覚されるという装置である（図2-2）。私たちはそれらの装置を通して，漫画的イラストで描かれた人間が，踊りや跳躍や疾走などのアクションを無限に繰り返しているのを見ることができる（今でもパラパラ漫画，アニメーションとしてお馴染みである）。

　マレーらの連続写真で空間的に提示されている人間の歩行の分解写真を，フェナキスティスコープの機構を利用して，連続的な動きとして時間的に提示したときに「映画」が生まれるといえるだろう。つまり映画とは，人間の動作を観察するための科学的探究（連続分解写真）と，人間の眼に運動の錯覚を与えるために考案された実験装置（フェナキスティスコープ）とが結びつけられて生まれた，独特の科学装置なのだ。だから映画は，人間の生理的活動を観察し，数量的に計測し，さらには人工的に操作したいという科学者たちの欲望から生まれたということになる。

　実際リュミエール兄弟の工場は，シネマトグラフが爆発的人気を獲得したあとでも，医学的・生理学的実験用の特殊なカメラやフィルムを開発し続けたのであって，娯楽用映画作品をつくったわけではなかった。だから映画というテ

クノロジーは最初期にあっては，あくまで科学の領域にあった。ただし，暗闇のなかでのイメージの光学的提示（映写）という部分に関しては，マジック・ランターン，パノラマ，ジオラマといった，第3の系譜としての娯楽的文化の系譜が絡んでくると思われる。この3つ目のスペクタクルの欲望の系譜が加わることによって，映画は以下のような娯楽文化へと変化していったといえるだろう。

2 「撮る」文化から「見る」文化へ

「撮る」文化としてのシネマトグラフ

リュミエール兄弟が1895年末に，彼らが発明したシネマトグラフという機械を宣伝するために開催した上映会は，自分たちが予想もしなかった反響を人びとに巻き起こし，映画の歴史に新しいパラダイムを切り開いた。それは簡単にいえば，「撮る」文化のパラダイムから「見る」文化のパラダイムへの変化である。シネマトグラフにいたる19世紀の映画テクノロジーの歴史が，カメラを介して世界を図表化して理解したいという科学者たちのパラダイムに属していたとすれば，シネマトグラフ上映会から今日まで続く20世紀の映画のパラダイムは，カメラを通して世界を感受したいという観客たちの欲望に属してきたといえる。言い換えれば「撮影」を中心とした製作者の文化から「鑑賞」を中心とした消費者の文化への変容が起きたのだ。

さて，そのパラダイム・チェンジの起点となったのが，リュミエールのシネマトグラフ上映会である。それは，1895年12月28日にパリのグランカフェで開催された。上映された作品は，工場の門が開かれると大勢の労働者たちが手前に向かって歩いて出てきては左右に去っていく『工場の出口』，庭先にテーブルを出した若い夫婦と赤ん坊が食事をする微笑ましい光景を捉えた『赤ん坊の食事』（図2-3），男が水撒きをしていると，少年が後ろから近づいてホースを踏んで水を出なくさせ，男がホースを覗きこんだところで足を離すという悪戯を演じさせた寸劇『水をかけられた撒水夫』，さらに初日は上映されなかったがのちに大きな評判になった，駅のホームに置かれたカメラが遠くから走

図2-3　リュミエール『赤ん坊の食事』

ってきて到着する列車の光景を捉えた『列車の到着』などである。

　これらはいずれも、労働者の帰宅、家族の食事、庭園の水撒き、列車の到着など、当時のフランス人の日常生活の平凡な光景を固定カメラで1分弱の長さで捉えた作品だった。いわばリュミエール兄弟は、人間の日常生活を科学者の視線で記録するメディアとしてシネマトグラフという装置を提示したといえるだろう。つまり科学のパラダイムのなかにいた彼らは、それを見た観客たちに対しても、シネマトグラフという道具を使って日常生活を記録してほしいと考えたのだと思われる。

「見る」文化としてのリュミエール映画

　しかし、観客たちの反応は、リュミエールの予想とは異なっていた。彼らは、カメラマンが「帰宅」や「食事」や「水撒き」といった日常的光景を「撮った」という行為自体には、あまり興味をもたなかった。そうではなく観客たちは、そうした日常的光景を機械の目を通して「見る」ということに興味を抱いた。とりわけ彼らは、カメラマンが意図せずして画面の周縁に捉えてしまった、風に揺れる葉っぱ、ホースから溢れ出る細かな水飛沫、汽車が吐き出す煙の微細な動きのような、自然の蠢き（自生性）に強く興奮し、どよめきをあげたり

拍手喝采をしたりした。なぜなら，それらの自生的光景が，日常生活のなかではほとんど意識されなかったような，カメラ的視覚に独特の光景だったからである。

　もし私たちが現実に知人の家族が庭先で食事しているのを肉眼で見たとしたら，私たちはそこに家族団欒の温かさを感じるだけであって，そこに激しい風が吹いて木々を揺らしたとしても（邪魔だと思うくらいで）たいして注意を払わなかっただろう。ところが非人間的なカメラは，家族の食事と背景の葉っぱの動きとをまったく同じ自然の蠢きとして（科学的に）捉えた。だから観客は，日常生活のなかでは注意を向けることのなかった，そうした自然の生き生きとした微細な動きにヴィヴィッドに反応したのである。

　こうしてリュミエール映画に興奮した観客たちは，そのカメラを自分でも購入して観察者として世界を記録しようとは考えなかった。代わって彼らは，もう一度，観客としてそのカメラ独特の視覚体験を受動的に味わいたいと考えた（実際，彼らは繰り返し上映会に通ったと伝えられる）。つまり人びとは，映画というテクノロジーを自分で操作して楽しむ側ではなく，他者がつくった映画を享受する側に立つことを選択したのだ（アマチュア映画製作はアマチュア写真ほどは普及しなかった）。こうして映画というテクノロジーは，大勢の人びとが集合的に同じ作品を「見る」という大衆娯楽文化として発展し，ハリウッド映画産業のように作品を「つくる」ことを専門とする少数のグループが他方にいるという非対称的構造を生み出した。

　このような専門家としての製作者と大衆としての観客という非対称的で資本主義的な構造は，世界中で映画産業が発達したあとから見れば，必然的な結果だったようにしか見えないが，しかし映画史の最初から見れば，少しも自明なものではなかったのだ。実際現在では，デジタル・ビデオカメラの大量生産によって，（19世紀の科学者のように）平凡な人びとがカメラを操って，日常生活（子どもの成長など）を動画として「撮る」ことを楽しむような，映画文化が普及しつつあるだろう。だから「見る文化」としての映画は，現在では事実として相対化されてしまっている。しかし，そうした最近の映画文化の展開を追いかける前に，まず私たちは，「見る」文化としての映画が，どのように20世紀社会のなかで展開していったかを見ておきたいと思う。

3 アトラクションの映画と古典的映画

「見る」文化の3つのパラダイム

　世界を「撮る」ためのテクノロジーとして発明された映画は，それが上映された瞬間から「見る」ための文化として発展した。したがって映画の歴史は，映画監督たちの芸術的表現の歴史というよりは，製作者たちがテクノロジーを駆使して，いかに観客に刺激を与えたり，感動させたりしてきたか，という工夫の歴史だったといえるかもしれない（だから興行収益がつねに映画文化の中心にあるのだ）。そのような観客中心的な視点から見た映画の歴史は，おおよそ3つの時期に区分して考えることができるだろう（以下，アメリカを中心とした映画史になっていて，他の文化圏の映画史を取り上げていないことに関してはお許しいただきたい）。

　第1の時期は，1895年のリュミエール兄弟の最初の上映会から1920年代末のサイレント映画の時代くらいまでの間に支配的だった，テクノロジーとしての〈視覚的効果〉で観客を楽しませるような，トム・ガニングが「アトラクションの映画」と名づけたパラダイムである。第2の時期は，トーキー映画が普及した1930年代初頭から1960年代半ばまでを支配した，派手な視覚的効果を前景化することなしに，観客による〈物語〉の主人公への強い心理的感情移入を引き起こすような工夫がなされた，「古典的映画」のパラダイムである。この時期がハリウッド的な映画産業の全盛期である。そして第3の時期は，それ以降から現代までの，物語的な感動は残しつつも，SFXや3Dなど特殊効果技術による〈視覚的効果〉を利用して観客を喜ばすような工夫が凝らされるようになった，「ポスト古典的映画」と呼ばれるパラダイムである。

アトラクションの映画

　さて，第1の「アトラクションの映画」の時代においては，映画製作者たちは，まさに遊園地のアトラクションのような身体的快楽を観客に与えようと工夫していた。そうした作品の代表として，ジョルジュ・メリエスの『月世界旅行』（1902年）がある。この14分ほどの作品は，博士による月旅行の着想の発

図2-4 メリエス『月世界旅行』

表の場面から始まって、ロケットの製造、乗り込みと発射、月への到着、宇宙人との遭遇と戦闘、地球への帰還など、一連の場面から「物語」を読み取れるようになっている。しかし私たちがどのように見ても物語に感情移入して楽しむようにはできていないのだ。1つひとつの場面が単調かつ長すぎて、物語映画を見慣れた観客にとってはあまりにも退屈だからだ。

しかし逆にいえば、ロケット発射場にせよ、月の表面にせよ、絵画のように入念に描きこまれた美術セットを固定カメラで捉えた個々のショットは、それだけで充分に見応えがある。たとえば、月の上空に現れる女性たちの姿を含んだ惑星や星の様子は、それだけで私たちを魅惑するだろう（図2-4）。そしてこの映画では何より、襲ってきた宇宙人たちを人間が傘で殴るたびに煙を残して一瞬のうちに消えてしまうというトリック撮影が、観客たちを楽しませたに違いない（撮影を中断したところで宇宙人の演者は退出して、再び続きの撮影を開始するという単純なトリックだった）。一瞬にして何かがパッと消えてしまうという魔術的光景は、まさに映画が間歇的なリズムを刻みつつ撮影され、映写されるというテクノロジー性の魅力を際立たせているともいえるだろう。このように「アトラクションの映画」とは、映画が映し出す独特の機械的視覚の魅惑によって観客を惹きつけようとした映画なのだ。

第2章 映画というテクノロジー 33

古典的映画

それに対して，第2のパラダイムである「古典的映画」はどのような映画か。むろんそれは，観客がテクノロジーの効果を意識することが薄れ，映画の主人公に心理的に感情移入して，ハラハラドキドキと物語を楽しむような，私たちにとって馴染み深い大衆的映画のことである。「古典」的というのは「古い」という意味ではなく，美男美女が障害を越えて結ばれるロマンスとか，ヒーローが悪漢を撃ち倒して村の秩序を回復する西部劇などのように，一定の規範的で調和的な物語をもっているという意味だと考えればよいだろう。このような同じパターンの物語を繰り返す映画は世界中の映画撮影所で膨大につくられてきたが，ここではあえて『月世界旅行』と比較しやすいという理由で，あまり有名ではないが，初期映画期の，物語映画の萌芽ともいえるような短編を取り上げることにしよう。

それは，アメリカ物語映画の父と呼ばれるD. W. グリフィスのデビュー作『ドリーの冒険』（1908年）である。この映画は，あるブルジョワの若い夫婦にジプシーの男が押し売りをしたものの強い父親に撃退されてしまったので，その腹いせに夫婦の一人娘のドリーを誘拐してきて樽に閉じ込め，馬車に乗せて出発するが，川を渡る途中で樽を落としてしまい，そのまま樽はゆったりと川に流されて，若い夫婦の自宅近くまでたどりついて無事帰還するという物語でできた，12分ほどの作品である（図2-5）。

わずか13のショットでできていることからもわかるように，1つひとつのショットが1分前後の長さをもった，固定カメラで捉えられた全景ショットなので（人物にカメラが接近することはない），現在の観客は『月世界旅行』と同じような退屈を覚えるだろう。むしろすべてのショットを田園地帯でロケーション撮影していることからいっても，観客たちはリュミエールの映画のときと同じように，登場人物たちの背景に大きく広がって見えている木々の枝のそよぎ，陽光のきらめき，川の表面の渦巻き，馬車の走行で立ち昇る土煙などを喜んで見ていたと思われる。

以上のように，本作は「アトラクションの映画」のパラダイムのなかでつくられ，受容された作品である。にもかかわらず，同時代の諸作品とは違った物語的な感情移入の契機が感じられるのだ。たとえば，映画の後半で，ドリーが

図 2-5　グリフィス『ドリーの冒険』

入れられた樽が川を流されていく場面はどうだろう。そこで私たちは川が樽に流される光景を見ながら，同時に「ドリーの運命やいかに」という物語的な感情移入を感じるのではないか。合わせて2分間も続くこれら4つの長いショットは，当時のパラダイムのなかでは，流れゆく川面の美しさや陽光などの視覚的効果をねらったものだったのだろうが，グリフィスの才覚は，私たち観客に違った感情的反応を喚起する。

なぜなら観客たちは，この樽が流される場面の前に，少女が猿ぐつわを咬まされて「樽」のなかに隠された場面を見せられ，さらにそこにやってきた父親が「樽」の周囲を探すものの見つけられないという苛々する場面を見せられているので，私たちの注意はすでに「樽」に引きつけられている。だから，川の場面で私たちは，ドリーはどうなってしまうのだろうという感情が生まれるのだ。むろん，「樽」は視覚的にはただの「樽」にすぎない。しかし物語映画上の記号としては「ドリー」という少女を意味し，私たち観客を彼女に感情移入させ，心理的にハラハラさせるようにつくられている（撮影現場での実際の樽は空っぽにすぎないのに）。

そのようにショットの組み合わせによって，観客の認識と想像力を操作し，いま画面上に見ている以上のことを頭のなかで考えさせることに成功したときに，はじめて物語映画は成立するのだといえる。その意味で「古典的映画」は，

「アトラクションの映画」のような観客の身体感覚的な次元とは違った，観念的・心理的な次元で観客にさまざまな感情を引き起こさせる映画だといえるだろう。

ただし，「古典」と「アトラクション」という2つは，それぞれの時代を支配した映画文化のパラダイムというよりは，すべての映画に通底する2つの様相と考えたほうがよいかもしれない。古典的映画の時代にもアトラクション的効果はつねに見られるからだ。たとえば，私たちは古典的映画を代表するジョン・フォードの『駅馬車』（1939年）で，主人公たちが乗っている，走行する馬車にインディアン（ネイティブ・アメリカン）の集団が襲いかかって銃の撃ち合いになる場面を見るとき，「果たして主人公たちはうまく逃げ切れるだろうか」という物語的なサスペンスを感じると同時に，たくさんの馬の疾走感や舞い上がる土煙に視覚的な魅力を感じもするだろう。むしろ，そのようなアトラクション的効果があるからこそ，物語的な感情移入が深まるのだとさえいってよい。だから両者は矛盾しない。むしろ，このような二重の効果こそが，見る文化として古典的映画を世界中で成功させた理由なのだろう。

4 イデオロギー批判と「アウラ」の凋落

映画のイデオロギー批判

さて，第3の「ポスト古典的映画」の説明に入る前に，ここでは，「見る」文化としての映画が，これまでどのように映画研究者たちによって議論されてきたかを，2つの系譜に整理して紹介しておくことにしよう。それら2種類の映画分析のありようは，「見る」文化としての映画文化の魅惑とは何だったのかを，私たちに教えてくれるからである。

第1の系譜は，「古典的映画」を参照しつつ，物語映画が観客をイデオロギー（間違った意味の世界）に縛りつけることを批判しようとする社会批判的な映画理論である。たとえば『ドリーの冒険』を見るとき，観客たちは，主人公の白人ブルジョワジー一家に感情移入して，少女ドリーを誘拐するジプシーの男女に対して悪い感情を抱くだろう。あるいは『駅馬車』のような西部劇であれ

ば，観客たちは悪役のインディアンを怖ろしい敵と考えることで楽しむような物語構造になっているだろう。

むろんこうした差別的な構造は，フィクション上の約束事にすぎないと片づけてしまうことは簡単である。しかし同時に，大衆向けの映画が繰り返し繰り返しジプシーやインディアンを悪者として描き続ければ，現実社会の彼らに対する白人たちの偏見がさらに補強されることもまた間違いない。このように，白人中産階級のイデオロギーを人びとに押しつける道具として，つまり支配階級による大衆の支配と管理の道具として映画を批判するような議論は，1970年代以降，ローラ・マルヴィらハリウッド映画における男女差別的な構造（ハリウッド映画は男性の視線から女性を見る構造になっている）を問題にしたフェミニズム研究者たちを中心にして，広く映画研究者たちによって共有されてきた。

さらにこうした物語映画による観客たちの画一的な支配が，そのような物語的な感情移入の次元に留まることなく，もっと無意識的で物質的な次元で，つまり観客たちが暗闇のなかで迫真のイメージに強制的に同一化させられるという映画テクノロジーの形式自体に由来するのだという根本的な議論もまた，ジャン＝ルイ・ボードリーの映画「装置」論など1970年代を中心に広く展開された。さらに，こうした議論の根底には，アドルノとホルクハイマーが1947年に書いた古典的名著『啓蒙の弁証法』（2003）における，映画やレコードなどの複製芸術作品は，資本主義的生産様式と機械的合理性によってつくられた画一的な既製品なのだから，それらは人びとに現実社会の矛盾から目を背けさせるようなイデオロギー的役割を果たす「文化産業」にすぎないという資本主義批判的な議論があったといえるだろう。

映画の社会変革性

このように，映画が観客を物語的な意味世界のなかに没入させて，社会的現実からは目を背けさせてしまうイデオロギー効果を批判しようとする第1の系譜に対して，第2の系譜はそれとはまったく反対に，「アトラクションの映画」を事例として挙げながら，映画が観客に日常生活のなかでは見えていなかった無意識的世界を知覚させることに，社会的現実の変革可能性を見出すような議論である。その代表的なものが，ヴァルター・ベンヤミンが1935～36年に書

いた古典的名論文「複製技術時代の芸術作品」(1995) だろう。

　この論文でベンヤミンは，写真と映画という複製技術の発明が，それ以前の芸術作品がもっていた「アウラ」的性格を凋落させることに着目している。つまり，教会に飾られる宗教画や王室の壁に飾られる君主の肖像画が，既存の権威のアウラ（オーラ）を輝かせて社会秩序を維持するのに貢献していたとすれば，それらの複製写真は美術全集のなかで儀礼的文脈から引き剥がされて美的趣味の対象となり，かつての礼拝的価値を喪失させられてしまっているだろう。そのような複製技術による芸術作品のアウラ破壊的な力をさらに推し進めたのが，映画という芸術だとベンヤミンはいうのだ。

　映画は，私たちの日常世界を，カットごとにめまぐるしく視点を変えて，バラバラに分解して観客に見せてくれる（細かくいえばそもそも1秒間24コマに分解している）。そのように，既存の社会的な意味から自由に解き放たれた日常生活の光景を見ることは，観客が自ら活動する世界を現実の制約を超えて想像的に押し広げることになるのではないか（子どもが月をボールだと見誤って手を伸ばすことに彼は例える）。たとえばスローモーションが，人間がゆったりと浮遊しているような光景を見せてくれ，クローズアップが事物の微細に変化し続ける表情を教えてくれる（これはバラージュ『視覚的人間』〔1986〕も提示した論点である）ように，私たちはカメラの力を通して現実世界の新たな相貌に接近できるようになるのだ。それが，リュミエール映画の背景で自生的に立ち騒いでいた自然世界や，メリエス映画のトリックの不思議な世界に通じていることは説明するまでもあるまい。

チャップリンとミッキーマウス

　このように映画がもたらす視覚世界の解放的性格をベンヤミンが強調できたのは，同時代に2人の反＝アウラ的な映画スターがいたからだろう。1人は，ボロボロの燕尾服と山高帽にステッキという浮浪者の姿で映画に現れ，酔っぱらったかのようなギクシャクした機械的な歩き方で人間の滑稽さを演じて，世界中の人びとの笑いをとったチャールズ・チャップリンであり，もう1人は，テクノロジーと生物とが混淆したアニメーション世界のなかを幼児のような傍若無人さをもって駆け回るミッキーマウスである。これら2人の映画スターは，

まさに物語的な意味による呪縛からかけ離れ，乞食とネズミというもっとも社会的な周縁に位置する形象として，子どもたちを中心とした観客にブルジョワ的常識とは相反する，遊戯的で自由な想像力を与えていたといえるだろう。

このようにベンヤミンが論じた革命的映画論の可能性は，古典的な物語映画が完成する以前の「アトラクションの映画」における，物語に縛られない映画のさまざまな豊かなありようから引き出されたものであった。だから同じように，それら初期映画がどのような映画であって，観客はどのようにその映画に反応していたのかを実証的に調査することで，「古典的映画」の時代のなかで眠らされてしまった，〈視覚的効果〉としての映画の可能性をあらためて蘇らせようとしたのが，トム・ガニングらの初期映画論であるといえるだろう。そのような初期映画論者は，決して社会批判的な映画理論家のいうように，映画観客たちはイデオロギーに縛られているだけではなく，自由で主体的であったことを実証的に明らかにしたのである。

5 映画文化のパーソナル化と「撮る」文化

映画のパーソナル化

以上のように映画研究者たちは，映画テクノロジーは，観客たちを画一的なイメージ世界に縛りつける抑圧的な装置なのか，それとも彼らに自由な活動の可能性を認識させる解放的な装置なのかという二項対立的な議論を行ってきた。しかし，彼らがそのような議論をしていた同時代に，映画文化自体がそもそも少しずつ変化していた。誰もが知る歴史的事実だが，1960年代以降，アメリカや日本を中心にテレビ産業が圧倒的に隆盛化することによって，映画産業は黄金期のような熱狂を生み出せなくなったからである。

しかし，私はそれをただ映画産業の凋落というよりは，より大きな文明社会の変化のなかで捉え，映画文化の「パーソナル化」と呼びたいと思う。「集団的」だった映画文化が，個人的で親密な感覚（パーソナル）の文化へと変化したという意味だ。それまでの「見る」文化としての映画は，さまざまな意味で「集団的」な文化であった。まず製作現場（映画スタジオ）では，俳優，撮影，

美術，照明，衣装など大勢のスタッフが製作に関わっていたし（いまでもハリウッド映画のエンドロールのスタッフの数の多さには驚くだろう），ハリウッド映画は世界中の人びとに集団的に共有された文化だったし，また映画館という鑑賞の場所自体も集団で楽しむ場所だった。

したがって古典的映画に関しては，その内容もまた，西部劇にせよ恋愛映画にせよ時代劇にせよ，それぞれの文化圏で集団的に共有されるような物語からできていた。しかしたとえば，美男美女が活躍する恋愛物語は，誰もが楽しめるかもしれないが，同時に観客が現実に経験している個人的な恋愛経験のなまなましさを掬い取れないという物足りなさがあるのも事実だろう。むろん大衆たちは，現実の辛さを忘れて絵空事を見るために映画館に行っていたのだからそれでよかったのだが，しかし1970年代以降に起きたことは，人びとが映画にそうした最大公約数的なロマンチックな物語よりも，パーソナルな恋愛体験のように共有不可能ななまなましさや葛藤を求め始めたということだ。

ポスト古典的映画

「ポスト古典的映画」は，SFXや3Dのような視覚的効果が復活した映画として特徴づけられることが多いが，しかしそれは「アトラクションの映画」のように映画館で集合的に味わう遊園地的な楽しさとは違っていた。それらは，異性の裸体が激しく絡まり合うベッドシーンの性愛表現や，チェーンソーで登場人物の身体が切り刻まれるようなホラー的な表現，あるいは宇宙空間のなかに放り出された宇宙飛行士の孤独を感じさせるSF的表現のように，登場人物たちの主観的で個人的な苦境を見ることを通して，観客個人のパーソナルな感覚を刺激するような方向性をもった，「古典的映画」以上に内面的な映画なのである。

たとえば，「ポスト古典的映画」を代表する2人の監督の作品を見てみよう。スティーブン・スピルバーグ監督のデビュー作『激突！』（1971）は，冴えない中年男がフリーウェイで小型車を運転していて，何気なく追い越した巨大なタンクローリー車に逃げても逃げても追いかけられるという悪夢的恐怖を味わわせられる作品である。ゆえに「アトラクションの映画」のような〈視覚的効果〉をもっていると同時に，観客にとっては，ひ弱な主人公の恐怖に感情移入

することを通して，自分の主観的な日常生活のなかに眠る恐怖の裂け目を見つめ直させるかのようなパーソナルな雰囲気をもった作品になっている。

　また，ベトナム戦争の狂気を描いたといわれるフランシス・フォード・コッポラの代表作『地獄の黙示録』(1979) も，大規模な予算をかけ，ヘリコプターの大掛かりな編隊が「ワルキューレの騎行」をBGMに敵を攻撃するという視覚的効果を売りにした作品として知られるが，しかし同時に，この作品は主人公がボートに乗って川を遡って，奥地で原住民を支配しているカーツ大佐に自分の分身性を感じて会おうとする物語でもあり，むしろ主人公が自分の内面の奥底へと遡行していくことを幻覚的な光景によって表現した内面的な映画といってもよいように思われる。

テクノロジーのパーソナル化

　このように「見る」文化としての映画の内容が「パーソナル化」したことに連動して，1980年代以降，テクノロジーとしての映画装置自体にも「パーソナル化」の波が起きた。つまりそれは，映画鑑賞＝受容の場に現れた，家庭用ビデオデッキとレンタルビデオ店の普及である。人びとはもはや大勢の観客たちとともに憧れのヒーローの活躍に笑ったり泣いたりする経験を共有するよりも，個室空間のなかで1人，登場人物が受動的に受け止める「性」や「暴力」や「恐怖」の映像を，パーソナルな感覚で強く感じたいと考えるようになったのだ。

　このような映画文化の「パーソナル化」は，明らかに1970年代にアメリカ西海岸で盛んだったヒッピー文化やカウンター・カルチャーの運動と密接に関わっているだろう。パーソナル・コンピュータの発明が，国家や軍隊しか扱えなかった巨大な計算機を，個々人が自分の内面と対話できるための道具に変えたいという主観的な欲望から生まれたとすれば，映画文化もまたこうした西海岸の文化革命の影響を受けてパーソナルな文化に変化していったのだといえるだろう。

　そうしたパーソナル・コンピュータの映画文化への影響がもっともはっきり現れたのが，1980年代以降のデジタル・ビデオカメラの大衆的普及であろう。現在の人びとはもはや，自分の日常生活からかけ離れた神話的な夢の世界を

「見る」ことよりも，子どもの成長，結婚式，海外旅行など自分の平凡な日常生活を「撮る」ことに喜びを見出している（リュミエールの映画を思い出させる）。だから私たちはもはや，映画のイデオロギーがいかに観客たちを縛っているかとか，カメラ的視覚世界がいかに観客を現実から解放するかなどと議論しても無益なのかもしれない。観客たちは，もはや映画を「見る」ことに囚われてはいないからだ。

　とはいえ，デジタル・カメラを手にした人びとが，何をいかに撮り，それをどう作品化し，どう楽しむのかを分析するためには，やはり私たちはこれまでの映画研究の成果を参照しなければならないだろう。いったい私たちは，自分たちの日常生活を「撮る」ことを通して，現実から目を背けて（自分たちがスターになった気分で）ナルシスティックな小宇宙に閉じこもろうとしているのだろうか。それともカメラという異物を日常に持ち込むことで，ベンヤミンが夢見たような新しい遊戯的世界を切り開いているのだろうか。それはまさに，2つの映画理論の系譜の議論の焦点だった問題だろう。こうして，私たちはパーソナル化した映画文化が人間社会に何をもたらすのかという「未来」を見つめるために，人間社会がこれまで映画を使って何をし，何を論じてきたのかという「過去」を見つめなければならないということだ。それこそが，本稿がここまでたどってきた道筋だったのである。

●読書案内●

① 長谷正人『映画というテクノロジー経験』青弓社，2010年。
　　リュミエールが発明した映画に，観客たちはどのように熱狂したのか。映画がテクノロジーのリズムで構成されていることが，いかにチャップリンの映画の魅惑の源泉になっているのか。映画がテクノロジーであることはどういうことかを考える。

② ロバート・スクラー『アメリカ映画の文化史——映画がつくったアメリカ』（上・下）鈴木主税訳，講談社学術文庫，1995年。
　　映画監督や映画作品から見る映画史ではなく，映画産業をつくった大立者たちの評伝，熱狂する子どもたちへの社会不安，検閲，赤狩り，テレビの登場による映画産業の危機など，社会史としての映画が丁寧に描かれている。

③ 北野圭介『ハリウッド100年史講義——夢の工場から夢の王国へ』平凡社新書，2001年。

ロバート・スクラーの本と似ているが，1970年代以降のハリウッド映画産業の戦略に触れているところが重要。何よりコンパクトに書かれていて便利。
④ヴァルター・ベンヤミン「複製技術時代の芸術作品」『ベンヤミン・コレクションⅠ近代の意味』浅井健二郎編訳，久保哲司訳，ちくま学芸文庫。
　いささか難解であるが，これだけはどうしても読んでおきたい，映画研究のバイブル。さまざまな解説が出版されているので，それらの助けを借りながら読むべし。

――――― 長谷 正人 ◆

第3章
テレビというテクノロジー

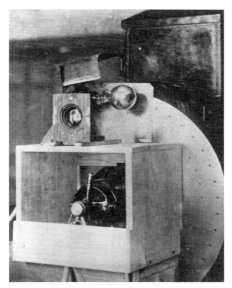

高柳健次郎制作のニプコー円板送像機
(1927年)(『静岡大学 テレビジョン技術史』3頁)

　テレビは動く映像のテクノロジーでありながら,映画とは異なるテクノロジーの系譜のなかで産み出された。その出発点には遠隔とのコミュニケーションを視覚的に実現したいとする「通信」的な欲望があった。しかし,テレビは一方通行の電波によって映像を送り届ける「放送」の映像文化として発展し,またそのために,社会に大きな影響を与えるメディアとなった。だが,近年,人びとは「放送」としてのテレビに対し,自由な時間に,自由に番組を選択して「見る」ことのできる「通信」的な利用を求めはじめている。いま,テレビはこうした「放送」と「通信」の間で揺れ動いている。

1 「通信」と「放送」の間で揺れ動くテレビ

映画とは異なるテクノロジーの系譜

　テレビは動く映像のテクノロジーである。しかし，その誕生へいたる発想やテクノロジーは，映画とほとんど接点をもつことがなかった。これはとても不思議なことではないだろうか。ともに動く映像を私たちにもたらすものでありながら，その起源にはまったく別の発想があり，テクノロジーの開発史もそれぞれが別の歩みのなかで進んできたのである。

　映画は，写真フィルムをコマ送りにして動画を得る光学的器具であるのに対し，テレビは画像そのものを電気信号に変換して伝送し，それを画像として再生するテクノロジーである。テレビは英語では television，つまりテレ＋ビジョンであり，「遠くのものを見る」という意味になる。テレビジョンと聞くと，それに類似した言葉としてテレグラフ（電信），あるいはテレフォン（電話）が思い浮かぶ。テレビは遠隔とのコミュニケーションを図ろうとする，電話，電信といった通信メディアのテクノロジーと親和性があるのだ。つまり，遠方と連絡を取りあう通信的なテクノロジーに，「画」も併せて流そうとする発想である。

　実際，テレビのテクノロジー史を紐解くと，その誕生の起源として語られるものに，スコットランドのアレクサンダー・ベインの特許がある。ベインは静止画を走査（スキャニング）して，電気的に伝送するファクシミリ（写真電送）の原型を作り上げた。これは，撮影対象からの光を電気に変換する撮像，その電気から光へと再度復元する受像，そして画の分解を再度同じように組み立てる走査といった複合的なプロセスをもつテレビの原型にもなるアイデアであった。だがテレビは動画のため，より高速な走査が必要で，ベインの発想では伝送は困難だった。

　ベインは 1843 年に特許を取得している。これはグラハム・ベルの電話機の発明（1876 年）やハインリヒ・ヘルツの電磁波の証明（1894 年），そしてリュミエール兄弟による映画の発明（1895 年）より前であった。テレビは電話，映画，そしてラジオ以後のテクノロジーという印象があるが，それらのテクノロジー

と並行的に開発が進められてきたのである。しかし，テレビのテクノロジーの複雑さは，その開発を容易に前に進ませなかった。テレビの開発は時に忘れられ，そして復活することを繰り返す。

このあと，テレビが次の一歩を踏み出したのは，ベインの特許取得からおよそ40年後の1884年であった。この年，ドイツのパウル・ニプコーは画像の走査のためのニプコー円板を考案する。しかし，実際にこの技

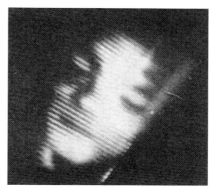

図3-1　高柳健次郎が1928年の電気学会で公開したテレビ画像（高柳1986:85）

術が実用化されたのは1925年，ニプコーの円板を走査に利用したジョン・ベアードによる機械式テレビジョンの有線実験であり，ニプコーの発明から再び約40年を経たあとであった。

さらに，実用化にいたった機械式テレビであったが，円盤の穴の数（＝走査線数）と同じだけしか画像の分解ができないなど，各種の限界をもっていた。そのため，開発当初は優勢だった機械式に変わり，1911年にイギリスのキャンベル・スウィントンが提示した電子式の走査概念に基づいた，電子式テレビの技術が進んでいく。日本では，高柳健次郎が1926年にブラウン管を使った電子式の受像機で「イ」の文字を写し出すことに成功するが，送像側は機械式（本章扉写真参照）の折衷的なテクノロジーであった。その後，高柳は実際に動く人間を映し出そうとするが，本人の言葉でいえば「心霊写真を見るような具合」（高柳1986）でしか映像を再現できなかった（図3-1）。だが，ロシアからアメリカに移民していたウラジミール・ツヴォルキンが1933年にアイコノスコープと呼ばれる撮像管を発明。純電子式テレビのシステムが完成することで，一気にテレビは広がっていく。

このようにテレビは，1920年代から1930年代の実用化に向けたテクノロジーの急速な発展から現実のものとなる。しかし冒頭でも繰り返したように，テレビは通信的な発想から開始された電気通信的なテクノロジーの系譜と親和性

が高く，映画のテクノロジー史とはほとんど接点がないまま発展してきたのである。

「通信」か，「放送」か——ラジオの先行

しかし一方で，電気通信的なテクノロジーによる「通信」に近いものとしてテレビを捉えると，違和感をもつ人も多いだろう。テレビは「放送」であり，むしろ「通信」に対立するものではないのかと。ここで「通信」とは送り手と受け手がパーソナルで，互いに自由に1対1でメッセージを交換する方法だと定義しよう。一方で，「放送」は，1対n型で受容され，送信側と受信側が分離し，多くの人びとが一方的に「見る」という状態におかれるものである。私たちはテレビを後者のような放送と捉えている。しかし，テレビの出自が電気通信的なテクノロジーの発想と親和性が高いといってきたように，実際にテレビはその利用に際して，一気に放送と結びついたのではなかった。その利用をめぐって，「通信」と「放送」の間で揺れ動きながらさまざまな伝送の形態が考えられたのである。こうした揺れ動きは，実用面で放送を先に実現したラジオで顕著に見られたものであった。

そのため，まず放送として先行したラジオの「通信」と「放送」の間の揺れを確認しておこう。ラジオの根幹をなすテクノロジーは無線であるが，これは1888年にヘルツによって実験がなされ，そのあと，1895年にグリエルモ・マルコーニの無線装置によって実用化される。だが，無線が開発された当初，社会のなかでは，この無線のテクノロジーをラジオといった放送として利用することは，1つのアイデアでしかなかった。つまり，多様な利用形態のなかの1つの選択肢にすぎなかったのである。

たとえばマルコーニは，1899年，アメリカズ・カップというヨットレースの中継を行うことで成功をおさめ，大衆はこうした中継を通して，出来事をより迅速に知りたいとする欲望を増大させていく。つまり，すばやく的確な情報を大衆の手元に届けてほしいというニーズが存在したのだ。しかしマルコーニはこの装置を有線通信の延長上で捉え，特定の送り手と受け手の間で送受信できる電話的なテクノロジーとして考えていたというのである（吉見 2012a）。さらにこの時代，互いに無線を利用して声の交信技術を開発していた存在にアマ

チュア無線家がいた。アマチュアは自由な時間に自由に相手を選んで送受信する「通信」である無線のテクノロジーを自ら改良し、楽しんでいたのである。

　しかしこうしたなか、アメリカではウェスティングハウス社が、この無線通信の商業的価値、つまり無線電波を「放送」として使うことを思いつく。つまり、多数の大衆に同時に一斉に娯楽や広告を送り届けられるメディアとしての価値に気づいたのである。1920年、KDKAというラジオ放送局ができるや否や、電機メーカー、百貨店、新聞社などによってラジオ放送局が新たに設立され、結果的にその後1年あまりで300局、24年末までには全米で530のラジオ放送局が現れる（吉見 2012b）。またそれに対応する形で、家庭にラジオの受信機が入り込んでいったのである。

ラジオ放送からテレビ放送へ

　こうしたラジオと同じように、テレビもその初期受容において「通信」や「放送」の間で揺らいでいた。

　たとえば、ベルに電話の実用特許が下りた1年後の1877年、フランス人のコンスタンティン・サンレクが「テレクトロスコープ」を構想している。これは電話によるカメラ・オブスキュラ画像の再生という写真電送の発想から、互いに静止画像を、のちに動く絵を送受信するテクノロジーとして研究されていた（水越 1993）。これは「通信」的に映像を送り合う、テレビ電話的な発想に近い。

　また日本においても、海外の動向を受けながら、さまざまなテレビの利用形態が考えられていた。たとえば1932（昭和7）年当時、東京帝国大学の星合正治（1932）は「テレビジョンの種類」を3つの場合に分けて考えている。星合はまず第1に「お互いの顔をみながら談話を交換しようとするもの」という電話的な利用を、第2に「劇、催物等を受けて之を他の個所に写し、大勢の公衆に見せ様とするもの」という映画的な利用を、そして第3に「最も普通に云うテレヴィジョン放送」という（ラジオ）放送的な利用を提言していたのである。星合は、この映画的利用を当時機械式テレビを開発していた早稲田式テレビジョンとして想定し、放送的利用を高柳の電子式テレビジョンとして考えていた。また電話的な利用方法も、逓信省電気試験所で進められ、1935（昭和10）年に

は台湾などを含む全国の18会場で,実際にテレビジョン電話の公開実験が行われた。

このように日本でもテレビジョンの初期には通信や放送,また映画的な利用といった想定のなかで技術開発が行われていた。また高柳はそもそも最初からテレビを家庭で見られる放送的なものとして意識していたようだが（高柳の研究の原点としてよく取り上げられるフランスのアルベール・ロビダのSFイラストは,居間で遠隔の映像を受信する機器を描写している）,一方で彼自身,テレビを映画のように大きく映し出す装置も開発していたのである。その理由は「誰にも理解しやすい技術だった」からだと彼は回想している（高柳 1986）。

また,当時のテレビジョンの公開実験に際して読売新聞が「眼で見るラジオ」（1939年3月25日付）と表現していたように,このテレビジョンの技術がどのようなものか,まだ明確な像は結ばれていなかったのである。こうした初期テレビの状況について飯田豊（2013）は,当時は「放送」と「通信」の区別は明確ではなく,テレビのテクノロジーの開発初期には必ずしも放送という概念から捉えられるものではない,多様な視聴空間の可能性があったと指摘する。

しかしテレビは,ラジオという先行する形態があったため,「通信」か「放送」かという点でいえば,政治的・商業的な役割から,放送としての役割が当初から強く意識されていた。ラジオが放送として娯楽を提供することで大衆の欲望に応える役割を担い,商業的な可能性をもつことが理解されていたからである。そのため,テレビはラジオ放送の機能を引き継ぐメディアとして位置づけられ（本来はさまざまな選択があるはずなのだが）,「放送」として提供されていくことが政治経済的な問題として決定されていったのである（水越 1993）。

たとえば先述した,電子式テレビジョンの開発者であるツヴォルキンは,テレビがラジオ的な大衆向けのマスメディア装置になるとは予想していなかったらしい（水越 1993）。この技術にマスメディア的な可能性を見たのは,ツヴォルキンと同じロシア人でアメリカに移住したデビット・サーノフという人物であった。彼はマルコーニの電話会社であるマルコーニ・ワイヤレステレグラフ社の社員であったが,その後,電気機器メーカーであり放送局にもなったRCA（Radio Corporation of America）に移り,ツヴォルキンを招き入れ,放送としてのテレビジョン開発を進めていった。サーノフは商業的な理由から,ラジ

オ放送の価値をテレビにも応用しようとしたのである。

また同様に日本でも，高柳の電子式テレビを放送へと実用化しようとしたのは，当時の社団法人日本放送協会（NHK と呼ばれるようになるのは戦後である）であった。日本放送協会は，1940 年に開催予定の東京オリンピックの中継放送でテレビを利用しようと中継技術を開発する。1936 年にはベルリン・オリンピックで不鮮明ながらテレビ中継が実施されたこともあり，日本でもテレビ放送の機運が高まっていたのである。しかし東京オリンピックは中止され，さらに戦争の開始によって，日本のテレビ開発は停滞する（ただし戦時中のマイクロ波開発が戦後のテレビ開発を支えることになる）。

このように戦前において，テレビの多様な視聴の形態は，ラジオ放送という先行形態を引き継ぐことで，社会の側の要請により「放送」としての利用が促されていく。テクノロジー的に多様な可能性をもっていたテレビは商業的な理由から，放送局から電波で送られてくる映像を，受信者＝視聴者が一方的に「見る」メディアとしての道をたどることになる。

2　「放送」としてのテレビ

街頭テレビと大衆の受容

放送と結びついたテレビは，急速に社会のなかで受容されていく。

アメリカでは，第 2 次世界大戦中からニューヨークの WNBT 局など 6 局がテレビを放送し，終戦後の 1948 年には 16 局，1949 年には 51 局が開局されていく。映像を鮮明に捉えることのできるイメージオルシコン撮像管という映像テクノロジーの進歩も重なり，テレビの視聴世帯数も飛躍的に伸びていったのである（青木 1976）。

一方，日本では戦後，テレビの実験があらためて開始される。そうしたなか，ラジオによる放送を独占していた日本放送協会に対し，アメリカの技術や施設支援を受けた正力松太郎が，民間放送である日本テレビ放送網株式会社として放送免許の申請を行う。最終的に免許交付は NHK が先んじるものの，民放である日本テレビ放送（NTV）との 2 局体制でテレビの本放送がスタートしたの

である。ただし NHK の本放送が始まった 1953 年時点の東京におけるテレビ受信契約数はわずか 866 世帯であった。当時，大学卒の初任給が 8000 円から 1 万円程であるのに対し，テレビ受像機の価格は 20 万円以上であり，一般の人が購入できるものではなかったのである。

こうした状況のなか，先の NTV は，多くの人びとが行きかう公共空間＝街頭にテレビを設置する。受像機をもつ世帯が少ないなか，テレビ番組を通じて企業からの広告収入を得ようとする放送局にとっては，多くの人びとにテレビに関心をもってもらうことが必要だった。そのため街頭テレビによって，多くの人の目にテレビを触れさせようとしたのである（図 3-2）。

街頭テレビの設置にあたっては，人の多く集まる場所が入念に調べられたという。首都圏では，駅前（新宿駅前などの都心のほか，千葉，高砂など京成電鉄の駅が多かったという）や盛り場（東京駅名店街，銀座尾張町など），あるいは伝統的な寺社境内（浅草観音，水天宮境内など）など，開局前に 55 カ所，計 220 台の大型テレビが設置された（吉見 2012b）。

また当時の NTV の社長である正力松太郎は，毎日すべての街頭テレビに「街頭テレビ日報」をつけさせ，視聴状況が悪い場合，設置場所の移動などを事細かに指導していたという（佐野 2000）。そうすることで 1 人でも多くの人に，テレビを見せようとしたのである。

こうした正力の態度は，メディア産業として失敗を許されないというビジネス上の問題として語られる。しかしその背景を考えれば，映像を電波に乗せて運んでくるテレビジョンというメディアが，どこまで受容されるかに対する不安があったと考えることができる。先行する放送メディアにはラジオがあり，娯楽の映像として映画が興隆していた時代である。実際に NHK では放送開始後，赤字が増えるばかりのテレビに対して「時期尚早論」が根強かったという（青木 1976）。そのような時代のなかで，「眼で見るラジオ」として紹介されていたテレビが，本当に人びとに受容されるのかは未知のことであっただろう。

しかし街頭テレビは，プロボクシング，プロ野球中継や相撲，そしてとくに力道山というプロレスのスターの登場にも支えられることで，人びとに熱狂をもって受け入れられる。電波で送られてくる映像を皆で一方的に「見る」というテレビ放送のあり方が，大衆に支持されたのである。

図 3-2　街頭テレビでプロレスを見る人びと（1955 年，新橋駅前）（朝日新聞社／時事通信フォト）

ナショナルな共同性を産み出すテレビ

　このように「放送」として受容されたテレビは，社会に何をもたらしたのか。前節に引き続き，日本のテレビ受容史をもとに，テレビが社会に与えた影響を考えておきたい。

　街頭テレビの時期を経て，その後，テレビは急速に家庭に浸透していく（図3-3）。その契機となったのが1958年末の皇太子の婚約発表，それに続く1959年4月の成婚パレードであったといわれている。この成婚パレードをめぐるテレビ中継は，放送局にとってもきわめて大がかりなものであった。パレードの中継はNHK，NTV，そして1955年からテレビ放送を始めたKRT（株式会社ラジオ東京，現在のTBS）の各局が，合計で約110台のテレビカメラと1500名以上のスタッフを配置し，また通り過ぎる馬車を捉えるためのカメラ用レールを引き，俯瞰を映すためにクレーンを用意。そして4台のヘリコプターも投入し空撮も行われた。このような中継体制のなかでパレードは放送され，沿道で直接見たものが50万人に対し，当日のテレビでパレードを見たものが1500万人と推計されている（吉見 2012b）。

第 3 章　テレビというテクノロジー　　53

図 3-3 家庭に現れたテレビ（1958 年，石川県金沢市）（朝日新聞社／時事通信フォト）

　このように，放送としてのテレビは電波の届く範囲の多くの人びとに，一斉に同じ出来事を共有させる。しかも家庭に入り込んだテレビによって，外出することなく自宅という私的空間に居ながらにして，そうした公的な出来事を「見る」ことが可能になったのである。
　さらに，このパレードの視聴を調査したレポートによれば，自宅内の視聴者の反応として，じっと黙って画面を見ているだけではなく，スポーツ中継を見るようにテレビの前で興奮して叫んだり，お互いに話し合ったりしながら見るものもいたという（藤竹 1963）。
　この調査結果はテレビのある特徴を示している。つまりテレビはたんに人びとに見られるだけではなく，「応答」の反応も産み出すということである。自宅という私的空間のなかに外部の出来事が映し出された際，人びとはたんなる観察者のように「見る」だけではなく，それに対するさまざまな「応答」の態度を示す。マーシャル・マクルーハンが，テレビのメディア的特徴を「その世界に引きずり込む」と論じたように（マクルーハン 1987），テレビは画面の向こうの出来事に人びとを巻き込もうとする，疑似的な参加の感覚を産み出すのである。こうした参加の疑似的な感覚を産み出すテレビを通して，人びとは家庭

に居ながら，見知らぬ多くの大衆と同じ出来事を共有することが可能となった。

たとえば1969年の宇宙船アポロ11号の月面着陸は，そのテレビ中継を通じて，多くの人びとがお茶の間で着陸の瞬間を共有することになった。あるいは1972年の連合赤軍による浅間山荘事件（連合赤軍の5人が人質をとり山荘に立てこもった事件）の長時間にわたる緊迫した状況を国民のほとんどが共有した（犯人逮捕の瞬間は視聴率が89.7％に達した）。また近年でも私たちは，オリンピックやワールドカップなどのスポーツ中継で，「世紀の瞬間」を共有し，さらに2001年9月にアメリカという他国で起きた同時多発テロ事件，とくにニューヨークの世界貿易センタービルが崩れ落ちる瞬間を目撃し，その衝撃を共有したのである。

このように，テレビは大衆にリアルタイムで「見る」と同時に，疑似的な参加の体験をもたらし，互いに面識のない人びとの間に共同性を感じさせる。そのため，こうしたテレビの放送という特徴は，ナショナルな共同性の空間を産み出してきた。逆にいえば，テレビ放送という電波のコミュニケーションが届く範囲が，ナショナルな文化の範囲として規定されてきたのである。

時間を編成するテレビ

さらに放送となったテレビのもう1つの大きな特徴は，時間ごとに区切られた番組によって編成されていることである。水越伸（1993）は，無線通信であれば，送信/受信者ともに自由な時間に自由にメッセージを流し合うことができるが，（ラジオ）放送はそれに対し「番組＝プログラム」という概念を確立したと指摘する。つまり，一方向的に電波を発信する放送の送り手が，その流す内容＝番組を決定するのである。番組では「また明日，この時間でお会いしましょう」が司会者の決まり文句になり，人びとの時間意識を産み出すものになっていく。これはテレビも同様である。

街頭テレビの時代，テレビは昼休み頃，および夕刻から晩までの時間帯に限られ放送されていた。しかし，テレビの急速な普及のなかで，しだいに放送時間は拡大し，1960年代には全日の放送が実現する。テレビは時間を区切って上映される映画と異なり，つねに番組が流れ続ける。こうしたテレビの特徴は，番組の編成によって人びとの生活時間を規定していくものとなる。

たとえば，ゴールデンアワーと呼ばれる時間帯（だいたい19時から22時頃までを指す）がある。1956年にKRT（TBS）で『ナショナルゴールデン・アワー』（その後『ナショナル劇場』に変更）や『東芝日曜劇場』が始まり，1963年にはNHKで大河ドラマがこの時間帯で放映を開始する。このあとも，（とくに土曜，日曜の）この時間帯は，一家団欒での視聴を意図した番組が放映され，また視聴者の側もそうしたゴールデンアワーの番組を，一家団欒で「見る」ものとして享受していったのである。

　テレビによる時間の規定はこうしたゴールデンアワーだけではない。たとえばまだ民放の早朝の時間帯の放送が情報番組といったように確立していない1960年代から1970年代にかけて，NHKの朝6時台に放送されていた『明るい農村』は，視聴者にとって早朝の時報代わりにもなっていた。また1961年に始まったNHKの『連続テレビ小説』は通称「朝ドラ」と呼ばれ，その放送時間が意識されているのである。

　このようにテレビの番組編成は，人びとの生活のリズムをつくりだすものとなった。生活の時間が先にあるのではなく，こうしたテレビの時間によって，人びとは日常の時間を確認し編成することになったのである。テレビは人びとの生活文化の時間のなかに，自らがつくりだす時間を入れ込むことで，人びとの生活時間の流れを変化させていく。

　さらに，テレビはこうした日常的な生活の時間だけでなく，非日常の時間，つまり暦といったものも生み出してきた。このようにテレビがつくりだす非日常の時間がもっとも顕著に感じられる日として，12月31日の大晦日があるだろう。この日は『紅白歌合戦』を中心とした特番が並び，特別な日であることをテレビが強調する。

　高野光平（2007）によれば，戦前のラジオでも大晦日には特番構成があったという。しかし戦後1953年からテレビ放送も始まった『紅白歌合戦』は，視聴率調査が始まった1962年以降1984年まで，視聴率が70%を超えたのは何と23回中，21回にもなる。日本のテレビをもつ世帯のほぼ7割が，大晦日は『紅白歌合戦』にチャンネルを合わせていたのである。

　大晦日そして正月という日は，暦というものが成立して以来，長い歴史をもっている。そこでは年越しの風習（除夜詣や初詣）が行われていた。大晦日の

テレビ番組とはそうした「夜遅くまで起きている」という風習を利用して編成されたものであった（高野 2007）。しかし逆に，テレビは大晦日を非日常的なメディア・イベントの時間とすることによって，時間の流れや季節の流れの節目を形成する暦的なものになった。このような大衆に向けたテレビの放送による時間編成が，ナショナルな共同体の日常の時間や非日常の暦を生み出してきたのである。

3 繰り返される「放送」と「通信」のゆらぎ

テレビを「見る」ことのパーソナル化

前章で述べたように，テレビの放送的な側面は，ナショナルな共同性や時間感覚を生み出すように作用してきた。しかし，一方でそれに矛盾するかのように，テレビは人びとの違いを推し進めるような番組制作，いわばパーソナルな関心に応えるような番組づくりも進めてきた。

たとえば，1960年前後から，国産アニメを中心とした子ども向け番組が多く制作されていく（図3-4）。こうした子ども番組の出現には，商業的な意図が含まれていた（森 1977）。というのも子ども向け番組は，製菓会社のスポンサーがつく（たとえば『鉄腕アトム』は明治製菓といったように）からである。スポンサー企業はアニメの主人公が描かれたシールやワッペンなどをおまけとしてお菓子を販売し，売り上げを伸ばそうとする。つまり，企業はテレビを通して，子どもを消費社会の新たな購買層としていったのである。

だが一方で，こうした子ども向け番組が受容されていく背景には，子どもが大人向けとは異なる自分の好みの番組を見たいという，子どものパーソナルな関心も存在していただろう。さらに，テレビは「主婦向け」のホームドラマを制作していく。佐藤忠男（1978）も指摘するように，それまで映画産業においてあまり重要な顧客でなかった「主婦」（会社帰りに映画館に立ち寄るといったことが少ない）は，テレビにおいて，父親や子どもとは違う，独自の視聴者として扱われる。テレビは「主婦たちを大衆に昇格させた」のである。

テレビの視聴は一家団欒で番組を「見る」というイメージが与えられてきた。

図3-4　子ども向けテレビ番組ブームを伝える記事（『読売新聞』1964年5月4日，全国版夕刊）

　しかし，テレビは実際には，父，母，子どもといった家族の各成員の関心に合わせた番組を制作し，それぞれが個別にもつ欲望に対応していったのである。社会的にもよく言及されたチャンネル争い——たとえば父親は野球，母親はドラマ，そして子どもはアニメが見たいという争い——は，こうした「見る」ことのパーソナル化ゆえの現象であった。

　また実際，1980年代以降，家庭内でパーソナルにテレビが見られていることを示すデータがある。内閣府の消費動向調査によれば，1981年に100世帯当たりのカラーテレビ台数は150台を超える。つまり世帯当たり約1.5台になったのである。その後1991年には200台を超え，各世帯が複数台のテレビをもつことが当たり前となる。このデータは，テレビ（番組）が，パーソナルな関心（親とは違う番組）やパーソナルな視聴態度（自室で好きな時間に「見る」）で見られるものになっていったことを示している。

　そうした視聴者の個別の関心に合わせるように，番組それ自体も，多様で実験的な内容のものが現れる。たとえば1980年代後半以降の『カノッサの屈辱』『カルトQ』といった深夜番組は，それまでの番組では満足することのできない，多様な関心をもつ視聴者の増加に対応したものだっただろう。つまりみんなと同じ番組ではなく，より自分の好みを満たしてくれるパーソナルな関心に合わせた番組が求められるようになったのである。

「通信」化する「放送」？

　視聴者の視聴態度が，パーソナルな欲望，つまり自らの好みや時間に合わせた視聴をしたいという態度が顕著になった時期は，テレビに関するテクノロジーにも多くの変化が現れた時期であった。

　とくに 1980 年初頭からニューメディアという言葉が現れ，1955 年に地上波放送の難視聴解消対策として生まれたケーブルテレビは，1987 年に多摩ケーブルネットワークが自主放送を拡大することで，都市型メディアとして注目される。このあと，ケーブルテレビは有線の伝送路を使い，放送的な利用と通信的な利用を兼ねるテクノロジーになっていくが，これは視聴者の側からすれば「見る」チャンネルの選択肢が増加したことを意味する。

　また 1984 年には NHK が衛星放送をスタートさせる。現在，衛星放送は BS（放送衛星経由）と CS（通信衛星経由）があるが，いずれにせよこうした衛星放送の開始はテレビの視聴者に「見る」ことのできるチャンネル数と番組数の増加をもたらし，ケーブルテレビと同様に視聴者の「見る」選択肢を増加させたのである。

　放送のテクノロジーはこうした衛星放送を含むような巨大産業となり，人びとにあまねく電波を送り届ける「放送」の位置づけを高めていこうとする。しかし一方で，放送産業の巨大化は，視聴者のニーズに応えること，つまり人びとが放送の固定した時間編成では満足できず，自らが自由に番組や視聴の時間を選びたい，もっと別の番組＝娯楽を見たいとする姿勢に追随した結果ともいえるだろう。放送産業の巨大化は，大衆の放送への不満，つまりテレビ離れと連動して現れるという捻じれた関係のなかにある。

　一方，視聴者側のテクノロジーとして，ビデオデッキが急速に普及したのも 1980 年代であった。ビデオデッキは録画機能を搭載し，放送後も自由に番組を見返せる機器をもっている。こうしたビデオデッキの普及は，見逃し視聴に留まらず，個人が自分で決めた時間に，自由に番組を見たいとする志向性が強まったことが影響しているだろう。つまりビデオデッキとは，放送が一方的に視聴者の「見る」時間を制約することに対し，より自由なテレビ視聴を望む視聴者の傾向を示す機器である。この延長線上には，インターネットが伝送路となり，自分の見たい番組を自由に選択できるオンデマンド・サービスの登場を

位置づけることができる。

　またワンセグ放送の開始や，視聴デバイスのテクノロジー，つまり家庭のなかのテレビ受像機だけでなく，携帯電話やスマートフォンなどの各種パーソナルデバイスの出現により，自宅や室内に留まらず，あらゆる場所，あらゆる時間にテレビを「見る」ことが可能になった。かつて街頭テレビで大勢の人びとが1つの画面を見つめていた公共空間において，現在，パーソナルな関心に基づいた個人が，自分の好みに合わせた画面を「見る」ようになったのである。またデジタル放送になったことで，テレビはインターネットと組み合わされた双方向機能をもつことになった。こうしたテレビのテクノロジーの進展は，テレビがもっていたもう1つの可能性である「通信」的な利用に，テレビ自身が近づいているといえる。

　現在，テレビをめぐるテクノロジーは，人びとがより自由な時間に自分の関心に応じて視聴の欲望を満たすことのできる通信的な側面を発展させている。それは，個人のパーソナルな欲望をかなえるものであり，そうした視聴を可能にすることはより民主的であり，個人により自由な選択を与えることになるのだろう。

4　テレビのゆくえ

●「見る」の多様化・自由化のなかで

　だが一方で，このように好きな番組を好きな時間に見ることができる，というテレビのパーソナルな視聴はいささか微妙でもある。というのも，確かに自由でパーソナルな欲望を満たそうとする意味では「通信」的な「見る」を実現しているように見える。だが巨大な資本による，複雑で大規模なテクノロジーの基盤のもとで与えられる番組を「見る」という態度は，自由な選択というよりは，「放送」的なコミュニケーションに囲われているともいえるからである。

　伝送路がインターネットで提供されるオンデマンド型の番組提供サービスは，番組（コンテンツ）をパーソナルに選択でき，1対1の「通信」的な視聴だといえる。だが送信側の番組（コンテンツ）を，一方的に不特定多数の視聴者（ユーザー）が「見る」という点において，視聴態度としては「放送」型のサービス

ともいえる（だから通称「インターネット放送」と呼ばれたりもする）。

　こうした「放送」と「通信」の揺らぎの産業的な象徴といえるのが，2005年のライブドアによるニッポン放送（その背後にあるフジテレビ）の買収騒動や，東京スカイツリーの建設だろう。前者は，新たなインターネット企業（通信）の側が，古い産業であるテレビを飲み込むかのように報道された。しかしパーソナルなコミュニケーションを実現するという通信的な発想をもつインターネット企業が，放送事業を取り込もうとするのは，通信が優位になったように見えながら，むしろ放送のような，全員が同時に同じ番組を「見る」といった放送的な受容への欲望が依然強いことを示している。また，産業的な意味で放送事業の行方が不透明ななか，建造された巨大電波塔である東京スカイツリーは，放送というテクノロジーへの欲望が消え去っていないことを示しているようでもある。

　いずれにせよ放送がなくなる，という単純な結論ではなく，遠隔から送られた映像を見たいとするテレビ的な欲望は，「みんなで同時に見る」という「放送」型のコミュニケーションと，「個人が自由に好きなときに見る」という「通信」型のコミュニケーションの間で揺れ動いて存在している。

　本章の1，2節で説明したように，テレビは「通信」的な利用の可能性をもちながら，一方的に「見る」という「放送」の映像文化として展開してきた。本論が示したかったのは，現在もその揺れ動きが反復されているということである。そして，こうした現象を適切に捉えていくためには，過去の歴史からの考察が不可欠なのである。

　●読書案内●
　①黄菊英・長谷正人・太田省一『クイズ化するテレビ』青弓社，2014年。
　　　日本のテレビの特殊性とその面白さを解明しようとするテレビ論。本章であまり記述できなかったテレビの「応答」コミュニケーションについても考えを深めることができる。
　②飯田豊『テレビが見世物だったころ　初期テレビジョンの考古学』青弓社，2016年。
　　　歴史的に埋もれていた戦前のテレビの状況を，テクノロジー開発をめぐる視点から読み解く。テレビ（ジョン）の多様な可能性を考えるうえで，必読の一冊。

③水越伸『メディアの生成——アメリカ・ラジオの動態史』同文舘，1993年。
　タイトルには「ラジオ」とあるが，社会とメディアテクノロジーの関係についてあらためて考える際の出発点となる著作である。
④マーシャル・マクルーハン『メディア論——人間の拡張の諸相』栗原裕・河本仲聖訳，みすず書房，1987年。
　「メディアはメッセージである」という発想を提出した本書は，テレビをはじめとしたメディア（論）を考える際には，必読の一冊である。

————— 加藤　裕治◆

第4章
パソコンというテクノロジー

1984年発売のマッキントッシュ (Apic/Hulton Archive/ゲッティ・イメージズ)

　パソコンは，パーソナル・コンピュータの略語だ。だから，パーソナルなテクノロジーだ，などといえば，同じことの繰り返しに聞こえるだろうか。実は，「パソコン」の起源をたどると，決してそうではない理由がわかる。

　1960年代後半から1970年代のアメリカ西海岸で，コンピュータの歴史的な大転換が起きた。そして，そこには，現在の私たちの日常に欠かせないパソコンという映像文化の原点があった。なぜ，40年以上も前の，しかも，太平洋を隔てた国の出来事が，いまのパソコンにまで影響しているのだろうか。パソコンが，なぜわざわざ「パーソナル」と呼ばれたのか。そして，どのように映像文化におけるテクノロジーとして発展してきたのだろうか。

1 映像文化のすべてを飲み込むパソコン

すべてを1つの画面に

　2015年の夏。映像文化としてのパソコンを考える2つの恰好の出来事が，ほぼ同時期に起きていた。

　1つは，東京オリンピックの公式エンブレム問題だ。当初選ばれたデザインに対して，「パクリ」ではないかとの疑惑がもちあがり，多くの人びとがパソコンを使って，膨大な映像を検索した。その結果，当初選ばれたエンブレムは取り下げられた。

　もう1つは，茨城県常総市を一瞬のうちに水没させた大雨被害だ。テレビでは，ヘリコプターによって救助される人に視線が集中していた。が，同時に，インターネット上では，取り残された多くの住民が，スマホやケータイで撮影した写真や動画をSNSにアップして，自ら救助を求めていた。

　インターネット空間に広がる膨大な映像のすべてを見ることは，誰にもできない。しかし，一方では，エンブレム問題のように「炎上」させ，誰かを糾弾する場合もあれば，他方では，水害時の救助要請のように，命を救う場合もある。この両極端なケースは，いずれも，私たちが，パソコンというテクノロジーを使って映像を見た結果なのである。

　ことほどさように，私たちの日常には，パソコンを通して映像を見て，そして，さまざまな現実の行動へとつなげる作法が，当たり前のように入り込んでいる（山本 2010）。

　こうした状況を，レフ・マノヴィッチは，パソコンの画面は，映像や文字や音声といった物質としての映像文化だけではなく，現在だけではなく過去を含めた時間としての側面もデジタル化されたデータとして，すべてを1つに飲み込んでしまうことだと特徴づけた（Manovich 2001）。また，マーシャル・マクルーハンが，「あるメディアの『コンテント』はつねに他のメディアである」（マクルーハン 1987: 8-9）と述べた，メディアとしての特徴を最大限に発揮している状況だともいえるだろう。

本章の目的

　写真や映画やテレビを1つの画面に収めるパソコンの性格とは，別の言い方をすれば，見る側が自由にデータを操れること＝「パーソナル化」だ。パソコンというテクノロジーを通した映像文化は，自分好みにカスタマイズできるパーソナルな性質をもっている点で，これまでと大きく違う。そして，この「パーソナル化」には，物質，映像，文化，という3つの側面がある（→第2節）。

　たとえば，私たちは，パソコンを使って，文字だけではなく，写真をInstagramのようなSNSにアップしている。そして，このことに何の違和感も覚えない。本書で見てきたように，写真は，もともときわめてプライベートな情報を保存するためのものであったから，不特定多数の人間に向けて公開することなど，以前なら考えられなかった。にもかかわらず，私たち1人ひとりは，生活の痕跡を楽しげに垂れ流している（鈴木 2017 近刊 a）。

　本章で考えてみたいのは，こうした状況にいたるまでの歴史である。すなわち，私たちは，どのような経過をたどって，あらゆる種類の映像と時間を1つの画面に飲み込むパソコンによって，そして自分たちのパーソナルな欲望に従って，映像文化をカスタマイズできるようになったのかを考えてみたいのである（東 2001）。そのことによって，いまの私たちがパソコンを通じて楽しんでいる映像文化を見直せるからだ。

　本章でいう「パソコン」には，ディスプレイとキーボードを兼ね備えたタイプだけではなく，私たちの身の回りに溢れている携帯電話やスマートフォン，タブレットといった，さまざまな姿，形の機器を含んでいる。ケータイやスマホもまた，1つの画面でメールのような文字や電話という音声，さらには写真や動画も楽しめるパーソナルなテクノロジーという点で，パソコンのバリエーションだからである。

　パソコンの歴史を論じる場合，これまでは次の3種類の議論に分けたり，あるいは，そのうちのいくつかを組み合わせたりしてきた。1つは，技術の発展と捉えるものであり，2つ目には，国の政策や大企業の戦略といった産業の歴史と捉えるもの，3つ目は，社会の変化を追いかける情報社会論であった。

　これに対して本章では，パソコンの歴史を映像文化の側面から捉え直すことで，すべてを1つに収めるパーソナルな性格を浮き彫りにしてみたい。

2 パソコンの誕生と映像のパーソナル化

なぜ「パーソナル」か

「パソコン」とは，もちろん，パーソナル・コンピュータの略語だ。しかし，なぜ，わざわざコンピュータに「パーソナル」という前置きをつけるのだろうか。

コンピュータは，もともときわめて巨大で，個人的な用途に使うことはおろか，自分にとっての意味を優先させることなど，とてもできなかった時代から，「パーソナル」を強調できるようになったからだ。

「パソコン」という呼び方は日本語にしかないが，英語以外の多くの言語で，Personal Computer の頭文字を取った「PC」として流通している。つまり，日本語を含めたどの言語でも，いちいち「パーソナル」な点を強調しなければならないほど，もともとのコンピュータの個人的「ではない」側面が大きかったからだ。

そして，この「パーソナル」は，次の3つのレベルに分けられる。

1つは，「モノ」としての縮小であり，もう1つは，「画面（映像）」の変化であり，3つ目は，文化の革新である。別の言い方をすれば，それぞれ，物質，映像，文化，という3つの「パーソナル化」が挙げられる。

まずは，1つ目，すなわち，巨大なコンピュータがマイクロ化するまでの歴史をごくごく簡単に振り返ることによって，大型かつ公共的な性格から，個人の部屋や机，あるいは，持ち歩いて街中で使えるようになるまでの変化の大きさを見ていこう（杉本 2013）。

「パソコン」の誕生まで

コンピュータそのものを，誰が，いつ，どこで，発明したのかについては諸説ある。

もとより，19世紀末の西ヨーロッパでは，戦争を優位に進めたり，産業を効率的に発展させたりするために，人口を正確に把握する必要が生じたことから，統計へのニーズが急速に高まっていた。そして，集めたデータを処理する

図 4-1 真空管とスイッチに満たされた ENIAC (U.S. Army Photo http://ftp.arl.army.mil/ftp/historic-computers/gif/eniac1.gif〔パブリックドメイン〕)

情報処理機械もまた求められていた。

ただ，本章では，ひとまず，大型電子計算機としての誕生から話を始めよう。

1946年，アメリカ合衆国において，陸軍とペンシルヴェニア大学のチームでジョン・エッカートとジョン・モークリーが共同して完成させた ENIAC（Electronic Numerical Integrator and Calculator）が，歴史上はじめてのコンピュータといわれている。日本語に直訳すれば「電子的数字的積分計算機」となるこの機械は，主としてミサイルの弾道計算のために使われた。現在のロシア，当時のソビエト社会主義共和国連邦との間で冷戦を有利に進める目的で開発されたコンピュータは，もちろん，パーソナル化とは程遠く，画面すらない（喜多 2003; 喜多 2005）。ENIAC の名前にふさわしく，計算をするための機械であり，約1万8000本の真空管と無数のスイッチが並んでいるだけで，映像文化とは縁もゆかりもない代物だった（図4-1）。

その後，1950年代に開発されたメインフレームと呼ばれる大規模なコンピュータ・システムは，軍事だけではなく統計学や天文学へと応用された。具体的には，国勢調査のような大規模統計調査や航空券の予約システムのように，政府機関や大企業のなかで複雑な計算を短時間でこなすための大型電子計算機として使われており，画面には数字と記号が並ぶだけであり，まだまだ映像文

化と呼べる段階にはない。

　メインフレームを使うためには巨額の開発費とコンピュータを設置する十分な空間が必要であり，国家や巨大企業といった潤沢な資金と人員を抱える機関以外に手を出す術がなかった。また，用途も，軍事開発以外に広まったとはいえ，開発費の回収が可能な利益を生み出す産業に限られていた。

　このあと，1960年代後半から1970年代初頭にかけて，コンピュータのパーソナル化に向けた重要な出来事が，いずれもアメリカ合衆国，それも西海岸のカリフォルニア州で集中的に起きるのである。

「パソコン」の誕生

　1968年，カリフォルニア州にあるスタンフォード研究所で，ダグラス・エンゲルバートが，現在のパソコンで普通に使われているウィンドウ・システム，すなわち，ファイルやフォルダを図像（アイコン）として表示する「グラフィカル・ユーザ・インタフェース」（GUI）を備えたシステムを開発し，デモンストレーションを行った。それまでのコンピュータでは，スクリーンに文字だけが表示されていたのに対して，マウスを用いて書類等のファイルを動かせるようにしたのだ。

　パソコンの画面を「デスクトップ」と呼ぶのは，現実の机の上のように，書類やゴミ箱をアイコンとしてディスプレイに表示しているからであり，その発案者こそ，エンゲルバートである。専門家がC言語やHTMLといった記号を表示するだけではなく，文字を絵で表したり，逆に，絵に文字をつけたりすることによって，映像としてより広い層へ開かれる，2つ目のパーソナル化がなされた。

　翌1969年，インターネットの起源・ARPANETが，エンゲルバートの所属するスタンフォード研究所，カリフォルニア大学ロサンゼルス校，サンタバーバラ校，ユタ大学をつないだ。これは，ENIACのように頭文字をとったもので，Advanced Research Projects Agency Network，直訳すれば，「高等研究計画局ネットワーク」という，大学と研究所を専用回線で結ぶアメリカ国防総省のプロジェクトだった。もっとも画期的だったのは，互いに異なるネットワークの接続のために分散型の設計にした点，さらには，データ容量を少なくす

図 4-2　アラン・ケイによる Dynabook の未来像 (Kay 1972)

る「パケット通信」を採用した点の 2 点だ．この 2 点により，形式の違うコンピュータ間だけではなく，ネットワーク相互の通信が可能となり，アメリカ合衆国内部を越える世界的な広まりを見せる．

　エンゲルバートによる 1968 年のデモンストレーションに刺激を受けた人物が，4 年後の 1972 年，画期的な発想を具体化する．その人物の名は，アラン・ケイ．カリフォルニア州のコピー機メーカー・ゼロックス社パロアルト研究所に所属していたケイは，持ち歩きできるコンピュータをつくり，Dynamic（ダイナミックな，躍動的な）と Book（本）をあわせ，Dynabook（ダイナブック）と名づけた．この構想を発表したケイの論文タイトルは，"A Personal Computer for Children of All Ages"（全世代の子どもたちに向けたパーソナル・コンピュータ）．政府や大企業といった機関が巨額の資金を費して開発したこれまでのような大型電子計算機ではなく，子どもたちが持ち歩ける小型の本のようなコンピュータを打ち出した．

　ここに歴史上はじめてパーソナル・コンピュータという言葉が生まれたのである．

　ケイが論文に描いた上記のイラストでは，原っぱに座った 2 人の子どもが，膝の上でまるで絵を描くように Dynabook で遊んでいる（図 4-2）．重要なことは，ENIAC とは似ても似つかない小ささ，そして，スクリーンとキーボード

第 4 章　パソコンというテクノロジー　　69

を兼ね備えた，現在のスマートフォンやタブレット型端末に限りなく近い形である。

すなわち，現在の私たちが狭い意味で「パソコン」と呼ぶものだけではなく，本章で使っているように，スマホやタブレット型端末にいたるようなはるか遠い未来を，1972年のアラン・ケイは想像していた。こうして，1つ目の「モノ」としてだけではなく，2つ目の「映像」としての「パーソナル化」が進んでいく。

3 パソコンが映像文化にもたらしたもの＝DIY 化

パーソナルという発想の転換

パソコンという言葉が生まれた1972年にいたるまで，1960年代後半から1970年代初頭にかけてアメリカ合衆国のカリフォルニア州で連続して起きた重要な動きは，決して偶然の産物ではない。

同時期のカリフォルニアでは，ダグラス・エンゲルバートやアラン・ケイのような研究機関に所属する専門家だけではなく，ベトナム反戦をはじめとした反体制運動（カウンター・カルチャー），そして，スピリチュアルな世界を重視するヒッピー文化に親しむ若者たちが，アマチュアの立場でコンピュータを利用し始めていた。その使い方は，もちろん戦争のような国家による暴力的なものとは正反対にあり，個人個人にとっての好みや意味を優先するきわめてパーソナルなものだった。これが2つ目の「パーソナル化」の進展だ。

たとえば，カリフォルニア大学バークレー校の学生だったリー・フェルゼンスタインは，合衆国によるカンボジアへの侵攻に抗議して大学を中退したグループに所属し，彼自身もドロップアウトする。彼は，反体制運動，とくに反戦運動の精神を継承するために，1973年8月，初期のBBS（いわゆるネットの掲示板）をスタートさせた（古瀬・廣瀬 1996: 10）。フェルゼンスタインには，ENIACを開発したアメリカ陸軍のような巨額の予算もなければ，ARPANETを設計した大学や研究機関のような専門的な知識もなかったにもかかわらず，見よう見まねでパーソナルなシステムをつくりあげた。

コンピュータ関連の技術がフェルゼンスタインのようなアマチュアにも手の届くようになった背景には，まず，1960年代後半から1970年代前半にかけてのベトナム戦争長期化にともなう，アメリカ国防総省の予算緊縮が挙げられる。研究者たちが，反戦運動の高まりを受けて，中央集権的な大型電子計算機ではなく，分散的ネットワーク型に適した小型キットの開発へと重心を移したことも，アマチュアたちのコンピュータ利用を後押しした。フェルゼンスタインのように大学を中退し何も後ろ盾がない若者ですら，コンピュータを手にとり，そして，新たなネットワークを開発できるところまで，「パーソナル化」が進んだのである。

　そして，この「パーソナル化」は，文化にとってきわめて重要な転機となった。

　アイコンを開発したエンゲルバートや，ARPANET，そして，Dynabookを提唱したアラン・ケイは，大規模な資金や専門的な知識をもっていたものの，コンピュータを政府機関や大企業から解放しようと試みた点で，パーソナル化において決定的な役割を果たした。と同時に，フェルゼンスタインに代表されるアマチュアたちが，拙い技術でも仲間との情報交換のためにネットワークを開発する動きを後押しした。プロフェッショナルとアマチュアが，関連しつつも，しかし，あくまでも別々の動きとしてコンピュータの「パーソナル化」を技術の面で，つまり，画面の使い方において進めた。

　1940年代から1960年代にかけて，ENIACのようなコンピュータには，冷戦で優位に立つために，素早く大量の計算をこなす役割が求められたため，個人が眺めるためのスクリーンはほとんど必要とされてなかった。

　これに対して，1960年代後半から1970年代にかけてのアメリカ西海岸で続けざまに開発されたパソコンにつながるテクノロジーは，軍事技術や巨大産業との関係が徐々に薄まるにつれて，自分ひとりで楽しんだり，あるいは，親しい仲間と文字情報をやりとりしたりするために，見やすいディスプレイを生み出したのである。

「ホール・アース・カタログ」に見る「パーソナルな力」

　そして，こうした2つの「パーソナル化」を経て，3つ目の，すなわち，文

化としての変化が訪れる。

　アラン・ケイのような専門家や，フェルゼンスタインをはじめとしたアマチュア，その双方の発想は，唐突に生まれたわけではない。アメリカ合衆国における政治の中心地・ワシントンや，経済の中心地・ニューヨークといった東側の都市ではなく，反体制文化を育んだ西海岸でパーソナル化に向けた動きが生まれた背景には，何があったのだろうか。

　その原点，つまり，カウンター・カルチャーを考えるにあたって象徴的な存在こそ，1968年から1972年にかけてカリフォルニア州サンフランシスコを発行元としていた雑誌「ホール・アース・カタログ」だ。

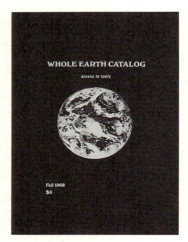

図 4-3　「ホール・アース・カタログ」創刊号表紙（http://www.wholeearth.com/issue-electronic-edition.php?iss=1010）

　当時29歳だった発行人のスチュアート・ブランドは，スタンフォード大学で生物学を学んだのち，陸軍やIBMを経て，トラックで全米各地のコミューンを巡回しつつ，家や畑，ビール，それに太陽電池といった，すべてを自分なりにつくりあげる生活＝DIY（Do It Yourself）生活のヒントを中心にして，さまざまな商品の購入方法を掲載していた手づくりの新聞を売り歩いていた。

　その新聞を元にした雑誌「ホール・アース・カタログ」でブランドが掲げたのは，「パーソナルな力」だった。それは，すなわち，自分たち1人ひとりが，自らの神となって自分の力で自分なりの生活を送るための力。このための道具を掲載することが，この雑誌のコンセプトだった（図4-3）。

　「ホール・アース・カタログ」は発行後すぐに，カリフォルニアだけではなく全米を席巻し，たった3年で100万部の販売部数を誇った。ヒッピー文化に親近感をもつ若者・ブランドの思いは，北米大陸全土に共有される同時代的なインパクトをもっていたのであり，その発想こそ，文化としての，思想としての，すなわち3つ目の「パーソナル化」にほかならない（東2011；池田2011）。

「ホール・アース・カタログ」とパソコン文化

　「ホール・アース・カタログ」の発刊と流行は、コンピュータのパーソナル化の背景となっただけではない。前節で述べたように、アラン・ケイは、1968年、ダグラス・エンゲルバートによる「グラフィカル・ユーザ・インタフェース」(GUI) のデモンストレーションを目の当たりにしたために、発想を根本的に切り替えて、個人向けの＝パーソナルなコンピュータ＝Dynabookを構想した。

　このデモンストレーションの演出を担当したのが、ほかならぬ「ホール・アース・カタログ」の発行人・スチュアート・ブランドであり、彼は、「ホール・アース・カタログ」の誌面で、コンピュータについても積極的に紹介していった。そして、ケイだけではなく、フェルゼンスタインをはじめとしたアマチュアの立場でコンピュータを触っていた若者たちにも、多大な影響を及ぼす。

　影響を受けた若者のなかには、たとえば、1975年にマイクロソフト社を創業するビル・ゲイツや、1976年にアップル・コンピュータを創ったスティーブ・ジョブズとスティーブ・ウォズニアックがいた。

　とくに、ジョブズは、自宅ガレージでの家庭用コンピュータ「Apple」の開発から事業をスタートさせる。1979年にアラン・ケイの所属するパロアルト研究所で視察した、インターフェース技術の模倣に取り組み、1984年にマウスで操作できるパーソナル・コンピュータ「マッキントッシュ」を発売。世界中にGUIを広めた。

　また、ゲイツが率いるマイクロソフト社が1995年に売り出したOS、Windows95は、世界中で爆発的な売上を誇った。このOSこそ、1968年にエンゲルバートがブランドとともに披露したGUIのもっとも使いやすい形式であり、キーボードとマウス、そして、ディスプレイが一体となった現在のパソコンの完成形の元となったのである。

　ジョブズやゲイツのようなアマチュアが自作パソコンから会社を始め、専門家の技術の真似をしながら発展する。この道のりは、専門家とアマチュアが、ともにコンピュータのパーソナル化を進めていた西海岸の状況をもっともよく象徴していたし、そこには、「ホール・アース・カタログ」が大きく影響している。

「モノ」として小さくなっていたコンピュータに，「映像」面ではGUIが整備され，ますます個人的な利用の仕方が進むなかで，さらに，分散型ネットワークの思想が導入される。国家や企業が独り占めにする公共的なものではなく，自分たちが使うというカウンター・カルチャーの思想に基づいた，「文化」としての「パーソナル化」が大きく進展したのである。

これこそ，「ホール・アース・カタログ」が打ち出した，すべてを自分なりにつくりあげる生活＝DIY生活の視点がパソコンにまで浸透した過程であり，ここに「パーソナル化」の3つの側面が揃ったのである。

4 パソコンというテクノロジーの論じ方

日本におけるパソコンというテクノロジー

「ホール・アース・カタログ」に並々ならぬ関心をもつ編集者の赤田祐一が，「日本ではコンピュータ・カルチャーをうまく咀嚼しきれていないんです。あれはヒッピーたちが当時，はじめて出現したLSDを体験して，頭の中で起こったことをネットワーク上に移し替えたということみたいですからね。こういう話は教科書に書けないから」（赤田・仲俣 2011）と語るように，アメリカ合衆国，それも西海岸のカウンター・カルチャーと，現在の日本におけるパソコンをそのままつなげてしまうのは，無理があるかもしれない。

1970年代後半から1980年代前半にかけては，パソコンよりも「マイコン」という呼び方がよく使われている。そこには，非常に小さな（マイクロ）ものであるとともに，私の（マイ），という意味も重ね合わされていた（安田 1977）。すなわち，「パーソナル」よりも，さらに狭い私の小さなもの，として「マイコン」と呼び，コンピュータを自分でつくるような，閉ざされた性格のほうが強かった（野上 2005）。

また，「日本に『IT産業』はない。『IT利用産業』があるだけだ」（鈴木 2015）という表現に顕著なように，「技術の楽園」や「電脳の楽園」（Friedman 2005）を築けなかった国には，また別の歴史がある（SE編集部編 2010）。

が，たとえば，マイクロソフト社やアップル社とは別の規格をもちながら，

日本語という言語の記号化・映像化を成し遂げたジャストシステムのワープロソフト「一太郎」が熱狂的な支持を得た事実を，日本流カウンター・カルチャーの発露だと論じることもできるに違いない。

パソコンの歴史と現在

　さらにいえば，本章で振り返ったカウンター・カルチャーとしてのパソコンの歴史，すなわち，文化としてのパーソナル化もまた，「神話」，すなわち，言い伝えられた伝説であり誇張なのだとする見方もある（マルコフ 2007）。

　「ホール・アース・カタログ」が，「本当に」反政府的な，あるいは，反体制的な運動をめざすのであれば，それは，モノを売り買いするという資本主義システムそのものへの対抗策として，自然との共生を謳うヒッピー・スタイルを徹底する道もありえたに違いないが，彼らは，あくまでも「カタログ」販売という商売を通じて文化を変えようと試みた。

　だからこそ，彼らは，巨大なモノを，専門家が独占し，国家や企業のために使う，というコンピュータのあり方を，小さく，素人でも操作可能で，かつ，自分たちのために使う，という3つの側面での「パーソナル化」を成し遂げたのである。

　西垣通が「パソコンの思想とは，つきつめればアメリカン・フロンティア精神のことである」（西垣 1997: 57）と述べるように，「統御可能な領域を拡大していく意気込み」＝「フロンティア精神」の具体化として，パソコンの開発の歴史はあり，その意味で，アラン・ケイや，スチュアート・ブランドもまた，アメリカ合衆国の一員だった。

　そして，ビル・ゲイツやスティーブ・ジョブズは，もともと自作していたパソコンを，大量生産して世界中で販売するための安価で作成しやすいモデルへと進化させた。彼らもまた，「フロンティア精神」＝アメリカ合衆国の思想をもとに，夢を語り，実現させてきた。

　現在の私たちは，こうした歴史の果てにいる。ケータイやスマホの画面で，つねに文字や映像をチェックする。ふと顔をあげれば，駅前の大型スクリーンや，デジタル・サイネージ広告が語りかける。日本では東京の渋谷だけではなく，大きな地方都市でも普通になるほど，映像はいたるところに溢れている

（大久保 2015）。

　映画や写真，そしてテレビといったこれまでの映像文化は，場所や時間や機械に拘束されるものだったが，パソコン上で見られる映像は，それらすべてをデータとして処理しているからこそ，街中の看板だけではなく，私たちの手のなかにまで入り込み，パーソナルでありポータブルな存在として，つねに身近にある。

　カウンター・カルチャーという背景がないからこそ，パソコンという機械に熱中し，そして，ビジネスとしても文化としても独特な発展を遂げてきた。そこから，「2ちゃんねる」のような，外国のどの言語にもない巨大掲示板が生まれ（ばるぼら 2005），あるいは，ニコニコ動画のように日本語と日本的なツッコミの流儀を活用した動画共有サイトが繁栄している（濱野 2008; 鈴木 2017 近刊 b）。

パソコンが変えた映像文化の論じ方

　日本的な文脈や特殊性を考えたとしても，やはり，私たちがパソコンを通じて日常的に体験している映像文化は，本章で取り上げてきた 60 年代後半から 70 年代初頭のアメリカ西海岸におけるカウンター・カルチャーの大きな影響を受けている。

　いや，それどころではない。

　タブレット端末やタッチパネル式の機器が広まった現在，アラン・ケイの夢見た Dynabook のように，あの頃の彼らの夢を，私たちは，まさしく実現しているのだ。

　「ホール・アース・カタログ」の発行人，スチュアート・ブランドは，同誌が広めた「ヒッピー文化が生んだ良いことは，DO IT YOURSELF 的なアプローチ」であり，「カウンターカルチャーは『ちょっと』じゃなくて『完全に』世の中を変えたじゃないか（笑）」（ブランド 2014: 71）と語る。あの雑誌は，「結局，すべての年齢層の人に，コンピュータ技術は政治的革命や環境を守るために役立つ，という見方をさせるようになった」（マルコフ 2007: 6）のである。自分たち自身でコンピュータ技術をつくりだしていける想像力を読者に与えたのである。

「ホール・アース・カタログ」という名前に明らかなように，ブランドを筆頭にしたカウンター・カルチャーの担い手たちは，「ホール」，すなわち，「すべて」を捉えたいという欲望をもっていた。この「すべて」という観点こそ，映像も文字も音声もあらゆる映像文化を，物質と時間の制約を超えて，1つの画面に収めてしまうパソコンの特徴と共通している。

「パソコン」はどのようなテクノロジーか
　本章では，ケータイもスマホも，映像文化におけるテクノロジーという観点から，便宜的に「パソコン」に含むものとして論じた。むろん，日常用語として「パソコン」を指す場合は，机の上に広げて使うコンピュータを思い浮かべる場合がほとんどだから，本来なら区別する必要があるだろう。街中で歩きながらスマホで見る動画と，自宅の机の前に座ってパソコンで眺める動画には，確かに「パーソナル」な違いがある。

　パソコンをわざわざ見るよりも，ケータイやスマホでメールを読んだり，動画を見たり，写真を撮ったり撮られたりするほうが，いまではずっと日常的だ。それぞれの機器は，単独で新しい体験を生み出すというよりも，互いが重なり合い，影響を及ぼし合い，時には反発し合うといった複合的な関係において，これまでとは違った局面を見せている（佐藤 2012）。

　テレビを見ながらスマホでメッセージをやりとりする。あるいは，電話をかけながら，パソコンの画面で動画を見つつ，ワープロで文章を打つ。私たちが日常的に何気なく使いこなしているかのようなマルチタスク化は，歴史を振り返れば決して「当たり前」の光景ではない。

　この光景は，本章で確かめてきた3つの「パーソナル化」によって成し遂げられたのであり，そして，現在もなお，パソコンは進化を続けてやまない。物質として，映像として，文化として，「パーソナル化」の度合いを強め，さらに，デジタル化されたデータを処理する速度と容量を拡大してやまない。パソコンというテクノロジーは，映像文化など無関係に進歩を続けている（キットラー 1998）。

　もとより，パソコンやスマホの画面1つで，文字や写真や動画といった，あらゆる映像を楽しめるようになった過程は，映像文化としての発展をねらった

成果ではない。

本章で見てきたように，機械を小さくし，画面を使いやすくし，国家や大企業から自由になる，というパーソナルな欲望に基づいた技術の進歩によって，結果的に映像文化としての側面を獲得したのである。

今日，映像文化だけではなく，あらゆるメディアは，パソコンによってデジタル化されたデータによって成り立っている。データ処理速度と容量の拡大という変化は現在進行形であり，歴史として定まってはいないし，だからこそ，パソコンというテクノロジーについて映像文化の側面から考えることは，私たちの日常を相対化し，その意味を深く捉えなおす営みにほかならないのである。

●読書案内●
① 佐藤俊樹『社会は情報化の夢を見る（新世紀版）——ノイマンの夢・近代の欲望』河出文庫，2010年。
　　本章では扱わなかった情報化社会論の歴史をたどる。テクノロジーが社会を変えるのか，それとも，社会がテクノロジーを変えるのか。
② チャールズ・イームズ／レイ・イームズ『コンピュータ・パースペクティブ——計算機創造の軌跡』和田英一監訳，山本敦子訳，ちくま学芸文庫，2011年。
　　見ているだけで楽しいコンピュータの歴史。20世紀を代表するデザイナーであるイームズ夫妻が，500枚の写真とともに振り返るコンピュータの足跡。
③ 山形浩生『新教養としてのパソコン入門——コンピュータのきもち』アスキー新書，2007年。
　　機械としてのコンピュータ，なかでもパソコンがどういう原理で動き，そして，映像を見せるディスプレイにはどのような意味があるのかを，文系にもわかる言葉で解説。なお，連載当時の原稿が，次のURLにアップされているので，同書が入手しにくくても，ウェブを参照されたい。http://cruel.org/asciipc/kimochi01.htm
　　また，日本におけるパソコンについては，富田倫生「パソコン創世記」も青空文庫ですべて読むことができる。http://www.aozora.gr.jp/cards/000055/files/365_51267.html

————鈴木 洋仁◆

第2部

コミュニケーションとしての映像文化

第5章　個人をつくる映像文化
第6章　コミュニケーションをつくる映像文化
第7章　社会をつくる映像文化1
第8章　社会をつくる映像文化2

第5章
個人をつくる映像文化

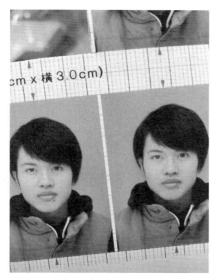

機械で自動的に撮影される証明写真（編者ゼミ生より提供）

> 　私たちは，日常生活のなかで，ある人物の映像がその本人の存在と対応していることに疑いをもたない。映像とそこに写しとられた人物個人としての存在が結びついていることは，私たちにとって「当たり前」である。しかし，歴史的に見てみると，ある人物とその映像との関係はそれほど自明なものではない。ある人物の映像は，その人物個人と対応しているように見えて，それを確定することはできない。また，映像と個人の結びつきは，文化的に「つくられた」側面ももつ。ここでは，人物を主題として撮影された肖像写真から，それらのことについて考えてみたい。

1 肖像写真とそこに写る人物

写真術黎明期の肖像写真

　人物を主題として撮影された肖像写真は，たしかに，写真術が発明された直後から撮影されている。1840年に溺死者に扮した自分自身を撮影したイポリット・バヤールの写真史上有名なセルフ・ポートレイトは，最初期における肖像写真の1枚であろう（図5-1）。しかし，ダゲレオタイプに代表される最初の写真術は，鮮明な像を得るために長い露光時間を必要とし（日中でも10分から20分かかった），その間モデルはじっと静止していなければならなかったため，肖像写真は非常に困難であり，実際に撮影されることはほとんどなかった。バヤールのセルフ・ポートレイトは，動かない溺死体を演じることによって肖像写真として成り立つ写真術黎明期の希有な例である。

　のちに，モデルが長時間静止していることを補助する首支えや膝押さえの器具が登場し（ベンヤミン 1998: 27），レンズや感光剤も改良されて露光時間が短縮されたことで，ダゲレオタイプで肖像写真が撮影されるようになった。そして，露光時間を大幅に短縮した（長くても数十秒）湿版コロディオン法が発表された1851年以降，肖像写真は急速に広まっていった。

最初期の肖像写真をめぐるエピソード

　19世紀後半のフランスで活躍した写真家のフェリックス・ナダールは，肖像写真が急速に普及し，パリに写真スタジオが急増していた1850年代の次のようなエピソードを紹介している（ナダール 1990: 48-50, 66-70）。

　ある日，2人の紳士が撮影した写真を受け取りにきた。ナダールのスタジオでは，2人でやってきた客には，お互いの写真を手渡して，写真の出来映えを客観的に判断してもらうようにしていた。2人は手渡された写真を黙って見つめて曖昧に満足したような素振りを見せ，そして，1人が口を開いた。「私は口髭を生やしていなかったと思うんだが……写真を撮ったときには……」。2人は，お互いの写真を手にして，それを自身の写真だと思い込んでいたのだ。写真を交換してやや落ち着いたあと，もう1人が口を開いた。「自分が見ても

分からないのに，私だと分かるだろうか，赤の他人が……」。写真が世の中に現れた当時，写真に写っている本人ですら，自分が目にしているのが自分自身の写真であることを理解できなかった。

写っている本人ですらその像が自分だとわからないナダールの時代の人びとと，ある人物とその人物の映像との関係を当たり前のように結びつける現在の私たちとの間には大きな隔たりがある。この隔たりについて，歴史社会的な文脈を踏まえながら，映像文化の問題として捉えていきたい。具体的には，肖像写真をめぐるさまざまな文化のなかで，写真黎明期に見られた肖像写真の人物が特定できない側面が解消されていく（あるいは依然として解消されない）様相や，写真とそこに写った人物との結びつきが自明視され「個人」が浮かび上がってくる様相，それらの歴史的過程を捉える。とくに，社会的記号としての側面，同一性の記号としての側面，コミュニケーションのなかで個人をつくりだしていく側面，という3つの側面に注目し，肖像写真と被写体個人との結びつき方を考えていく。

図 5-1 バヤール「溺死者に扮したセルフ・ポートレイト」(1840年)（フランス写真学会〔パリ〕所蔵）

2 社会的記号としての肖像写真

肖像写真とブルジョワ文化

ダゲレオタイプで肖像写真が撮影され始めた1840年代当時，肖像写真1枚の価格は50フランから100フランしたという（フロイント 1986: 73）。当時の労働者の平均日当が2フランだったというから，ダゲレオタイプがいかに高価な贅沢品であったかがわかるだろう。そのような肖像写真を撮影し，それを所有

するのが可能だったのは社会的富裕層に属する人びとだった。とりわけ，19世紀ヨーロッパにおいて，急速な産業化を通して財を成し社会的存在感を高めた新興の「ブルジョワジー（市民階級）」と呼ばれる人びとが肖像写真を求めた。かつて，「肖像を持つこと」は，画家に高額の報酬を支払うことが可能な上流階級にしかありえないことだった。上流階級の生活様式に憧れるブルジョワたちは，画家に肖像画を描かせることができるほどの財力はもたないまでも，肖像写真にはじゅうぶん手が届いた。だからこそ，彼らは，上流階級のように肖像をもとうと，こぞって肖像写真を撮影した。

　その意味で，肖像写真は，ブルジョワジーという新興社会階級の文化と密接に関係している。「肖像写真を撮られること」「肖像写真を所有すること」はブルジョワジーの文化であり，肖像写真そのものがブルジョワ的なものだった。だからこそ，19世紀後半の肖像写真はブルジョワ文化との関連で捉えられなければならない。

ブルジョワジーの社会的記号としての肖像写真——カルト＝ド＝ヴィジット

　19世紀後半に肖像写真が社会に広がっていく契機として写真史で言及されるのが，1854年にアンドレ＝アルフォンス＝ウジェーヌ・ディスデリがパリのスタジオで撮影を開始した「カルト＝ド＝ヴィジット」（以下，CdV）である（本書18頁，図1-5を参照）。これは，名刺判写真とも呼ばれる小さな判型の肖像写真で，1回の撮影で12ポーズ前後撮影可能で，複製も容易，しかも1セット20フラン程度とダゲレオタイプの肖像写真に比べて圧倒的に安価であったため（フロイント 1986: 73），富裕層の間で社交の際に名刺代わりに交換された。

　CdV交換の中心にいたのが，新参者として富裕層に参入してきたブルジョワジーの人びとだった。彼らは，その社会集団の一員として認められようと，富裕層の習慣を進んで実践する。彼らは，率先してカメラの前に立ち，得られた小さな肖像写真を喜々として交換したのだ。また，CdVは，ギリシャ風の円柱や手摺り，緞帳，棕櫚の木，ゴブラン織りや装飾的家具，背景画などさまざまな小道具を使用したり，芝居がかった大げさなポーズで全身像を撮影するなど，伝統的な肖像画の表現形式を取り入れた（ベンヤミン 1998: 27-28）。これ

には，上流階級の文化を積極的に模倣し，上流階級に接近したいという顧客側のブルジョワ的欲望と，顧客の需要に応える撮影者側の思惑が作用している。

　CdVはブルジョワ文化の所産である。だからこそ，そのブルジョワ的肖像写真は，そこに写った人物がブルジョワジーに属していることをありありと示してしまう。その意味で，CdVという肖像写真は，個人以前に，その個人が属する社会階級を示す社会的記号なのである。

図5-2　ナダール「シャルル・ボードレール」（1856年）(ナダール 1990: 53)

ブルジョワジーのなかの個人——ナダールの肖像写真

　CdVの流行と同時期に肖像写真家として一時代を築いたのが前出のナダールである。ナダールのスタジオには，彼に肖像写真を撮影してもらうため，多くのブルジョワたちが足を運んだ。また，ナダールはそのスタジオで，ジャーナリスト・風刺画家時代から交友をもっていた文化人（作家，画家，音楽家，俳優など）や，肖像写真家ナダールの評判を耳にして訪れた多くの有名人（政治家，貴族，軍人など）も撮影した。

　ナダールの肖像写真は，CdVのように，伝統的な肖像画の表現様式を採用しない。画面構成は胸から上の半身像，あるいは膝から上の四分の三身像で，自然なポーズをとり，小道具は最小限，背景は無地の布を使用し，絵画的装飾性を極力排除している。それゆえ，CdVのような肖像写真とは一線を画し，モデルの外見の特徴を正確に捉えるだけでなく，その内面（精神）を総体的かつ自然に捉えたものとして高く評価されている。たとえば，ナダールが撮影した，詩人シャルル・ボードレールの肖像写真は，確かに，ボードレールという個人の存在感が強調されている印象を受ける（図5-2）。

　しかし，ナダールが肖像写真を撮影したモデルの多くが，ブルジョワジーに属する，のちに名を残す当時の著名人だったことは注意しておきたい。批評家

の多木浩二は，ナダールの肖像写真でモデルの個性を感じるのは自分がよく知る歴史的人物の肖像だと語り，彼の肖像写真に現れる個性とは，そのモデルたちが所属し，そのなかで名を上げていった「ブルジョワジー」という階級意識を前提とした個性ではないかと指摘する（多木 2007: 170-173）。ナダールの肖像写真の個性は，ブルジョワジーの社会的記号として受け取られたうえで示されるものなのである。

19世紀後半の肖像写真は，当時の肖像写真の典型であったCdVであれ，芸術表現として高く評価されたナダールの肖像写真であれ，まずブルジョワジーという階級を示す社会的記号である。それは，肖像写真を「撮影される」「所有する」という経験が，ブルジョワ的欲望と密接に結びついていたことと関連する。19世紀後半の肖像写真は，まずブルジョワジーのものであり，だからこそ，そこに写された個人の存在以前に，その個人が属するブルジョワジーという階級を，社会的記号として示すのである。

ブルジョワジーの社会的記号からの解放──ザンダーの「20世紀の人間たち」

ドイツで写真スタジオを営んでいたアウグスト・ザンダーは，1910年にそれまでに撮りためた多数の肖像写真から「20世紀の人間たち」というプロジェクトを着想し，第1次世界大戦による中断を挟みながら，1920年代末まで撮影を継続した。このプロジェクトで撮影されたのは，文化人や政治家，資本家などブルジョワジーに属する人びとだけでなく，農民，労働者，失業者などを含んだ，さまざまな階級・階層に属する人びとである。ザンダーのプロジェクトが示すのは，20世紀において，「肖像写真を撮られる」経験が20世紀初頭にはブルジョワジー以外にも拡大してきたということである。このプロジェクトをもとに写真集『時代の顔』が1929年に出版されるが，ここに収められた肖像写真の人びとの多様性は，ドイツ民族の一様性を掲げるナチス政権から危険視され出版禁止に追い込まれることにもなった。

このように，20世紀にはブルジョワジーという特定の階級の社会的記号から解放された肖像写真が現れた。しかし，ザンダーの写真が「個人」を示したかというと，単純にそうとはいえない。ザンダーの肖像写真が示しているのは，その社会階級はわかりやすいが，個人としての個別性は希薄な「匿名の個人」

という印象を受ける。ザンダーの肖像写真は，ブルジョワジーという特定の階級の社会的記号であることから肖像写真を解放したが，肖像写真が何らかの社会的記号であることから解放したわけではない。

3 同一性の記号としての肖像写真

個人を特定する肖像写真

　ザンダーの肖像写真が示したのは「何らかの社会的階級に属する匿名的な個人」だったが，肖像写真には，個人の身元を特定するために用いられる肖像写真もある。私たちの日常生活でも馴染み深い，学生証や運転免許証などの身分証明書の写真や，履歴書に貼られる写真など，いわゆる証明写真がそうである（本章扉図版を参照）。

　「個人の身元の証明」は，肖像写真が生まれた19世紀中葉頃から喫緊の社会的要請となった。その背景には，産業資本主義の進行と流通ネットワークの拡大による社会の流動性の急激な上昇がある。近代化によって社会の流動性が上昇し，社会的関係が匿名的にならざるをえない状況のなかで，社会秩序を安定的なものにするには，自分がどこの誰であるか，そして，秩序を壊乱する人物でないことを証明する必要が生じた。その必要性に対して，写真術というテクノロジーの活用が試みられた。しかし，「個人」を特定する肖像写真のあり方は，私たちの日常生活のなかでなかば自明化されているものの，実際は複雑に展開している。

司法写真の試み——ベルティヨンのシステム

　「肖像写真による個人の特定」の試みとして代表的なのが「司法写真」である。近代化にともなう社会関係の匿名化は犯罪を増加させる。とくに19世紀から急速に拡大していった大都市は犯罪増加の傾向が強かった。窃盗や傷害などの都市型の犯罪は再犯者も多かったが偽名の使用などで犯罪者の身元特定が難しく，適切かつ迅速な対応の障害となり，その結果治安の悪化を招いてしまうような状況だった。犯罪者の身元特定は近代社会の治安維持にとって重要な

図5-3　ベルティヨンの犯罪者記録カード（肖像写真の上下に身体計測値）(*Identité*, Photocopie, 1985)

課題だった。

　フランスのパリ警視庁は1876年から犯罪者の身元確定に肖像写真を活用していたが、1880年代に入ると、同庁事務官のアルフォンス・ベルティヨンが考案した、犯罪者の写真を人体測定に従って分類するシステムを、犯罪者の身元特定のために導入し始めた。このシステムは、身長、頭骨の長さ、頭骨の幅、中指の長さ、足の大きさなど身体部位の厳密な計測値を記入し、厳密な規格に従って撮影された正面と経年変化が生じにくい真横（耳の形が重視された）からの肖像写真を貼りつけた犯罪者記録カード（図5-3）からなるデータ・ベースである。犯罪者を逮捕した場合、その身体部位を計測し、その計測値から該当者を絞り込み、肖像写真や特記事項（傷跡など）に示された諸特徴との照合という手順を経て身元を特定する。このシステムによって、犯罪者が偽名を使ったり変装していたとしても、当時としては高い精度で身元の特定が可能で、それによって犯罪者が経歴や過去の犯罪歴を詐称することも困難になった。

ベルティヨン・システムの限界──肖像写真と個人の結びつきの不確かさ
　ベルティヨンが考案したシステムは身体の計測値と肖像写真を組み合わせて

犯罪者個人を特定するもので，犯罪捜査に一定の成果をもたらした。しかし，「肖像写真による個人の特定」としてみた場合に，注意すべき特徴がある。それは個人の特定が，身体部位の計測値の比較と肖像写真に現れる視覚的特徴という2つの段階を経て個人が特定されるという点である。肖像写真は，確かに個人の視覚的特徴を精確に示す。しかし，それだけでは個人は特定されない。ベルティヨンのシステムは，この限界に加えて，計測の煩雑さとデータ・ベース規模の巨大化という問題から，イギリスの統計学者フランシス・ゴルトンが1892年に提唱した指紋による犯罪者特定にしだいにとって代わられていく。

図 5-4 「our face の肖像 2004—／日本に暮らす様々な人々 3,141 人を重ねた肖像」（北野謙）

　指紋による個人の特定は，肖像写真に依拠しない方法であるが，ゴルトンはこの方法に行き着くまでに肖像写真を用いた犯罪者抽出の試みを行っている。ゴルトンは，犯罪者の肖像写真を何枚も重ね焼きして，犯罪者に共通する視覚的特徴を強調した「典型的犯罪者の肖像写真」の作成を試みている。彼の試みは，さまざまな集団（職業，民族など）に属する人物の写真を重ね焼きし，その集団に属する人の典型的肖像を提示しようとする現代の写真家，北野謙の試みにも通じる（図5-4）。ゴルトンも北野もおそらくは自覚しているように，肖像写真の重ね焼きによって得られる「典型」の肖像は，現実には存在しない人物を指し示す。こうした試みが示しているのは，個人を指し示しているかのように見える肖像写真も，それを重ねていけば，どこにもいない「個人」の肖像ができあがってしまうということであり，端的には，肖像写真と個人との結びつきの不確かさといえるのではないか。だからこそゴルトンは肖像写真に依拠しない犯罪者特定法を提唱したとはいえないだろうか。

パスポートの証明写真と個人

　パスポートに貼りつけられる証明写真は，個人を証明する肖像写真の代表的なものの1つである。近代パスポート制度において，各国が肖像写真を求めるようになったのは，第1次世界大戦の時期と重なる1910年代後半からである（外務省 2014; 橋本 2010: 200; トーピー 2008: 179; 渡辺 2003: 450）。

　パスポートに肖像写真が求められるのは，それによって，所有者がその名義人本人であるかどうかを確認するためである。したがって，パスポートに用いられる肖像写真は，個人が特定しやすいよう，撮影の規格が細かく定められているのが一般的である。たとえば，日本のパスポートに使用する肖像写真は，写真のサイズだけでなく，撮影する角度，肖像のなかでの顔の位置，写された顔の大きさ，撮影時の姿勢，髪型，表情，陰影，背景など細かく規定されている（外務省旅券課 2011）。

　パスポートの肖像写真はどこかベルティヨンの司法写真を彷彿させる。どちらも「個人の特定」を目的とするので当然であろう。しかし，パスポートの歴史をひもといてみると，肖像写真が貼りつけられるようになった当初，パスポートに貼りつけられたのは，厳密な規格に沿ったものではなく，19世紀後半に CdV や写真家のスタジオで撮影されたようなブルジョワ的な肖像写真だった（橋本 2010: 200-203）（図5-5）。個人を特定するための肖像写真を用いるパスポートが，むしろ個人の特定には不適切な，個人よりもその社会的属性を示してしまうような肖像写真を使用しているのだ。

　この事実は，パスポートにおける「肖像写真による個人の特定」が不可能であること，そしてそのことが自覚されていたことを示しているのではないか。パスポートの肖像写真は，確かに，個人を特定しやすくするために用いられる。しかし，肖像写真の厳密な規格化が，モデルの普段の表情とは異なる顔貌を表出させ，むしろ個人を特定しにくくしてしまうこともありうる。ブルジョワ的肖像写真のように，くつろいだ自然な状況で撮影したり，あるいは本人が好む演出で撮影したほうが，普段のモデルの姿に近いということもあるだろう。厳密に規格化されたものであれ，ブルジョワ的なものであれ，肖像写真は，個人との視覚的同一性を示しはするが，その同一性を確証することもできない。パスポートにおける肖像写真は，同一性を示しているのではなく，同一性の記号

図 5-5　初期のパスポート写真 3 点（Martin Lloyd, *The Passport*, Stroud, Gloucestershire, Sutton Publishing, 2003, p. 103, 105, 112.）

でしかないのだ。

4　コミュニケーションのなかでつくられる個人

肖像写真がつくる個人

　ここまでは，「肖像写真が個人を指し示す」ということが，私たちが日常生活のなかで無意識に考えているほど「当たり前」ではない文化的側面を見てきた。最後に，写真が日常生活のなかに浸透し，広く流通していくことで展開するコミュニケーションのなかで，肖像写真と個人との結びつきがつくりだされていく側面を取り上げたい。

　肖像写真の文化を歴史的に俯瞰したとき，肖像写真は，すでに 19 世紀後半から，それが指し示す確固とした個人を失い始めていた。当時の上流階級の社交において名刺代わりに交換する肖像写真として流行した，CdV から考えてみたい。CdV の交換は，面識があるものどうしでの交換であり，ゆえに，CdV は，直接会ったことのある個人に結びつけられ，その人物の肖像写真として見られる。しかし，CdV の流行は，肖像写真の別の見方ももたらした。

CdVの肖像写真は，撮影された本人に手渡されるだけでなく，大量に複製され一般向けにも販売された。それは，CdVを撮影した上流階級の人びとの多くが，当時の社会における著名人であり，彼らに対する大衆の関心がその肖像写真を求めたためである。その結果，肖像写真は面識をもった人びとの範囲を越えて流通し，大衆が，直接面識をもたない，一度も会ったことのない人物の肖像写真を見るという状況が生じた。大衆は，そこに写っている著名人を実際に存在する個人に結びつけられないまま肖像写真を目にする。個人の存在を欠落させたまま，個人のイメージだけが広範囲に流通していくのだ。

　そして，個人の存在を欠落させた，ただのイメージは，ジャーナリズムなどのメディアを通してその個人をめぐるさまざまな「語り」を召喚することによって，イメージの個人をつくりあげる（菊池 2014: 176）。イメージが個人の存在を欠いているからこそ，イメージの外側から「個人」が呼び込まれるのである。

写真の日常化とコミュニケーションとしての写真

　写真の大衆化は，まず，「見ること」の大衆化が先行したが，続いて，写真を「撮ること」「撮られること」の大衆化も進行していく。写真を「撮ること」「撮られること」の大衆化は，どのように，肖像写真と個人の関係をつくりあげていったのか。

　写真術は，その登場以来，技術改良を急速に進めていったが，それによって，写真撮影のコストは低くなり，19世紀末には「写真に撮られること」が上流階級に属する著名人だけの経験ではなくなっていった。「写真を撮ること」も，もともと，訓練を積んだ職業写真家に限定されていたが，カメラやフィルムの技術開発によって大衆化の方向に進み始め，1888年におけるカメラ「ザ・コダック」の発売以降，カメラさえ入手すれば誰でもできるものになった。さらに，1960年代以降の技術改良によって，カメラの低価格化と操作の簡易化が進み，写真を「撮られること」「撮ること」は大衆的なものになった。

　そうした状況のなかで，日本の写真産業は，1960年代から80年代にかけて，カメラの自動化・小型化や，撮影済みフィルムの現像，焼き付けを行うDPEサービスを展開していった。その結果，日本社会において，特別な「ハレ」の

日の記念に行われるものであった写真を「撮ること」「撮られること」は，その非日常性を希薄化させ，逆に日常のなかに浸透していった。廉価な「レンズ付きフィルム」(使い捨てカメラ) が1986年に登場してからは，写真を「撮ること」「撮られること」は日常のなかに定着し，1990年代後半に若者たちを中心に「日常写真ブーム」を生み出した。ここでいう「日常写真」とは，自分たちの思い出を残すため，自分たちの日常生活を撮影した写真であり，肖像写真的なものだけでなく身近なモノや風景などの写真も含まれる。若者たちは，カメラを持ち歩き，好きなときに撮影し合い，また撮影した写真を交換し合い，アルバムなどに貼って持ち歩き，互いに見せ合う。日常写真を見せ合う範囲は，ブームのなかでこうした写真を投稿して掲載する雑誌なども登場し，不特定の他者たちにまで拡大していった。

　日常写真と同時期に10代女子を中心とした若者たちの間で流行した，小さな肖像写真のシール「プリクラ」や，2000年のデジタル・カメラ付携帯電話の発売とともに開始された，撮影した画像の送受信サービス「写メール」(写メ) なども，日常写真と同様の写真の文化のなかに位置づけられる (加藤2011；富田 2004；栗田 2004)。プリクラブームを担った女子中高生たちは，日常写真の若者たちと同様，友人たちとプリクラを撮り合い，交換し，プリクラ手帳に貼って，互いに見せ合う (本書99頁，第6章扉の図版参照)。カメラ付携帯電話は，つねに携帯することが前提であることで，いつでもどこでも撮影することができ，さらには，撮影した画像を保存して画面に表示していつでもどこでも見ることができ，友人たちに送信して交換・共有することも可能である。それゆえに，日常写真やプリクラを見せ合う範囲をより拡張するものと捉えられる。

　こうした現代日本における写真のコミュニケーションは，「私」や「私たち」の自意識が肥大化した自己愛的なものと捉えられる (「こんな私 (たち) 大好き！」)。しかし，それは表面的な見方であろう。日常写真の読者投稿で構成される雑誌を分析した角田隆一は，日常写真の流行が露わにする，不特定の他者たちとお互いの「思い出」を受け容れ合うコミュニケーションは，社会関係の流動性が高まった現代社会における自己の構築であると結論づける (角田2004: 167-168)。また，プリクラを中心とした女子中高生たちの写真コミュニケ

ーションのフィールドワークを行った加藤裕康も，そうしたコミュニケーションの写真を撮り合い見せ合う「遊び」のような側面が，流動的な現代社会のなかで，他者とのつながりを選択的につくりだすことで自我を保っていると指摘する（加藤 2011: 300-302）。これらの議論で共通しているのは，ある確立された自己が先にあってそれをお互いに愛でているのではなく，自己は流動的で開かれたコミュニケーションのなかでその都度つくられているということである。

イメージがつくる拡散する個人の現在——デジタル化とセルフィ

　一体化した表示装置で撮影した画像を確認可能なデジタル・カメラの登場は，現像して焼き付ける工程を必要としないことで，写真を「撮ること」「見ること」をさらに身近なものとした。さらに，写真が画像データとして保存できるため，パーソナル・コンピュータとインターネットを経由すれば，デジタル・カメラ付携帯電話と同様，写真を編集したり，交換・共有することも容易である。また，デジタル・カメラ付携帯電話が「スマートフォン」へと進化し，カメラ機能とデータの処理・通信機能の連携が高まったために，デジタル・カメラ，パーソナル・コンピュータ，インターネット通信環境という3つの要素をつねに携帯しているような状況が現れている。その結果，日常写真とそれによるコミュニケーションの状況は，こんにちの情報環境において，より徹底してきているといえる。

　こうした状況のなかで，「セルフィ」と呼ばれる写真が登場した。それは，撮影者が手に持ったカメラで自分自身を撮影した肖像写真で，「自撮り写真／画像」とも呼ばれる。撮影者が自分自身を撮影した肖像写真は，鏡を用いたりカメラのセルフタイマー機能を使うなどして撮影したものなどが以前から存在した。しかし，2002年9月に最初に使われ，2013年11月に「オクスフォード英語辞典が選ぶ今年のことば」となった「セルフィ」という語（Gunthert 2015: note 22）で示される肖像写真は，それらとは異なる。セルフィは，その語が使われ始めた時期や，カメラを持つ腕が写り込むことも多い構図といった特徴から判断して，カメラ付携帯電話やスマートフォンのカメラ機能を使って，被写体自身に気軽に撮影された，2000年以降に現れたセルフ・ポートレイトと定義できる。

アンドレ・ギュンタールは，肖像写真とセルフィとの違いを，撮影者の自意識という視点から捉えている（Gunthert 2015）。従来の肖像写真は，撮影者自身が画面に写り込むことはない。その写真は撮影者が見た世界でありながら，そのなかに彼は存在しない。不在の撮影者によってつくりだされた写真の世界は，撮影者も構成要素として存在する現実の世界と同じではない，撮影者中心の世界である。その意味で，肖像写真は，被写体であるモデルの自意識からは切り離され，モデルに対する撮影者の意識が現れる，いわば他者性を帯びたイメージである。撮影者自身がセルフタイマー機能で撮影したものであっても，最終的に撮影したのはカメラという他者であるし，鏡に映る姿を撮影したものは，人物そのものの姿とは異なる左右逆像であるため，それらはどうしても他者性を帯びてしまう。それに対し，撮影者が撮影に直接参入するセルフィは，被写体と撮影者が一致した肖像写真であるがゆえに，そこには被写体の自意識が現れる。イメージが，他者のものか自己のものか，そこが従来の肖像写真とセルフィの大きな違いである。

　このような違いはあるが，セルフィも，日常写真と同様に，この自意識の現れたイメージをめぐるコミュニケーションのなかで，「私」という「個人」をつくりあげていく。しかし，日常写真において個人をつくり続けていくコミュニケーションは，他者性を帯びたイメージをめぐって展開していくので他者に開かれており，コミュニケーションも継続的に発生していくが，その一方で，セルフィをめぐって展開するコミュニケーションは，それが自意識のイメージであるため，自己完結してしまい，そのなかで私という「個人」をつくり続けることができない。

　セルフィをめぐるコミュニケーションは，それが他者性を欠いた自意識のイメージであるがゆえに，そのイメージを他者へと，しかもできるだけ多くの他者へと開いていく仕掛けが必要となる。自意識のイメージは，他者に開かれるために，より多くの他者に「見られ」「承認」されなければならない。そして，他者に「見られ」「承認」されることが自意識を活性化し，さらなる自意識のイメージをつくりだす。それを通して，セルフィは，そうした写真をめぐるコミュニケーションのなかでこそ，「私」という「個人」をつくり続けることが可能になる。インターネットのSNSこそ，セルフィを他者とのコミュニケー

ションへと開き，それが他者に見られ，他者から承認されていることを可視化する仕掛けである。セルフィは，他者から「お気に入り」「いいね！」されることを求めて，SNSに投稿される。セルフィは，だからこそ，SNSが浮上してきた2000年以降のセルフ・ポートレイトでなければならないのだ。

　冒頭で取り上げた，写真術の最初期に撮影された肖像写真の1枚，バヤールの溺死者を演じたセルフ・ポートレイトは，世界初のセルフィだと捉えることもできる。公式の発明者となったルイ・ジャック・マンデ・ダゲールとほぼ同時期に写真術を開発したにもかかわらず，フランス政府から「写真術の発明者」として認められなかったバヤールは，その扱いに対する抗議の意味を込めて，溺死者に扮したセルフ・ポートレイトを撮影し，世界初の写真展を開催して公開した。バヤールは，溺死者に込めた「黙殺された写真発明者」という自己イメージを，観客たちに承認してもらいたかったのかもしれない。そう考えると，写真術黎明期の肖像写真の文化のなかに，すでにセルフィの萌芽は含まれており，現代のデジタル技術がそれを顕在化させたともいえるだろう。

●読書案内●
①多木浩二『肖像写真』岩波新書，2007年。
　　写真表現における「顔の意味」の歴史的変遷を，3人の写真家が撮影した肖像写真から明らかにしていく。たんなる作家論ではなく，彼らの表現がそれぞれの時代にどのように「人間」を捉えようとしていたのかという視点から，歴史そのものを示そうとする意欲的な試み。
②橋本一径『指紋論――心霊主義から生体認証まで』青土社，2010年。
　　近代社会の身元確認における「指紋」の意味を多角的に検討することを主旨とする書物であるが，写真とも密接に関連している。指紋と写真は，ともに，ある人物の存在をその痕跡として示すと同時に，その人物の「身元確認の不可能性」を孕んでいることが示される。
③平瀬礼太『〈肖像〉文化考』春秋社，2014年。
　　近代日本において「肖像」がそれを見るものに対してどのような意味をもってきたのかを，おもに民俗学に依拠しながら論じている。映像よりも描かれた肖像が中心に扱われ，論じる視点も本稿と大きく異なるが，肖像を意味づける文化の拡がりに触れられる良書である。
④鳥原学『写真のなかの「わたし」――ポートレイトの歴史を読む』ちくまプリマー新書，2016年。

現代社会に生きる私たちにとってポートレイトを「撮ること」や「撮られること」がどのような意味をもっているのか，ダゲレオタイプ時代の古典的肖像写真からこんにちのコスプレ写真まで，広範な肖像写真文化に触れながら論じた良書。本章の脱稿後に刊行された書物で，基本的な関心は共通している。

——————菊 池 哲 彦◆

第6章
コミュニケーションをつくる映像文化

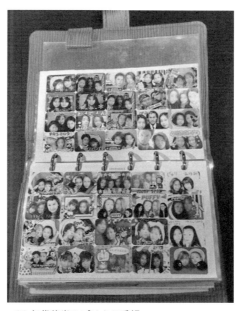

90年代後半のプリクラ手帳

写真というメディアは今日,「私」をつくりあげるという現代人にとって切実な課題を達成するためのコミュニケーション・ツールとして,ますますその存在感を高めている。事後的に振り返れば,1995年に登場した「プリクラ」は,この新たなコミュニケーションの重要なエッセンスがふんだんに盛り込まれていた。当時,若者向けの一時的な流行玩具として捉えられたこの小さなメディアが,この時期に誕生し,現在まで支持を受けて生き残っていることには,それなりの社会的背景があるのだ。本章では,プリクラの事例も数多く取り上げながら,写真コミュニケーションと現代社会との関係に迫っていく。

1 コミュニケーションをつくる写真文化

　本章では，コミュニケーションという観点から一般の人びとの写真文化を考察していく。

　これまでも写真文化は，社会学においてコミュニケーションという観点から考察されてきたのだが，それらは多くの場合，マスコミュニケーションとして，すなわち報道写真や広告写真といったマスメディアとしての写真が対象に据えられ，私たちはこれらをおよそ一方的に受容する存在として位置づけられて論じられてきた。しかしながら私たちにとって写真文化とはそればかりではないだろう。写真は，人びとが身近な生活のなかで自ら実践するパーソナルなメディアとしても存在しており，これをめぐるコミュニケーションもさまざまに行われてきた歴史が確かにあるのだ。本章は，このような写真をめぐるパーソナルなコミュニケーションの現代社会的な意味について，歴史的変化にも目を配りながら迫っていきたい。

　写真は，集団維持のためのメディアという長らく担い続けてきた役割に加え，あるいはそれ以上に今日では，個々人が自ら自分自身（「私」）をつくりあげ維持していく「生の技法」の1つとしてますますその存在感を高め，人間関係やリアリティを構築するコミュニケーション・ツールとして，周到に洗練されてきているのである。

2 集団に埋め込まれた写真コミュニケーション

集団を維持する写真コミュニケーション
　写真術の開拓と発展に大きな貢献をなした薩摩藩主の島津斉彬は，慧眼と呼ぶべき鋭い洞察を残している。「人々いわんこの術遊技玩弄の一理技なりと。これ誤れり。この術は父母妻子の容姿を百年の後に残す貴重の術にして実に人事中主要の技術なり」（『写真発明百年祭記念講演集』）。写真というのは，家族の姿を100年後も残して人間関係の維持に役立つ技術であると，輸入当初からそ

図6-1　家族写真と家族アルバム

の機能を高く評価していたのである。これをピエール・ブルデューの写真論でさらに補えば、「写真は集団における統合の指標であり手段である」(ブルデュー 1990)と表現することができる。ハレの機会の記念写真に典型的なように、写真は集団の統合を表す理想化されたイメージを定着させることができ、そしてまた集団はその統合のイメージを用いて再度、統合へ向けた手段として利用することができる。これは大仰なことではなく、いまも根強く残る私たちにとって馴染みのある営みだろう。七五三や成人式あるいは家族旅行や誕生日会などに家族の仲睦まじい瞬間を写真に収め、何かのきっかけにそのかつての家族の幸せそうな姿に再び触れ、懐かしみながらわが家族のまとまりや帰属意識を再確認する――。たとえばこのようなありふれた光景を思い起こしてみればよい(図6-1)。

　写真をめぐるコミュニケーションというのは、このように実践者が所属している集団を維持するという役割を長らく担い続けてきた。

大きな集団に埋め込まれた写真コミュニケーション

　一般の人びとによる写真実践は、歴史的には家族という集団にとりわけ深く関わってきたのだが、それぞれの家族ごとでなされる「家族写真」という文化

が広く普及する前、写真をめぐるコミュニケーションはムラや国家といったさらに大きな集団に埋め込まれ、これらの集団を維持するという役割に強く方向づけられて構造化されていた（鶴見 1999）。

写真はまだ"術"として、高度な知識と技術を備えた写真"師"によって撮影してもらう受動的な営みであり、特別な契機の記念写真としてしか撮ることができなかったのである。その特別な契機とは、出征や離郷、そしてある周期に訪れる大きな区切り目であった。ある周期の大きな区切り目とは、1年のうち（正月、桃の節句、端午の節句、春秋の祭りなど）、人の一生のうち（出生、七五三、入学・卒業、就職、徴兵検査、結婚、出世、還暦など）のさまざまなハレの機会を軸とした螺旋的な時間感覚に基づくサイクルのことである。これらは日本の伝統的な民俗思想や先祖崇拝、そしてまた国民国家としての日本が近代化の途上で採用した諸制度と深く結びついて、人びとの生活のリズムを構成していた。つまり、これら大きな集団内に存在するリズム（時間）に沿う形で記念写真が撮られたのであり、またそれはたとえば祖先や肉親の遺影写真における取扱われ方——特定の日に丁重に祀られ拝礼の対象となった——に如実に表れているように、儀式性の高い営みを通じて「伝統的な人間関係を保存し維持」（鶴見 1999: 134）するために用いられた。これによって集団の歴史を構築・継承し、ひいてはムラや国家の秩序維持へと貢献していたのである。

大衆化する家族写真コミュニケーション

写真コミュニケーションが各家族集団という単位と密接に結びつき、「家族写真」文化として本格的に大衆化していくのは1960年代に入ってからのことである。カメラの小型・軽量化や操作の簡便化により、人びとが自ら能動的に写真撮影を行えるようになって、60年代半ばから急速にカメラが家庭に普及すると、70年代半ばには「一家に一台」の保有が実現する。写真を"糊付け"て貼付する台紙をあとから追加できる「フエルアルバム」の発売（1968年）は、見込みを超えて膨大に家族写真が撮られるようになったことを明かしている。

とはいえ大衆化の要因としては、この技術史的な背景に加えて、写真が家族集団の維持にとって重要な位置を占めるようになったことが大きい。家族写真隆盛の時代を象徴する、ある事実はこのことを端的に示してくれる。多摩川水

害（1974年）の惨事とともに伝えられたものによれば，川の氾濫によって家屋まで流出した家族のうち，なんと半数近くが「あきらめ切れぬ流出物」として家族アルバムを挙げたというのである（『週刊朝日』1974年9月20日）。「そのときアルバムと答えたというのは，家族の基盤が実は記憶にもとづく物語であることを示してもいた。アルバムとともに物語として保存していた人生も流れ去ったように思えたのだろう」（多木 1991: 134-135）。ムラや国家といった大きな集団から個別に切り出された近代家族集団は，各々自らを歴史＝物語的に構築し続けることでその脆弱性を克服していく必要があり，その数少ない資源の1つとして各々のかけがえのない家族アルバムがあったのだ。同様に多摩川水害に触発されてつくられたドラマ『岸辺のアルバム』（1977年）においても，家族を維持するための強迫的ともいえる拘束的な営みと，これに対するメンバー個々人の葛藤やせめぎ合いを，家族アルバムをめぐるやりとりを効果的に用いながら描写している。

　しかしこの作品が秀逸なのは，その「綺麗事のアルバム」（山田 2006: 483）への強迫的な執着が，家族の"幻想"的な歴史＝物語による拘束力が弱体化してきていることの裏返しでもあるということを同時に暴いてみせていることである。実際，家族集団とそれを維持するための家族写真コミュニケーションの蜜月関係――家族写真文化が一枚岩的に強い拘束力を発揮していた写真コミュニケーション――は，70年代後半あたりから徐々に退いていくのである（角田 2011）。

個人化する写真コミュニケーション

　80年代に入ると，写真コミュニケーションは「個人化」してくる。この時期はカメラが1世帯に複数台保有され，よりお手軽になった全自動コンパクトカメラに加え"使い捨てカメラ"（「写ルンです」1986年）が誕生した時代である。仲間とのスキー旅行における一場面一場面を「とりあえず！」としきりに写真に収めていく――。この映画『私をスキーに連れてって』（1987年）でも挿入されるシーンは，80年代的な写真コミュニケーションを象徴する光景の1つに挙げることができるだろう。写真は家族集団に縛られることなく，友人や恋人といった関係性の範囲にもその活躍の場を広げていき，伸び伸びと遊戯性を

帯びてくるのである（「写ルンです」）。

　以前と比べてその実践の自由度が上がったことは間違いない。しかし浅羽通明はこの一見自由気ままなコミュニケーションのなかにも新たな集団の拘束性を正確に読み取っている。「旅行先に携帯されてゆくカメラのレンズが向けられるのは，未知の風景などではけっしてなくいつもの友人グループのメンバー相互に向けられることにその全存在理由があるようだ」（浅羽 1991: 109，傍点引用者）。家族集団の拘束性から解放された写真コミュニケーションは，しかし今度は友人や恋人といった「既知の関係を確認しそれを強化し永続する」（浅羽 1991: 113，傍点引用者）役割に縛られているというのである。これを傍証するように，確かに上記映画でも，旅行の写真が現像してできあがると，これに引き寄せられるようにメンバーが集められ，写真をもとに思い出を語り合って親睦を深める場面が出てくるのだ。

「私」を構築する写真コミュニケーション

　整理すると，80年代までの写真コミュニケーションは，その実践者がすでに所属する集団を維持するという役割に強く方向づけられて構造化されてきたといえる。そして，そのコミュニケーションが担う集団の推移は，その写真が収められるアルバムの変化によっておよそ表現されるだろう。年代記のような重厚な家族アルバムから「フエルアルバム」へ。さらにその後の「ポケットアルバム」というのは，歴史＝物語的に"糊づけ"て定着させてしまうような家族アルバムの拘束性から免れているという意味において，写真コミュニケーションの個人化を表す。ただし注意が必要なのは，ここで個人化というのは，家族写真コミュニケーションのまったくの無効化を意味しているのでは決してなく，その一枚岩的な拘束力が相対化され，そのコミュニケーションに従属するか否かが個々人の「選択」の対象になり始めたということを意味している。

　90年代以降，この個人化が次の段階へと進展する。友人・恋人といった既知の親密な小集団も選択の対象となって，人間関係の流動性がさらに高まっていくのである。アンソニー・ギデンズ（2005）のいう「再帰性 reflexivity」が徹底化するのだ。「再帰性」とは，あらゆる事柄があくまで相対的なものとして捉えられて，他を選択できる可能性に開かれるとともに，より合理的な選択

に向けて自らによる際限のない検討と改善が求められてくるような，近代社会の根幹に潜む原理のことである。現代はそれが徹底的に進行するのであり，この再帰的営みの対象として「私」という存在も例外にならない。各個人（「私」）は緊密な関係性に支えられた集団内に素朴に安住などしてはいられず，状況や文脈に応じてその都度その都度，自分自身を自ら再帰的に維持していくことが求められてくるのである。

　以下に論じていくように，90年代以降の写真コミュニケーションは，デジタル・ネットワーク技術の発展にも支えられながら，この営みに深く関わっていく。すなわち写真というメディアは，個々人が自分自身を自ら再帰的に維持していくために，人間関係やリアリティを構築するコミュニケーションのための「ツール」として積極的に用いられ，その存在感を高めてくるのである。

　これを考察していくうえで，以後「プリント倶楽部」（プリクラ）の事例を多く取り上げていくことになる。よく知られているように，プリクラとは，1995年に登場し，ゲームセンターを中心に設置されたデジタル画像合成の小さな写真シールである。当時たんなる若者向けの一時的な流行玩具として捉えられていたこのメディアが，この時期に登場し，現在まで生き残っている背景には，現代社会的な文脈が密接に横たわっているのである。

3　「つながる」ための写真コミュニケーション

既知の集団から解放された写真コミュニケーション

　90年代以降の写真コミュニケーションは，これまでの整理と関連づけると，既知の集団の外でも展開し始めるようになったと表現することができるかもしれない。集団内の遵守すべきリズム（時間）に縛られることなく，各個人が各々のタイミングで日常的に記念写真を撮り始め，また家のなかに保管されていたはずの写真は「ミニアルバム」として携帯されて，その写真を用いて自らをアイデンティファイするようになるからだ。

　この新たな写真コミュニケーションは当時，「日常写真ブーム」としてそれなりの違和をもって受けとめられた（「撮りたがる少女たち」『SPA！』1996年5月

15日など)。日常的なプライベート写真の投稿で構成された『アウフォト』(1997〜2000年) という雑誌は，この奇妙な写真コミュニケーションを雑誌という媒体で具現化したものである（角田 2004)。「いちばん僕が関心をもったのが，彼女たちがコンパクトサイズのアルバムを持ち歩いているということでした。……それを全然見ず知らずの人に自己紹介として見せるのです。……じゃあそんな彼女たちの方法論を用いて，日本人のプライベートなアルバムを作ってみたら，というのがこの雑誌を作るキッカケです」（米原編 2000: 3, 傍点引用者)。ここに既知の小集団に閉じられていた80年代的な写真コミュニケーションとの差異をみることは容易い。

　95年に誕生したプリクラの文化は，このようなコミュニケーションのなかに潜む欲望をもっと軽快に実現して，端的に表現してくれる。「出会った人とはすぐとる。関係がある程度固まってからの『記念写真』ではなく，まず，とる。逆に親しい人，親，恋人なんかととるときもその関係を『記念して』，つまりその関係の背後にあるものを認識するためにとる訳ではなく，……『オヤ』『カレシ』という記号を楽しむように行われる」(奥田 1998: 56, 傍点引用者)。関係性の深さにかかわらず記念写真を即座に撮り，ミニアルバムよりもさらに軽い「プリクラ手帳」をバッグに忍ばせて，(不) 特定多数の人間関係を渡り合っていくのだ (本章99頁, 扉写真参照)。

人間関係をつくるプリクラ・コミュニケーション

　違和をもって受けとめられたこのような写真コミュニケーションはしかし，当時着実に浸透しつつあった人間関係のあり方と実に親和性が高い。いまいる場所や所属する集団にとらわれずに，広く（不）特定多数の人とのつながり志向をもちながら，そのとき望む相手とその都度自ら「選択的」につながる——。携帯電話のコミュニケーションから典型的に抽出された，この「選択的関係」(松田 2000) と呼ばれる再帰的な人間関係の構築を実現するにあたって，プリクラは適したメディア特性を備えているのだ。プリクラの写真は，小ぶりなシールになっていて，16分割でプリントされる。そしてこれを携帯電話番号のように交換し，さらに交換自体も目的化しながら収集されて（栗田 1999)，撮られた順，あるいは交換した順に，次々とプリクラ手帳へ横並びに貼られてい

く……。

　この営みの軽快さに目を奪われて，そのじつ決定的な操作が働いていることをここで見落としてはならない。かつてであれば，一緒に写真に写る人，あるいは写真に写った人とその写真を受け取る人との人間関係の間には，当然それなりの関係性の厚み＝歴史がともなっていた。しかしこのプリクラのコミュニケーションにおいては，撮られた／交換された人間関係ごとにまとわりついているはずの歴史は，まず基本的に不問にされており（「出会った人とはすぐとる」），さらには先の操作がなされれば，よりはっきりと，ある人間関係の歴史を――時にこの歴史に基づく人間関係のほうも――とりあえずリセットし，それぞれの固有の連関＝文脈から解き放っていくこともできるのである。各々異なる文脈をもった人間関係は，このようにして等価に並列化されて，デジタル・データのように蓄積されていく。

　加えて，プリクラは筐体内で撮影されるため，その小さいフレーム内は「撮影現場の固有性が消去された無時間的なイメージ（＝シミュラークル）」（長谷 2009: 40）となっているのだった。これは自由な「選択」に向けて人間関係を並列化しておく際には，大変都合がよいだろう。固有性の高い要素――"摩擦"を生んで弊害となりかねない――がはじめから退けられているからである。

　こうしてプリクラのコミュニケーションは，再帰的な人間関係の構築に向けて円滑に進み，写真はどんどん「拡散」していく。だからこそ，その収まり先であるプリクラ手帳には，人間がまるでカードやアイテムのコレクションのように膨大に並列化して蓄積されている。しかも"知り合いの知り合い（の知り合い……）"といったおよそ馴染みのない他者もそこには並んでおり，場合によっては親しい友人や恋人の隣に横並びさえしてしまうのである。

拡散する写真と「写交性」

　公共空間を象徴する公衆電話などに所狭しと貼られたプリクラが当時よく見られた（図6-2）。この表象は，事後的に考えてみれば，この頃の写真コミュニケーションにおける強い拡散の傾向を表すとともに，その後のインターネット空間における写真の流通の様相を過渡期なりにめいっぱい徴候的に表現していて興味深い（流通へとまさに開かれんとする扉に群がってきたかのようである）。し

図 6-2　公衆電話に貼られたプリクラ（(c) Martin Parr/Magnum Photos/amanaimages）

かし同時に，この表象が訴えてくる妙な生々しさはまた，当時のプリクラがそれでも限りあるシール，すなわち1つの物質であったことも私たちに強く意識させる。この意味では90年代のプリクラは，デジタル写真でありながらアナログ写真文化もわずかに引きずっているといえるのかもしれない。

すると「プリクラのメール版」を意識して開発された2000年の「写メール」の登場（「フォト戦略——プリクラ世代に写真付きメールを提案」『日経メカニカル』564）というのは，拡散の欲望に応えるための障壁をさっぱり取り除いたかのようにみえる。実際，写真はその後のSNSコミュニケーション空間において，弾けるように拡散的に流通していくのだ。

SNS写真コミュニケーションの可能性を論じたある本は，写真のデジタル化の本質を「流通化」にみてとったうえで，「写真の評価は誰かに見られることによって決まる」「誰かと共有しない写真に価値はない」（いしたに・大山 2011: 49, 傍点引用者）と表現している。これはSNS写真コミュニケーションの本質を実に率直に表しているが，ここでさらに目をひくのは，「誰か」という宛先の存在感ではないだろうか。特定性が消失して抽象性が極大化しながらも，しかしながらそれに対して強い志向と依存性が割り当てられている。あらかじめ想定された特定の人間関係（集団）を維持するためではなく，ここにあるのは，まずは誰かに写真を差し出してしまうことから人間関係がスタートしてい

くような写真コミュニケーションのありようである。90年代半ばのプリクラ文化でもすでに見出されていたこのコミュニケーションは，その物質性と身体性をともなった営み——プリクラ手帳の持ち歩き！——をデジタル・ネットワーク技術によってお手軽化して，さらにローコストな写真の流通（＝拡散）を実現した。

こうして2000年代半ばには，デジタル写真を介して（不）特定多数の人とのコミュニケーションを楽しむ「写交性」が広く展開していく。今日"炎上"をともなって社会問題にもなっている「バカッター」なども，その一側面としては，この志向が強迫的そして倒錯的に強まって表出したものとみることができるだろう。

「つながり」を求める写真コミュニケーション
しかし，この「拡散」傾向は一体どのような欲望の表れなのだろうか。
一見これと矛盾するようにもみえるが，SNS写真コミュニケーションの同時代的な現象として，特定の小集団（親密な友人グループなど）への高密度な「内閉」という現象も起きている。相互に慎重に配慮しながら近況の写真をアップし合い，それをめぐるコメントなどのやりとりを通じて，その関係性を相互に確認し合うのである。これもまた時に強迫的・倒錯的になると"相互監視"の様相を帯びてくるだろう。

いずれにしても，この「拡散」と「内閉」は，既述した再帰性の徹底という同じ根をもつ対照的な2側面の顕現である（だからこの2側面は1人の人間において併存しうる）。人間関係が相互に自由な意志に基づいて選択されるということは，一方では，人間関係の存続があらかじめ外部の何か（集団）に拘束されずに，当該関係内の相互充足に支えられる「純粋」なものといえるが，他方で逆に，相互充足を要件とした相互選択的な関係であるがゆえに流動的で，非常に不安定な性格をもつ。すると，その相手と「つながっている」という事実性こそがきわめて重要な意味をもってくる。これ（のみ）を確保することこそが，人間関係の柔軟さを損なわずに不安定な人間関係を維持するという，自由で不自由な人間関係の構築に応えうる方法であり，かつ最重要な課題ともなるからである。

こうして，どのような形・内容であれ，とにかく「つながっている」事実性を求め，今度はこれに拘束されることになる。このような「つながりの社会性」（北田 2011）が肥大化する状況において，私たちは「見られていないかもしれない不安」に怯えながら，これに抗するように強迫的に写真をアップし続けなければならない。ここで写真というのは，（不）特定の誰かしらと，何かしらのコミュニケーションを行うことで「つながり」を確認し合うための「ツール」（ネタ）として存在するのだ。

　このように流動的で不安定な人間関係に柔軟に対応するさいには，写真は，多様な文脈に開かれた，組み合わせ自由な状態に位置づけられていることが適している。すると近年多くのSNSで採用されている，「タグ」による写真管理のシステムはよくできていることに気づかされるだろう。タグはつながりの可視化を達成してくれるとともに，とはいえこの「『くくり』は緩く，雑な，その場かぎりの性格の強いグループ化の操作」であり，「暫定的な『仮どめ』に過ぎず，体系的秩序に整理される必要がない」（近森 2014: 96, 97）からである。このシステム（秩序）の構造は，「アルバム」というよりは「データベース」という名のモデルのほうにより近い（プリクラ手帳から「データベース」へ）。流動的な関係性に対応しながら，その都度の文脈に応じて，ネットやスマートフォンに蓄積されたデータベースから，時にタグの助けも借りて写真を呼び寄せ，自らについてのその都度の小さい物語（"つぶやき"）を微弱に紡いでいくのである。そして，この小さい刹那的な物語に付される他者からの"いいね"の集積というのもまた，つながりの可視化であるとともに，SNS時代の再帰的な自己の維持においては，切迫した新しい承認＝自己肯定の形でもあるのだろう。

4　「盛る」ための写真コミュニケーション

　90年代以降の写真コミュニケーションは，自己を再帰的に維持していくための技法として，人間関係のみならずリアリティの構築という営みにも深く関わっていく。これを考察していく際に着目するキーワードは，「盛る」である。「現実よりも良く／大きくみせる」ことを指すこの言葉が，流行語となって，

プリクラのコミュニケーションと直接的に結びつけられるようになるのは2000年代後半のことである。しかしながら，プリクラはその誕生当初から「盛る」要素を含み，プリクラの歴史というのはその一面として「盛る」コミュニケーションの歴史でもあったのではないか。このように捉えると，90年代から今日にいたるまでの写真コミュニケーションのリアリティ構築に関わる側面が明瞭に浮かび上がってくる。

「盛る」文化としての90年代プリクラ・コミュニケーション

まず確認しておかなければならないのは，プリクラは，最初から初期設定として，リアリズム的な志向性から決定的にこぼれ落ちていたということである。開発の際に「写真の粒子が適度に粗く，実物より肌がきれいにみえる」（原野1997: 46）ようにめざされて，業務用ではなくあえて家庭用のデジタル・カメラが選択されていたのである。C. パースの記号論にならえば，この写真の性格は，被写体との光を通じた物質的＝直接的な接触関係に基づくインデックス性（痕跡）というよりは，むしろ類似性に基づくイコン性（模造）のほうにその重きがあるということができる。

そして既述のとおり，筐体内の撮影により写真は撮影現場の固有性を示す写り込みが避けられていたのだったが，その代わりにフレーム内を支配しているのは，アニメなどのファンシーなキャラクターや星，花，ハートといった記号の彩りなのである。「プリクラの内側ではすべてが『かわいさ』に満ち」（四方田2006: 107）た，シミュラークル的な表象となっているのだ。

このようなイコン・シミュラークル的な性格ゆえ，より"かわいく"したり，その場を「盛り」上げるために，デジタルのペンを使って文字やイラストで写真を装飾してしまう。場合によっては，人の顔の上にも平気で書き込んでしまう。ここに，直接手で触れることに抵抗感を抱かせるようなフィルム写真文化——インデックス性＝被写体と写真との分かち難い密着性——の感覚を読み取ることは難しい。それだけではない。秘密部屋めいた狭い筐体内自体も"かわいさ"に彩られ，一種の小さなテーマパークのようにシミュラークル的空間が実現されており，だからこそこの空間内でコスプレ文化も展開した（"コスプリ"）。これらによってまた"かわいく"し，わいわいと仲間内で「盛り」上が

図6-3 「盛りプリ」の目ヂカラ（フリュー株式会社「7iRO Co.」）

ることができる。

　しかも，これらいたるところに「盛る」要素を含んだ，一連の"かわいい"写真コミュニケーションを経ながらプリクラを一緒に撮り交換することで，お互いが"より友達っぽくみえる"，あるいは"友達になる"とすら，当人たちが半ば意識してこれらのコミュニケーションを行っていたのである（プリクラの数≒友達の数という競い合い！）。たとえ実際はさほど仲よくなく味気ない関係性だったとしても，一緒に撮り交換することで，その人間関係も「盛る」ことができたということである。

過剰な「盛り」とリアリティ感覚

　90年代半ばの熱狂的なブームは一旦落ち着くも，プリクラは「盛る」方向性をさらに身も蓋もなく推し進めていくことで，2000年初頭にすぐさま人気を取り戻していく。顔認識機能・画像加工機能を売りにした「花鳥風月」（ナムコ2003年）という機種のヒットを大きなきっかけとし，他にも"目ヂカラ"が上がると評判になって「美人－プレミアム－」（フリュー2007年）などもたいへん人気を博した（図6-3）。宇宙人のような目にマッチ棒のような足──。プリクラで過剰に加工されて，ほとんど原型をとどめていない身体表象が大きな話題になったことはまだ記憶に新しいだろう。この"盛りプリ"は，仲間内でつっこみ合って「盛り」上がるためのネタとして用いられながらも，この頃はまだ"詐欺プリ"と揶揄されることも少なくなかった。

　それにしてもこの過剰さである。ここでもう少し視野を広げて社会的文脈を確認しておこう。「盛る」という営みは，2000年代後半にくっきりと焦点が結ばれて流行語となり，プリクラ文化と合わさって顕在化するのだが，加えて指摘しておきたいのは，それが適用される範域が多義的に広がりを見せていくことである。もともとは2000年代半ばにギャル向け女性雑誌『小悪魔ageha』

で紹介された"盛り髪"あたりから広まったとされ，あくまで見た目（身体表象）に限定されていたものが，しだいにそれにとどまらず"話を盛る"に拡大し，さらには気分が乗っている状態などリアリティ感覚に関わることに対しても用いられるようになっていくのだった。すると，同時期にやはり流行語となり，同様にリアリティ感覚にも関わる「リア充」という言葉が視野に入ってくる。過剰に「盛る」写真コミュニケーションの社会的意味は，これと合わせて理解したほうがよいのではないか。

現実を「盛る」写真コミュニケーション

見田宗介（2012）は，「リア充」を敵対視した2008年秋葉原殺傷事件の加藤智大の実存に着目し，これによって明確に示された90年代以降の現代日本社会を，リアリティの希薄な時代であると捉えている。これは戦後日本のリアリティ感覚の変遷を追った自身の論考（見田 1990）を引き延ばして分析されたものだが，そのかつての論考では，リアリティ感覚の変化と関連づけながら，写真に対する人びとの認識の変化についても触れられており，本章では参考になる。"photography"に"写真 copy of reality"という訳語をあてたかつての感性を残す「理想の時代」（1945～1960年）においては，写真は"現実を写す"メディアであった。当時は比較的強固なリアリティの感覚が保たれており，このリアリズム的感性とともに，その現実をそのまま精確に写し取る（コピーする）メディアとしての写真があった。ところが「虚構の時代」（1970年代半ば～1990年）にいたっては，リアリティ感覚の揺らぎ——現実と虚構の間の境界の揺らぎ——とともに，写真によって"写されたものも現実"という感性が出てくるようになったのだという。

この洞察を本章に引きつけてさらに引き延ばしてみるならば，虚構の時代のさらなる深化と位置づけられた，リアリティ感覚の希薄化が進行する現代にあって，「盛る」写真コミュニケーションは"写して現実を変える"営みとでも表現できるのではないだろうか。宮台真司もプリクラの登場後間もない90年代後半に，このことを「現実の虚構化」としていち早く指摘していた。プリクラは「希薄な現実を享受しうるものに加工しちゃう方法。……現実をなんとか加工して，あるいは現実のなかから享受しうるものを見つけて，それを拡大し，

日常をちょっと非日常的に味つけ」する（宮台 2006: 243）。このように写真を用いて，現実のほうを満たされるもの／充実するものに書き換えて受容していってしまうこと。すなわち写真はここで，「現実を盛る」ための「ツール」（ネタ）としてあるのだ。

　以上のような「現実を盛る」写真コミュニケーションは，見渡してみると，すでにプリクラに限らず，広範に展開・浸透していっていることがわかる。昨今のスマートフォンにおける写真加工アプリは目を見張るほどに充実し，HDR 写真や心地良いノスタルジックな効果を醸し出すトイカメラも流行している。極彩色が特徴的な写真加工アプリ cameran の好評ぶりを含め，90 年代後半の「女の子写真」ブームの立役者のなかで蜷川実花だけがいまだに生き残っている要因の 1 つに，この「盛る」コミュニケーションの高まりを挙げることができるかもしれない。他に AR（Augmented Reality）技術を駆使した「聖地巡礼」の記念写真――「観光のまなざし」（J. アーリ）の新たな展開といえる――，あるいは映像文化に広げれば今日のプロジェクション・マッピングの人気もこれらに通じるところがあるだろう。

5　「つながり」と「盛り」の写真コミュニケーションのゆくえ

　これまで見てきた「つながる」ための／「盛る」ための写真コミュニケーションは，今後どこへ向かっていくと考えられるだろうか。最後に，最近の興味深い動向から得られるわずかな見通しを読者に投げかけつつ，筆を擱くことにしよう。

「盛る」から「整える」へ

　プリクラの 2010 年以降の展開がまた興味深い。画像転送サービスが加わって SNS コミュニケーションの回路にスムーズに流れ込んでいったプリクラが，新たな展開を迎えているのである。不自然に「盛る」ことを脱却する方向に舵を切っているというのだ。2011 年に先陣を切ってヒットした「LADY BY TOKYO」（フリュー）という機種を皮切りに，「盛り過ぎることを敬遠する声

に応えて，ナチュラル志向の画像が撮れる」ことが最近のトレンドとなっている（「スマホ世代でプリクラ復権　さらなる進化も」『日本経済新聞』2014 年 5 月 4 日，傍点引用者）。このことを，たんに時の経過によって過剰な"盛りプリ"の戯れが飽きられたのだと考えるのは早計だろう。なぜならこの「ナチュラル志向」とは，リアリズム的な志向などではまったくなく"ナチュラルに盛る"こと（"ナチュラル盛り"）を意味しており，つまりは，むしろより周到に「盛る」ことをこそ示しているからである。ここでのキーワードは，「盛る」ではなく「整える」である（「PLATINUM BALANCE」バンダイ・ナムコ 2014 年が掲げるキャッチコピーでもある）。

　90 年代の「盛る」コミュニケーションが第 1 ステージ，"詐欺プリ"と揶揄され，ある種の緊張関係を残していた 2000 年代を第 2 ステージとするならば，2010 年以降は，この緊張関係が解消された第 3 ステージとも位置づけられよう。

「つながり」×「盛り」＝？
　この「整える」というのは，「つながり」と「盛り」の写真コミュニケーションの交差地点で生成した，ある種洗練された営みとみることもできるのではないだろうか。
　「つながり」と「盛り」が跋扈する SNS 上のやりとりを嗤いながら描出したエッセイ『SNS 盛』（犬山 2015）では，「盛る」ための方法として写真の用い方に多くの指南がなされているのだが，その写真が自己陶酔的に"イタく"用いられることに対しては，きわめて敏感な嗅ぎ分けと警戒が働いていて，読者に細心の注意を払うよう求めてくる。それは上記記事引用（「敬遠する声」）にもうかがえるように，「盛り」すぎることは「つながり」を円滑に達成していくうえで支障をきたすことがあるからだろう。つまりは，"イタい"「盛り」志向（第 2 ステージ）は，切実な「つながり」志向に要求されてくるような，相互に慎重な配慮を強いられる繊細な写真コミュニケーションと交差して揉まれるなかで，その過剰性が削がれ，研ぎ澄まされてきているのかもしれない。
　さらに，上書では「イケてる盛りの聖地」として Instagram（写真を即座に加工できる「フィルター」機能が特徴，図 6-4）を挙げながら，「盛り」の日常生活へのポジティブ・フィードバックとも捉えられるような営みについて多幸的に記

図6-4　スマートフォン上のInstagram

している。「そんなふうに載せたいから盛る、盛るとどんどん垢抜ける、かわいくなったらまた載せて、フォロワーからたくさんの『♥（いいね！）』がもらえて……と相乗効果！」（犬山 2015: 115）。このように「盛る」写真コミュニケーションの回路にうまく参入しながら現実のほうもうまく「盛って」受容していくような営み（「リア充」！）が、身近なSNSコミュニケーションの環境を通じて日常的、そして等身大的——この語義矛盾こそがポイントだろう——に行われてきているのである。平たくいえば、「盛り」がますます"板についてきた"ということであり、異なる角度からいえば、「盛り」はますます不可視化しつつあるともいうことができる。

写真コミュニケーションはどこへ向かうのか

「盛り」に当初含まれていた現実との差異＝緊張関係が霧散し、盛られた現実がつるんときれいに「整え」られて日常的・等身大的に生きられつつある。見田であれば、この現実のことを「虚構としての批判意識を喪失し、……新しい現実として、肯定された虚構」（見田 2011: 179）と、それでもやや批判意識を滲ませながら表現するだろうが、宇野常寛（2011）ならばもっと"居直って"、このポスト虚構の時代としての現代を「拡張現実の時代」とニュートラルに表現するだろう。

「盛る」のは、「修正や演出ではなく、最上級の自分」「化粧直しと同じ。な

ぜ等身大の自分である必要があるのか」——。このような感覚をあっけらかんと表明する人びとを紹介しながら，ある新聞記事は「実物をかさ上げしながら仮想空間を行き交う情報には，現実そのものを変えてしまいかねない罠が潜む」（『日本経済新聞』2006年12月28日，傍点引用者）と警鐘を鳴らしつつ結んでいる。しかしここで想定された「現実そのもの」とは，どこにどのように見出しうるだろうか……。かつてであればそれなりに批判性を響かせることができたであろうこの憂いを込めた結びは現在，その余韻すら及びえないほどに軽々と飛び越えられてしまったようにみえる。こういった動向を肯定的に評価するにせよ否定的に評価するにせよ，少なくとも今日の「生の技法」としての"リアル"な写真コミュニケーションを捉えるためのポイントは，おそらくはもうここにはなさそうだ。

● 読書案内 ●
① ピエール・ブルデュー編『写真論』山県熙・山県直子訳，法政大学出版局，1990年。
　　家族写真文化の社会学的な意味について関心を抱いたのならば，まずは P. ブルデューの古典的な論考が収められた本書を，現代的状況と照らし合わせながら読んでみるとよいだろう。
②『アウフォト Out of Photographers』新潮社，1997～2000年。
　　SNS 写真コミュニケーションの前史的な事例の1つとして本雑誌を手にとってもらいたい。フィルム写真文化に根ざした本雑誌とデジタル写真文化を先駆けたプリクラ——。両者が同時代に併存した90年代後半の写真文化的状況をつかむ一助になる。
③ 飯沢耕太郎『「女の子写真」の時代』NTT 出版，2010年。
　　本章では詳しく触れられなかったが，90年代以降の写真文化の展開には，「かわいい」文化の牽引を含め，ジェンダー的な偏りを見出すことができよう。このジェンダー論的観点からの考察の導きとして本書をすすめる。

——— 角田隆一 ◆

第7章

社会をつくる映像文化 1

ナチスのニュルンベルク党大会の記録映画『意志の勝利』

　映像は社会をつくりだす。明治天皇の肖像写真は儀礼による政治秩序をつくりだし，ベルリン・オリンピックの記録映画はナチスの政治秩序を美的なものとして表象し，1960年代のテレビ CM に誘因されることで人びとは消費社会をつくりだした。こうして映像は公的な社会秩序をつくってきた。しかし現在はインターネットを通してパーソナルな映像が共有される新しい映像文化が広がりつつある。本章ではこの新しい映像文化の社会性を探る手掛かりを求めて映像の歴史を振り返る。

1 私的映像と公的映像

「撮ること」「撮られること」「見ること」

　第6章で見てきたように，現代の私たちは日常生活のなかで映像文化に慣れ親しんでいる。たとえば，家族のなかでは子どもの成長に合わせて，誕生日，七五三，入学式，運動会，卒業式，発表会，家族旅行などの生活の節目，節目で，デジタル・カメラによる撮影で子どもたちや家族の姿を写真やホーム・ムービーにして保存する。また，親しい友人たちどうしのコミュニケーションにおいても，カメラは頻繁に使われる。女子高校生たちはショッピングモールのゲームセンターに一緒に行ってプリクラを撮って遊び，テーマパークに行くときや誰かの誕生日を祝って食事をするときにも，必ずカメラ付スマートフォンを使って自分たちの遊んでいる様子を記念に撮影して，それを通信アプリで共有する。

　このように私たちは，家族や友人といった親密な関係のなかでは，自らカメラを使って映像文化を楽しんでいる。私的空間においては，自らが「撮ったり」「撮られたり」することが映像文化として広く普及している。しかしそれは，高価で重かったカメラが徐々に小型化して安価に普及し，遂には携帯電話に内蔵され，日常生活のなかに深く浸透した，最近の出来事だという事実も忘れてはならないだろう。むしろ20世紀における映像文化の中心は，「撮ったり」「撮られたり」することではなく，「見る」ことにあったといえるだろう。写真でも映画でもテレビでも，ごく少数の専門家の手によって念入りに製作された大量複製品を，大勢の人びとが「見る」ことが映像文化の主流だったといえる。

　たとえば，新聞や写真雑誌に掲載される戦場の出来事を捉えた数々の報道写真やニュース映像が，人びとの反戦や愛国に関わる感情を引き出してきたし，雑誌のグラビアを飾るヌード写真や性的ビデオが人びとの性的欲望をかき立ててきた。またハリウッド製のロマンチックな恋愛映画は，粋なファッションや洒落た仕草を人びとに模倣させて，恋愛やデートの仕方にまで大きな影響を与え，テレビによるオリンピックやサッカーのワールドカップの衛星生中継は，

世界中の人びとにナショナリスティックな熱狂と興奮をもたらしてきた。

このように20世紀の映像文化といえば，公的な文脈において広く流通し，大勢の人びとが「見る」ことによって成り立つような大衆文化だったといえるだろう。つまり本章では，近年盛んな家族や友人間などの私的な領域における映像文化ではなく，大勢の人びとによって受容され，共有されることで「社会」を形づくるような映像文化を取り扱いたいと思う。

社会制度としての親密な映像

ただしその前に確認しておきたいのだが，前章のような私的領域における写真やホーム・ムービーが，「社会」とは無関係だったかというと，そうとはいいきれない側面があるということだ。そしてそれは第5章で扱った個人を撮影した肖像写真でも同じである。

証明書に使われる自分の顔写真に典型的なように，「個人」の肖像写真とは，国家や社会に対して「私は私である」ということを証明するために義務づけられた「公的」な写真である。だから私たちは，証明写真を撮られるとき，公的な空間に向けてよそ行きの表情を見せるはずだ。私たちは自分が市民の正当なメンバーであることを示そうとしているのであって，そこに親密な意味はない。では，家族の写真はどうか。カメラが日常化してスナップ写真が当たり前になる以前，家族もまた何かの節目に正装して職業写真師に自宅や写真館で撮ってもらうというのが習わしだっただろう。そのときやはり被写体の家族たちは，まるで証明写真を撮るかのように，カメラに向かって整列して，一様に澄ました表情をしていたはずだ。だからいま私たちが見る，家の鴨居に掲げられた先祖の遺影写真や家族アルバムの写真には，にこやかな親密さの表情はあまり見られないだろう。つまり，20世紀半ばまでは，個人でも家族でも，写真を撮られるという行為自体が，社会的に自分たちの存在の記録を残すという公的な儀礼としての意味を帯びていたのだ。

つまり個人の証明書写真を撮ることが公的な社会制度として確立されたように，家族が自分たちの親密さを確認する儀式として写真を撮ること自体もまた，1つの「社会」制度として生まれたということだ。多木浩二は，19世紀に「写真はブルジョワジーの私的生活に浸透し（あるいは浸透され），感情を養い，欲

望に触れるようになっていった」（多木 2003）と述べている。写真がブルジョワジーの私的生活に浸透することで，そこに親密な感情が養われたというのだ。つまり，家族という親密な空間があらかじめ存在してそれを彼らが写真に写したのではなく，家族の写真を撮影し，所有することを通して「家族」が親密な感情に満たされていったと考えることができるのである。いささか大袈裟にいうならば，家族写真がなければ家族は家族ではなかったかもしれない。

　これこそまさに，「社会をつくる映像文化」の根源に置かれるべき問題だろう。肖像写真や証明写真がなければ個人は個人でないかもしれない。家族写真やホーム・ムービーを撮らなければ家族は家族ではないのかもしれない。個人のアイデンティティや私的空間とは，それ自体が社会的制度として近代に生まれたものである。こうした社会学的発想が，この問いに孕まれていることを確認したうえで，ここからは公的な空間で見られる映像文化について考えていくことにしよう。

2　御真影

● 国家をつくった写真

御真影と明治近代国家

　以下では私たちは，映像文化がどのように社会をつくってきたのかを，写真，映画，テレビから1つずつケースを取り上げて検討していくことにしよう。

　私たちが最初に取り上げたいのは，明治天皇の「御真影」という1枚の写真が，近代国民国家としての日本を形成していくにあたって大きな役割を果たした事例である。これに関しては多木浩二の『天皇の肖像』という著書（多木 2002）の見事な分析があるので，これに準拠して説明していくことにしよう。

　明治政府は近代的な政治体制づくりの渦中にあった明治5年と6年に元首・天皇の写真を撮影し，在外公館に主権の象徴として飾ったり，日本に来訪した外国の元首や皇族などと肖像写真を交換したり，さらには国内の府県庁すべてに民衆の礼拝を仰ぐように下付したりといった具合に，この写真に，天皇を元首として確認するための象徴的な役割を果たさせていた。逆にいえば，御真影という肖像写真による象徴性を利用しなければ，天皇を中心とした近代国民国

家の正当性は必ずしも盤石なものではなかったということだ。

　そもそも徳川幕藩体制を長年にわたって生きてきた民衆たちにとって，京都御所にいた天皇の存在は希薄なものにすぎなかった。そこで明治政府は明治5年から18年まで6回にわたって天皇に日本中を巡幸させ，威光をもった権力として社会空間のなかに可視化させるという戦略に出た。天皇の一行が訪れるとなると，沿道の小学校の生徒が正装して立ち並び，整列して敬礼するといった政治的儀礼が日本中で繰り広げられた。この民衆たちの視線が集まる儀礼的空間の中心に，生身の天皇の代わりに写真＝御真影を置くことで，天皇中心の儀礼的空間が，日本中に成立させられた。その意味で明治の国民国家の正当性を確立するにあたって，この写真は大きな象徴的役割を担ったのだ。

2枚の御真影

　だがそのような大きな役割を担った「御真影」は，巡幸開始前の明治6年に撮られたものではなく，巡幸終了後の明治21年に製作されたものである。この2つの写真に見られる微妙な違いについて，多木浩二が詳しく分析していて興味深い。

　写真師・内田九一によって撮影された明治6年の御真影には，写真としてのなまなましさが感じられると多木はいう（図7-1）。そこには，撮影したときにカメラの前にこの年齢の明治天皇が椅子に腰かけていたという写真的偶有性がなまなましく宿っている。それに対して明治21年の御真影は，そうした天皇自身の揺れ動く存在の一瞬を捉えた感じよりも，そうした時間的な偶有性を超えた「超歴史的な身体」が視覚化されているように見える（図7-2）。そこにはまさに軍服をまとって胸を張る元首という理念が類型的に表象されているからだ。実のところ，これは写真ではなく，イタリア出身のキヨッソーネが描いた肖像画を複製したものだったのである。写真としての真実性を失った代わりに，絵画として理想的に描かれたからこそ，それは国家のシンボルとして相応しいものになったといえるだろう。

　だが実際に御真影が生み出した聖なる権力性は，この類型的イメージの内容から発せられたというよりも，それを取り扱う人びとの儀礼から生み出されたものだといえるだろう。日本中の行政組織，軍隊，学校が御真影の下付を宮内

図7-1　明治6年内田九一撮影の明治天皇（左）と図7-2　明治21年の御真影（右）（宮内庁提供）

省に願い出て，さまざまな儀礼を通してその写真が天皇の分身であるかのように迎え入れ，繰り返し人びとに礼拝させた。そして，その神秘性の高まりは，とうとう火事で御真影を焼失させた校長が責任を取って自害するといった悲劇まで生みだした。それは，同時代のヨーロッパの君主の肖像写真の扱われ方とはだいぶん違っていた。西欧各国の王侯貴族の複製された肖像写真はカルト＝ド＝ヴィジット（名刺判写真）として市場に大量に出回った。ヴィクトリア女王の夫アルバート公が亡くなったときには，彼の写真は短期間で数十万枚も売れたという。つまり天皇制が模倣しようとしていたヨーロッパの君主制にあって，君主は大衆社会のスターのような存在であって，決して天皇のような前近代的な呪術性をもってはいなかったのだ（多木2003）。

　写真に見守られる

　この呪術性に，天皇制的な全体主義国家日本がのちにたどった戦時中の悲劇の源泉を読み取ることができるだろう。それはもはや御真影という象徴的写真だけを論じても済まない政治システム全体の問題なのかもしれない。しかし同

時に,それは私たちが写真を見るときの普遍的な感受性に関わっていることも間違いない。簡単にいえばヨーロッパの名刺判写真の国王は,人びとが仰ぎ見る対象であったのに対して,日本の人びとは御真影の天皇を公的な施設に飾ることによって,自分たちがつねに「見守られている」と感じたということである。彼らは写真を通して天皇の視線のもとで国家づくりに励もうとしたのだ。それは,私たちが家の鴨居に飾られた遺影写真を見て,先祖に「見守られている」と安心することに通じる感覚だろう。ベンヤミンも論じているように,一般的に人間は写真に「自分を見返す視線」を求める感情がある(ベンヤミン1995)。だから御真影の神聖性や呪術性の問題は,天皇制の超国家主義の問題でありながら,写真に見返される感覚という普遍的な問題でもあるのだ。そうした写真のもっている呪術的な力を通して,日本の超国家主義的な「社会」秩序が形づくられたこと,これが御真影が私たちに教えてくれる事実である。

3 オリンピア

● 政治の美学化としての映画

複製写真とプロパガンダ映画

以上のように,写真は「複製」であることによって社会的な力をもってきた。御真影は大量に複製されて日本各地の学校や軍隊の講堂などに掲げられ,同じようなミクロな儀礼的空間を日本中につくりあげることができた。つまり全体主義下の日本の民衆は,どの地域に生まれようが御真影を崇拝する儀礼を通して天皇の神聖性を身体ごと植えつけられた。そうした複製性の社会的効果をもったという点では,ヨーロッパの君主たちの名刺判写真でも,雑誌のヌード写真でも,新聞に掲載された報道写真でも同じである。写真は無数の複製として人びとに普及することによって,均一な社会空間をつくりだすのだ。それに対して映画の場合は,いささか事情が異なっている。映画は,映写機やスクリーンといった特殊な設備と一定の上映時間を必要とすることもあって,写真のように大量に複製されるわけではない。したがって映画は御真影のように1つのシンボルを社会的に共有させる力はもたなかった。映画スターのイメージは人びとに共有され崇拝されたが,それは映画自体の力によってではなく,大量複

製されたグラビア写真を通してだったというべきだろう。

したがって第2次世界大戦中に各国はそれぞれニュース映画で戦況を報道し，戦意を高揚させるためのプロパガンダ映画を数多く製作したが，ごく少数の映画を除いて，御真影がもちえたような呪術的力を発揮したわけではなかったと思われる。日本であれば，プロパガンダ映画として社会的に効果をもったのは，多くの子どもたちが教員に引率されて見て大ヒットした，真珠湾攻撃をミニチュアセットを使って再現した『ハワイ・マレー沖海戦』(1942年) くらいだろうか。しかしそれとて子どもたちは特撮を楽しみに見た節があって (小林1995)，御真影のような政治的呪術性をもちえたわけではなかった。映画はどこかで娯楽的見世物のもつ世俗性を孕んでしまうところがある。

『オリンピア』の撮影技法

そうしたなかにあって，映画を通して政治的・社会的現実を芸術的に美化して提示することに成功した数少ない事例として，レニ・リーフェンシュタール監督がナチス党大会の集会を記録して高い評価を得た『意志の勝利』(1935年) と，ベルリン・オリンピックを見事に活写して世界中の称賛を浴びた記録映画『オリンピア』(1938年) が挙げられるだろう。彼女はナチスドイツの政治体制を美的なものとして表象し，国際的な名声を高めるのにあたって大きな役割を果たした。ここでは後者の『オリンピア』を中心に見ながら確かめることにしよう。

この映画を通して彼女が行ったことは，テクノロジーとしてのカメラの力を最大限に発揮させて，スポーツ競技を行う選手たちの肉体の躍動や精神的緊張などに肉薄し，誰も見たことのない視点からスポーツの美しさを観客に体験させることである。そのために彼女は，30人のカメラマンを含む170人のスタッフに細かな支持を与えてさまざまな新しい撮影方法を工夫し (水中撮影，気球による空中撮影)，さらに撮影されたフィルムの編集にあたってもさまざまな工夫を凝らした (レイ 1995)。

たとえば，彼女は，棒高跳びや走り高跳びや走り幅跳びを撮影するために，オリンピック委員会の制止を押しのけて競技スペースの真ん中に大きな穴を掘り，そこからカメラマンが仰角で跳躍する選手たちを撮った。するとできあが

った映画では，至近距離で捉えられた選手たちが空を背景に跳躍していて，実に躍動的に美しく見えるのである。あるいは水泳の高飛び込みでは，飛び込む選手たちをスローモーションで捉えた美しいカットのなかに，フィルムを逆回転させたカットを編集で巧みに混ぜ合わせて，選手たちが空中に浮遊しているかのような印象を与えることに成功している。また棒高跳びの白熱のメダル争いは，日没後まで延びてしまったのにライトを照らすことを禁じられたため，翌日，選手たちをわざわざ無人の競技場に呼んでライトを使って夜間撮影し直している。つまりここには再現映像が混じっているのだ。だから暗がりのなかに選手たちの表情がクローズアップで浮かび上がるメダル争いの場面を，観客はドラマのような感覚で見ることができる（リーフェンシュタール 1995）。

リーフェンシュタールと全体主義思想

　このようにリーフェンシュタール監督は，競技場をさまざまな工夫によって映画スタジオのような虚構的空間に変えてしまい，スポーツ選手たちが走ったり跳躍したりする姿を迫力あるドラマとして捉えた。そうした迫真の光景は，競技場のスタンドに座って肉眼で見ても決して体験できないような，カメラ独特の美的現実だったといえるだろう（現在のテレビのスポーツ中継で使われる多様な撮影技法を彼女が最初に発明したのだ）。そうやって映像美の空間をつくりだそうとする彼女にとって，現実にそこで生きている選手たちは，いわば芸術のための素材にすぎなかった。それは党大会を記録した『意志の勝利』でも同じである（本章 119 頁，扉の写真参照）。彼女は，競技場で行進する大勢の人びとの姿を，全体的秩序の規律性と旗が林立してゆらめく美しさとして描き出した。だからそのとき，行進する個々の人びとは行進全体の美しい秩序をつくりだすための部品にすぎない。そこにリーフェンシュタールの美学が，政治的な全体主義的思想に通じるポイントがあったといえるだろう。

　そうした彼女の全体主義的思想がもっともはっきり表れているのが，『オリンピア』の冒頭に置かれた幻想的・神話的な場面である。ここでは，まずギリシャ神殿やギリシャ彫刻の映像が幻想的に映し出され，続けて 1 人の美しい裸体の男性が現れ，円盤投げや槍投げや砲丸投げを神話的に演じて圧倒的な存在感を示す。その肉体は鈍く光り輝く筋肉質の完璧な美しさをもって観客に迫っ

図7-3 リーフェンシュタール『オリンピア』

てくる（図7-3）。いわば彼は，リーフェンシュタールの考える人間の理想的身体像を提示している。

　しかし，それがいかにテクノロジーの力を利用してつくられた虚構にすぎないのか，私たちはこの映画の撮影場面を記録した映像で知ることができる（レイ 1995）。そこでは，元の映画のなかではギリシャ彫刻的な美しさで私たちを圧倒していた裸体の男性は，寒風吹きすさぶ砂地のなか寒そうに震えている惨めな男にしか見えない（長谷 2010）。つまりここには明治6年の御真影と同様に，写真的偶有性のなかに捉えられたなまなましい身体が表象されている。逆にいえば，『オリンピア』という映画は（明治21年の御真影のように），そういう惨めな人間を，テクノロジーの力によって「超歴史的身体」に変身させているのだといえるだろう。

　このようにリーフェンシュタールは，党大会やオリンピックという社会的現実を，美的な芸術作品であるかのように表象することに成功した。そうやって芸術的につくりあげられた社会秩序から，病人，身体障碍者，浮浪者，売春婦といった美的でない人びとが，感性的に排除されているのはいうまでもない。だから彼女は人種差別的ではなかったかもしれないが，彼女の芸術思想は，ユダヤ人を醜い存在として社会秩序から排除したナチスの政治思想と，深いとこ

ろで結びついていたと思われる（ソンタグ 1982）。いずれにせよ，映画はテクノロジーの魔術的な力を借りて，社会秩序を美しいものとしてつくりあげることができる。そのもっとも極端な事例としてリーフェンシュタールの映画はある。

4 アポロ月面着陸のテレビ中継

● 私生活の公共空間化

テレビと消費生活

　御真影や『オリンピア』が全体主義的な社会秩序の形成に関わったのは，それらが政府によって製作された公的な映像だからであった。人びとは，学校の講堂や映画館という公的空間においてそれを見たからこそ，天皇制の儀式やオリンピックのような非日常的な象徴的世界に陶酔したといえるだろう。それに対して第 2 次世界大戦後，20 世紀後半に世界中に普及したテレビジョンは，根本的に違った日常的な感覚の映像文化を普及させた。つまりそれは，カメラが捉えた光景を，電波を通して私生活のなかにもち込んだからだ。テレビは確かに社会的に共有される映像文化でありながら，写真や映画のように人びとを公的な社会秩序へと参加させるような文化ではない。それはむしろ，人びとの私生活のなかに入り込んで，それを変化させてしまうメディアだったのだ。

　たとえば，日本でテレビが普及し始めた 1960 年前後，人びとは大量に放映されたアメリカ製のテレビ映画を見て，そこに映し出されたキッチンの巨大な冷蔵庫や大きな牛乳瓶に大きな衝撃を受け，そうしたアメリカ的消費生活に強く憧れたといわれている。そのテレビイメージのなかの生活を，自分たちの現実生活のなかで実現させていくにあたって大きな役割を果たしたのが，テレビコマーシャルだった。それは，以前の伝統的な家庭生活においては必需品ではなかったような，化粧品，洗剤，医薬品，加工食品（お菓子など），アルコール飲料，清涼飲料水，自動車，洗濯機，テレビやクーラーなど，さまざまな余剰品を宣伝して人びとに購入させて，私たちの私生活を商品に取り囲まれた美的なものに変貌させた。いわば，高度経済成長とは，人びとがテレビのなかで見た憧れの生活スタイルを消費行動によって実現させていく過程だった。私たちの生活は，テレビを通してテレビ映像のような生活になった（長谷 2015）。

テレビによる遠近法の倒錯

　もちろんテレビの私生活への影響は，消費の問題だけにとどまらない。何より家庭生活のなかに，ニュース映像として世界中の風景や人物や出来事が送り届けられたことが大きい。それによって私たちの日常生活の感覚は大きく変化した。たとえば，私たちは家庭で，ニューヨークのツインタワーが乗っ取られた飛行機に突っ込まれて倒壊していく光景を見た。また，アフリカで飢餓に苦しむ子どもたちの痩せ細った様子や，シリアからのボートが転覆して溺死した難民の子どもが海岸に打ちあげられた姿や，中東でアメリカ軍のヘリコプターが地上の民間人を爆撃する光景を見てしまった。それらの映像に私たちの感情は否応なく揺さぶられてきた。

　だから私たちは，それらのテレビ映像を通して，それが自分の近隣からは途方もなく遠い地域で起こった出来事であるにもかかわらず，あたかも身近に起きた出来事であるかのように同情心や怒りを覚えることになる。そしてときに募金したりボランティアをしたりといった，ヒューマニズム的な行動に出ることもある。しかしそのとき，私たちは同じマンションで暮らしている人や隣近所の人たちに同じような関心を抱いているかというと，違うだろう。実はすぐ目の前に不幸な人生があるかもしれないのに，私たちはそこにではプライバシーを尊重して関心をあまり抱かなくなっている。つまりテレビは私たちの生活感覚のなかでの遠近感を倒錯させ，遠い出来事を身近なものに，近くの出来事を遠い出来事として感じさせてしまう機能をもつ。つまりコマーシャルによる消費生活と同様に，それ以前の私生活をどこかで相対化させ，土着的なものでなくしてしまったのである。

アポロ月面着陸の生中継

　そういうテレビによる遠近感倒錯の極限的なケースとして，1969年7月21日のアポロ11号の月面着陸の世界同時生中継があるだろう（以下はTBS 1969による）。日本時間で午前5時17分，アームストロング，オルドリンの両飛行士を乗せた月着陸船イーグルが月面に着陸し，続いて11時56分，宇宙船からはしごを一段一段ゆっくり降りてきたアームストロング船長の左足が月面に触れる瞬間を，テレビは38万キロメートルのかなたからの電波によって全世界

図 7-4 アポロ 11 号の月面着陸（『毎日新聞』1969 年 7 月 21 日夕刊。テレビから撮影した写真。毎日新聞社提供）

に同時生中継した（図7-4）。そのぼやけた映像はわかりにくかったが、アームストロングとヒューストンの管制官とのやりとりの声もまた同時に生中継されたため、人類がはじめて月の上に立った瞬間は、迫真性をもって伝えられた。日本のテレビ各局もまた特番を組んで長時間放送でこれを伝え、月に立った場面の総世帯視聴率は 62% にのぼった。つまりこの瞬間に人類が成し遂げたのは、月面に到達するということだけでなく、その瞬間を映像で全人類に同時に体験させるという技術力だったといえるだろう。

このように、テレビによるアポロ月面着陸は、人びとに自分たちの土着の社会生活を無化してしまうような圧倒的な宇宙的光景をもたらした。それは、御真影や『オリンピア』がつくりだしていた国家主義的な社会秩序とは違った、自分たちは同じ地球に住む人類の一人にすぎないのだという新しい意識を人びとに芽生えさせた。たとえば同時代のアメリカのヒッピー文化は、宇宙から地

球を撮影した美しい写真を掲げて，地球という惑星のかけがえのなさを「宇宙船地球号」というスローガンとして表現した。そこから，公共的生活よりも私生活を大事にするようなパーソナルな文化の潮流が育っていった。しかし同時に，このアポロ計画自体が，米ソ冷戦下におけるソ連の宇宙計画の圧倒的な進展を逆転するために，アメリカが計画した国家的なプロジェクトであり，人類の偉業といいながら彼らが月面に掲げたのは星条旗であったことも忘れてはならないだろう。その意味では，月面着陸のテレビ中継とは，アメリカの国家的な威信をかけたプロパガンダ映像でもあった。

さらにつけ加えるならば，いつ決定的瞬間がくるのかわからないこの宇宙中継のほとんどの時間は待ち時間であったため，テレビ局は当然，その時間を文化人たちによる座談会や人びとへの街頭インタビューなどで埋めなければならなかった。スタジオに集められた科学者や作家などは，そこで衛星中継を視聴者と同様に眺めながら，月面着陸の歴史的意義についてだらだらと語り合って（まるでお茶の間のように）時間を潰すしかなかった。さらにはアームストロング船長夫人が「泣けて，泣けて」とインタビューに答える映像を流したり，街頭インタビューで「アポロを祝って，お手を拝借」などとアナウンサーが盛り上げたりといった日常的な映像を流した。

そうした意味では，月面着陸のテレビ中継は，私生活からもっとも離れた非日常的な事態を日常生活のなかに持ち込みながらも，その出来事をきわめて等身大の日常生活の感覚で捉えてしまった番組だったともいえる。テレビは，このようにして，世界中の多くの出来事を等身大の出来事として中継することで，人びとの映像に関する感覚を日常的なものにした。この感覚が，現代のようにデジタル・カメラで日常生活を記録して楽しむような，私的な映像文化の時代の基盤を生み出したのだろう。

5 映像文化研究と新しい映像文化

記号論，精神分析学的アプローチ，オーディエンス論
では，以上のような映像文化のもたらす社会的効果は，これまでどのように

研究されてきたのだろうか。実は映像文化研究は，写真研究にせよ，映画研究にせよ，テレビ研究にせよ，作家や作品にまつわる芸術学的・美学的研究が中心であった。しかし，社会的な影響をめぐる研究が行われてこなかったわけではない。それらは主として，映像文化が現実から目を逸らせる幻想的効果をもつことを批判する研究だった。先述した多木浩二による御真影の研究も，レニ・リーフェンシュタールの虚構性に対するソンタグの研究も，そうした映像のイデオロギー批判の１つとして行われてきたといえるだろう。ここではそうした社会学的な映像文化研究を支えてきた理論的基盤の主要なものとして，写真研究における「記号論」，映画研究における「精神分析学的アプローチ」，テレビ研究における「オーディエンス論」の３つを紹介することにする。

　まず，写真の記号学的研究としてはロラン・バルトのものがもっとも有名である。バルトは，パンザーニというパスタの広告写真を記号学的に分析してみせた。その写真には，大きな網かごが半分開いていて，たくさんの野菜とともに入れられたパスタの袋や缶詰がテーブルにこぼれかかっているという光景が捉えられていて，いわば日常的な「買い物帰り」の一瞬を捉えたような自然な写真である。しかしバルトは，この写真がいかに周到に「記号」として演出されているかを読み解いてみせた（バルト 2005）。たとえば，網かごいっぱいの野菜が商品と一緒に撮られているのは，人工乾麺にすぎないパスタの新鮮さを偽装するための記号であるし，配色に赤と黄が強調されているのはイタリア性という記号を演出するためである。このように，自然に見える写真のなかに隠されたメッセージを，記号として読み解いてみせるのが記号論だといえるだろう。先の多木の議論であれば，明治21年版の御真影に，「軍服」や「胸を張ったポーズ」といったブルジョワ性を読み解いて見せるところが記号論的なのだ。

　次に，映画研究における精神分析学的アプローチを紹介しよう。映画は絶え間なく被写体が動き，カメラの視点もまた変化するイメージであるため，写真のように記号論的にメッセージの体系を読み解くことが困難である。だから映画研究が立ててきた問いは，そうして絶え間なく視点が移り変わってしまう映像に，観客たちがなぜ心理的に同一化して泣いたり笑ったりするのかということである。実は観客は，物語の主人公に同一化しているというだけでなく，もっと深いレベルで映画に（たとえばカメラに）同一化しているのだと多くの論者

は考えた。たとえば，ジャン＝ルイ・ボードリーは，映画館という上映装置の場を，暗がりのなかで観客を幼児退行的な精神状態に追いやりつつ，彼らに強い現実感をもった幻覚を与えるという意味で「イデオロギー装置」なのだと批判した（ボードリー 1999）。先の『オリンピア』において写し出されたギリシャ彫刻的な裸体の男性の輝きも，こうした映画館という独特の空間構造によってこそ，より深く観客の心理に刻まれたのだといえるだろう。

　3つ目がテレビのオーディエンス研究である。テレビの映像は，写真のような記号的安定性がないうえに，映画のような物語的な統一感さえない。それは，CMやドラマや臨時ニュースが，次々と現れては流れ去っていく断片のようなものであろう。だから視聴者を非日常的な幻想のなかに捉える力は，映画とは違ってきわめて弱い。またテレビは日常的生活のなかで，食事をしたりお喋りをしたりといった気散じの状態で見られる。だからテレビの社会的影響に関する研究は，テレビ番組の内容からは離れて，テレビ映像を見ている観客たちが家庭生活をどのように組み立てているのか（チャンネル権は誰がもつのか），テレビの影響でどのような消費行動をとっているのかといった，私生活全体のレベルでのメディア経験へと分析を拡大させた（スピーゲル 2000）。先述したアポロ月面着陸の中継は，テレビによって人びとの私生活が土着的な地域から離脱させられていくような状況の，いわば究極の事例として取り上げたのである。つまり，テレビの社会学的研究は，日常生活のリアリティの探求へと向かうことになる。

新しい社会の映像文化

　しかしこうした従来の社会学的な映像研究は，いずれも，人びとが映像を「見る」ことに焦点を当ててきた。そこでは，いかに人びとは写真や映画を見てその呪術的力に囚われてしまうか，いかに人びとはテレビを通して消費的な生活を営んできたかなど，公的な映像を通して人びとが受ける影響が問題とされてきた。しかし現在の私たちの映像文化を考えたとき，もはや映像を「見る」ことを分析するだけでは収まらないだろう。

　繰り返すが，カメラの日常的普及は，友人や家族など親密な空間において「撮る」ことと「撮られる」ことの文化を飛躍的に拡大させた。だから私たち

は，そうした新しい映像文化に対する社会学的な研究を行うことを要請されているだろう。しかもそうした映像文化は，いまや親密な空間で共有されるだけに留まっていない。親密な空間で撮影されたはずの映像（動物や赤ちゃんのハプニング映像）は，動画投稿サイトや写真投稿サイトを通して瞬時に世界的に広がるという，新しい現象が起きているからだ。つまりこうした映像は，従来の公共的空間と私生活空間の間にあった境界を大きくはみ出してしまう，新しい社会性をもっているのである。

　そうした新しい映像文化の潮流は，2004年12月のスマトラ島沖地震におけるインド洋の大津波の記録映像を通して爆発的に普及したといえるかもしれない。大津波がタイやインドネシアなどの各地の海岸に到達したとき，そこにプロの報道カメラマンはいなかった。しかしビーチでバカンスを楽しんでいた多くの人たちがデジタル・ビデオカメラを回して家族を撮影していたため，彼らがそのカメラで偶然にも津波襲来の瞬間を捉え，それがテレビ局を通して世界に配信されたのだ。私たちはそこに，何気ない日常的な風景のなかに突然津波が現れ，それを見た撮影者が驚きの声をあげ，カメラを揺らしながら逃げていくのを彼らの主観的視点から見ることができる。それは，プロのカメラマンが客観的に捉えた報道映像では決してわからなかったであろう，津波の主観的体験を迫真性をもって伝えていた。

　2011年の東日本大震災の津波を捉えたホーム・ムービー映像も同じだっただろう。これらの主観的映像を見ることを通して，私たちは津波という自然現象を客観的にではなく，それに襲われる人びとの私的な経験として感じることができた。そうしたパーソナルな私的経験としてさまざまな社会的出来事がメディアを通して人びとに公的に共有されること，それこそがいま，私たちが経験している映像文化の劇的変容だということができるだろう。

　実はいま世界中の映像文化を席巻している動画投稿サイトYouTubeは，このインド洋の大津波を捉えたホーム・ムービーの映像を見て衝撃を受けたジョード・カリムらによって数カ月後の2005年2月に設立されたのだ（NHK 2016）。そのサイトでは，ホーム・ムービーで捉えられた動物や赤ん坊のハプニングの映像，ふつうの人びとがパフォーマンスで自己主張する映像，さまざまな自然現象や事件を個人の視点で捉えた映像などを無数に見ることができる。それら

を通して私たちは，きわめて親密でパーソナルな映像文化の喜びを，「見る」ことによって公的に共有するという逆説的な事態を経験している。そのような新しい映像空間を，私たちはこれまでの映像研究には囚われないような，新しい視点から分析していく必要があるだろう（渡邉 2012）。ただそのときも，ここに紹介したような従来の映像史や映像研究の業績を手掛かりとすべきであることも間違いない。

●読書案内●
①多木浩二『天皇の肖像』岩波現代文庫，2002 年。
　　たった 1 枚の象徴的（疑似）写真の複製が，いかに戦前・戦中の日本の政治的秩序を支配していったか，著者はそのメカニズムを実に精緻に描き出していって読む者を圧倒する。地味な文体だが，よく練られて書かれた名著である。
②多木浩二（今福龍太編）『映像の歴史哲学』みすず書房，2013 年。
　　多木浩二の映像文化に関する講義記録を今福龍太が言葉を補いつつ編集したもので，たいへん読みやすい本になっている。多木がリーフェンシュタールの『オリンピア』を小学生で見たときいかに魅了されたか，その記憶が興味深い。
③吉見俊哉『視覚都市の地政学』岩波書店，2016 年。
　　アメリカ軍による空襲は，飛行機からの空中撮影で始まり，空襲後の検分としての空中撮影で終わるように映像文化と深く関わっていた。その空からの視線が地上に分散していったのが戦後東京の開発であると著者はいう。
④ロラン・バルト『映像の修辞学』蓮實重彦・杉本紀子訳，ちくま学芸文庫，2005 年。
　　バルトによるパンザーニの広告写真の記号学的分析は，やはり鮮やかで面白い。古典的論文としてぜひ読むのを薦めたい。

長谷 正人◆

第8章
社会をつくる映像文化 2

1945年2月25日の『ニューヨーク・タイムズ』一面

「硫黄島の星条旗」と呼ばれる1枚の写真がある。この写真は1945年に撮影されてから，数多くの新聞，雑誌に掲載され，マスメディアを通じてアメリカ国内で大量に流通した。それだけではない。あまりに有名になったこの写真は，ポスターや切手になり，あるいは銅像や彫刻となって，硫黄島の戦いや海兵隊だけでなく，太平洋戦争に臨むアメリカの象徴としての役割を担うことになる。しかしその一方で，「硫黄島の星条旗」は戦後の消費社会のなかで，広告や風刺画，映画やポップアートに取り込まれ，当初の文脈を離れて流通していった。1枚の写真が流通するプロセスと，それにともなって生じた数々の出来事を通して，本章では映像と社会の関係を考えていきたい。

137

1 歴史的な瞬間の記録

再演された国旗掲揚

「硫黄島の星条旗」は現在ではもっとも有名な報道写真の1つであり，太平洋戦争における歴史的な瞬間の記録として，繰り返し参照されてきた。しかしながら，撮影された当初，この写真は歴史的な瞬間からはほど遠いものであり，またマスメディアを通じて流通し，ポップ・カルチャーのなかで引用される過程で，報道写真の枠に収まらないイメージとして受容されていった。まずはこの「硫黄島の星条旗」がアメリカ社会のなかで流通する過程に注目し，映像の意味づけが社会的に構築され，またそうして意味づけられた映像が社会に影響を与えていくプロセスを順にたどっていきたい。

第2次世界大戦末期に行われた硫黄島での戦闘は，泥沼を極めた太平洋戦争のなかでも，激戦の1つとして知られている。「硫黄島の星条旗」が撮影されたのは，米軍の硫黄島上陸から5日目の1945年2月23日のことであった。摺鉢山に進軍した海兵隊は，山頂を占領し，国旗を掲げた。この最初の戦果を象徴する国旗を持ち帰るために，海軍長官は国旗の取り替えを命じ，2度目の国旗掲揚が儀式的に執り行われた。このときAP通信のカメラマンだったジョー・ローゼンソールによって撮影されたのが「硫黄島の星条旗」である。つまりこの写真に捉えられた旗はオリジナルの代用品であり，また国旗の掲揚も再演されたものだった。つまり，いまでもしばしば誤解されているように，この写真は激戦のなかで生じた奇跡的な勝利の瞬間を捉えたものではない。それは再演された，代用品の旗による国旗掲揚の記録写真だったのである（ブラッドリー／パワーズ 2002: 347）。

実際，この時点で硫黄島の戦いは米軍の勝利からはまだ程遠い状況だった。戦闘は以後36日にわたって続き，「硫黄島の星条旗」が撮影された摺鉢山の占領ではなく，その後の島北端での戦闘が最大の犠牲者を出すことになる。国旗掲揚が象徴する「勝利」と，実際の熾烈を極めた戦争との間には大きな隔たりがあった。しかし，当時のアメリカ国民はこの事実を知ることはなかった。「硫黄島の星条旗」を収めたフィルムは飛行機でグアムに運ばれ，ニューヨー

クのAP通信本社に電送されたのち,アメリカ中の新聞の一面トップを飾ることになる。そして熱狂的な反応を引き起こしていく。
　フランスの批評家・哲学者であるロラン・バルトは,写真は「コードのないメッセージ」であると論じている。写真は外界を機械的に写し取った記号であり,言語とは違ってきわめて多義的であいまいで,その意味を内在的に決定することができない。しかしながら,新聞の紙面上に掲載されることで,報道写真はこの「コードのないメッセージ」にさまざまな手段によって特定の意味を与えている。バルトは以下のように述べている。

　　報道写真はメッセージである。このメッセージは発信源,送信手段,受信者から成り立っている。発信源とは編集部と技術班で,その中のある人が写真を撮り,他の人が選んで構成,処理をし,最後にまた別の人がそれに見出しをつけて説明文を書き,解説する。受信者とは新聞の読者である。送信手段とは新聞そのもの,正確に言えば競合するメッセージの複合体であって,写真はその中心であるが,その周りをテクスト,見出し,キャプション,割りつけ,そして新聞の名そのものが固めている。(バルト 2005: 50)

　「硫黄島の星条旗」が掲載された1945年2月25日の『ニューヨーク・タイムズ』の紙面において,この写真には,「硫黄島の上に掲げられる星条旗」「アメリカ国旗を摺鉢山の頂上に掲揚する第五分隊の海兵隊員」というキャプションが付与されている(図8-1)。しかしそれだけではない。写真のすぐ上には「海兵隊　硫黄島の中央飛行場　半分を勝ち取る」あるいは「空母搭載機　再度東京に一撃を加える」といった見出しが並び,左隣には「海兵隊　血まみれの硫黄島戦において　防御の迷宮を突破」と題する記事が掲載されている。この紙面のなかで「硫黄島の星条旗」は,写真そのものが示す国旗掲揚だけでなく,硫黄島戦の進展と勝利の文脈のなかに置かれ,さらには太平洋戦争におけるアメリカの優勢を示す記事と結びつけられ,読者に提示されているのである。

歴史の冷厳な瞬間

図8-1 『ニューヨーク・タイムズ』に掲載された「硫黄島の星条旗」とキャプション

1945年3月5日に発売された『タイム』誌は，戦闘の最中であるにもかかわらず，硫黄島の戦いが歴史に刻まれたことを宣言した。「アメリカ人の心のなかで最高位を占めているのは，硫黄島の戦闘である。今後，この島名は，ヴァレーフォージュ，ゲティスバーグ，タラワ島と並んで，アメリカの歴史にのこることだろう。この時代に生きた人は，硫黄島の黒い砂や，突撃するわが海兵隊の姿や，摺鉢山に翻る彫刻を思わせるような星条旗の写真を決して忘れはしないだろう」（ゴールドバーグ 1997: 24）。アメリカ国民は日々，新聞報道やラジオの戦況報告，ニュース映画によって太平洋戦線での激戦を知っていた。出口の見えない苛烈な戦闘の報道に不安感を募らせていた彼らにとって，摺鉢山占領のニュースとともに届けられた「硫黄島の星条旗」は，輝かしい勝利，長引く戦争の終結と解放を予見させる歴史的な瞬間の記録となったのである。

「硫黄島の星条旗」は新聞紙面のみならず，さまざまなメディアで引用され，言及されていく過程で，写真そのものを超えた意味づけを与えられていく。通例であれば，アメリカの優れたジャーナリズムに贈られるピュリッツアー賞の候補となるのは前年に撮影された報道写真に限られる。したがって「硫黄島の星条旗」は1946年の選考対象となるはずだった。しかし当時写真の選考にあたっていたコロンビア大学理事会は，「この卓越した例のため」規則の一時停止を決め，この写真に1945年のピュリッツアー賞を与えた。理事会は「ジョー・ローゼンソールの有名な硫黄島の国旗掲揚の写真は，戦争の偉大な瞬間を描いており」「歴史の冷厳な瞬間」を捉えていると評価したのだ（ブラッドリー／パワーズ 2002: 459）。代用品による再演を記録した「硫黄島の星条旗」は，卓

越した報道写真となり，第2次世界大戦における歴史的な瞬間を記録する写真とされたのである。

　しかしながら，この写真は繰り返し複製され，メディアによって広範に流通する過程で，「報道写真」という枠に収まらない受容のされ方を見せ始める。最初の写真掲載から1カ月後の『ライフ』は，次のように報じた。「小中学校の男子生徒はこの写真をテーマに作文を書き，新聞各紙はこぞってこの写真を全面に載せ，商業地区のショーウィンドーにはこの写真が大きく引き伸ばされて飾られた。記念硬貨の発行を，とか都市の広場にこれをモデルにした彫像を，とかいった提案が引きも切らない」（ゴールドバーグ 1997: 24-25）。奇しくも『タイム』誌が「彫刻を思わせるような」と評したイコニックな構図をもつ「硫黄島の星条旗」は，たんなる報道写真や歴史の記録という以上に，第2次世界大戦下のアメリカに生きる人びとの心を捉え，さまざまなメディアによって流通し，その欲望と想像力を喚起していく。

　ロラン・バルトは「コードのないメッセージ」である写真に，写真そのものを超えた意味連関が与えられていくプロセスを，現代における「神話作用」の側面から説明している（バルト 1967）。たとえば「硫黄島の星条旗」の場合，この写真が直接的に示しているのは，「星条旗を掲げる海兵隊員」でしかない。しかし戦場での国旗掲揚は「勝利」を意味する行為である。すると前者の映像が示す意味と，そこから導きだされる後者の意味が結びつき，第3の「アメリカの勝利」という象徴的な意味が出現する。そして一度この象徴的な意味が出現すると，「アメリカの勝利」という意味はまた1つの形式となり，それが象徴する「アメリカの偉大さ」「戦争の終結」「輝かしい勝利」といった他のさまざまな意味を引き寄せるのである。しかしながら，こうした連鎖によって獲得される象徴的な意味連関は，もとの映像からは離れた神話的な体系にすぎない。にもかかわらず，それは一度出現すると，あたかも自然な事実であるかのように，映像を見る者の読み取りを拘束し，誘導し始めるのである。

2　戦時国家とナショナル・シンボル

第7回国債ツアー

　アメリカ政府は第2次世界大戦当時，国民に国債購入を呼びかける全国キャンペーンを展開していた。このキャンペーンは「国債ツアー」と呼ばれ，新聞やラジオの広告，ダイレクト・メール，マーチングバンドと著名人や戦争のヒーローによるパレード，愛国的な講演を呼び物にした大規模な巡業式のショーが開催された。政府は1945年5月から7月にかけて開催された第7回国債ツアーの公式ポスターに「硫黄島の星条旗」を採用（図8-2）。ポスターは計350万枚が印刷され，屋外広告1万5000枚，車内広告17万5000枚がつくられた。当時のグランド・セントラル駅のメイン・ホールには大きく引き伸ばされたポスターが掲げられ，パーク・アヴェニューの街頭やバス，タクシーの装飾を「硫黄島の星条旗」が覆い，銀行や郵便局，デパートなどありとあらゆるウィンドーにもこの写真が飾られたという。

　さらにこのイベントの目玉は，「硫黄島の星条旗」のなかで実際に国旗を掲揚した海兵隊員たちだった。フランクリン・ルーズベルト大統領は，被写体となった兵士たちのうち生存者3人を飛行機でアメリカまで移送させ，国債ツアーに参加させたのである。5月11日にはタイムズ・スクエアで5階建ての高さの硫黄島の彫像が除幕され，さらにシカゴのソルジャー・フィールドでの巡業では，球場に用意された岩山の舞台装置の上に3人が星条旗を掲揚，「硫黄島の星条旗」をライブで再現し喝采を浴びた。国債ツアーにおいて，海兵隊員たちはヒーローとなり，代用品の国旗掲揚の記録写真は，スペクタクルなライブ・パフォーマンスとして再演されることになったのである。

　歴史学者のダニエル・ブーアスティンは，20世紀中葉のアメリカにおいて，マスメディアや複製技術の発達と結びついた「疑似イベント」が拡大したことを指摘している。ブーアスティンによれば，疑似イベントは通常の出来事とは異なり，「自然発生的ではなく，誰かがそれを計画し，たくらみ，あるいは扇動したために起るもの」であり，「報道され，再現されるという直接の目的のために」つくりだされている。そのため，疑似イベントは現実との関係を不明

瞭にし，自己実現の予言として，たとえばある催しが盛況であるかのように報道・広告することで，実際にその催しに多くの観客を動員するように，あらかじめ計画されているのである（ブーアスティン 1964: 20）。

ブーアスティンによれば，こうした疑似イベントの拡大の背景には，印刷技術の発達や写真の発明といった「複製技術革命」(グラフィック)がある。出来事を複製し，報道する新しい技術の登場によって，「読者や観客は，報道の自然さよりも，物語の迫真性や写真の〈本当らしさ〉を好むようになった」のである（ブーアスティン 1964: 22）。もはや新聞の読者やイベントの観客は，事実や実際

図 8-2　第 7 回国債ツアー公式ポスター

の出来事ではなく，複製技術によってつくりだされたイメージや，あいまいではあるが魅力的な疑似イベントによって，大きな影響を受けるようになった。ブーアスティンは，疑似イベントの氾濫によって「空想のほうが現実そのものよりも現実的であり，イメジのほうがその原物よりも大きな威厳を持っている」のが 20 世紀のアメリカであると論じている（ブーアスティン 1964: 45）。

「硫黄島の星条旗」のイメージを中心に据え，さまざまなメディアを使って広報，宣伝された国債ツアーもまた，アメリカ政府によってあらかじめ演出された国家的規模のイベントだったといえるだろう。実際，こうした第 7 回国債ツアーの宣伝とイベントの効果により，国債の販売額は目標の約 2 倍の 263 億ドルに達したという。これは 1946 年の全政府予算額の約半分に相当し，この資金はただちに太平洋戦争に投入された。この資金調達が成功しなければ，アメリカは戦争を続けられなかったともいわれている。国債ツアーとはいわば，スペクタクルなイベントと広告により国内の戦意を高揚し，資金を集め，戦争を継続するために組織された国家的事業であり，その中心に位置していたのが「硫黄島の星条旗」という 1 枚の写真だったのである。

図 8-3　硫黄島記念切手　　　　図 8-4　合衆国海兵隊記念碑

記念切手と海兵隊記念碑

　1945 年 7 月 11 日，国債ツアーの巡業が終了した翌週には，海兵隊予備軍設立一周年を記念して「硫黄島記念切手」が発売された（図 8-3）。この切手は最終的に 1 億 5 千万枚が販売され，当時の売上記録を更新している。ワシントンでの記念式典で，当時の郵政長官は次のように述べたという。「ここに描かれていて，神のご加護で今でもわれわれの間で生きている人々に敬意を表します。しかし，彼らは，個人としてこの切手に描かれているわけではありません。海兵隊の輝かしい伝統の中で，彼らは全身全霊をアメリカ合衆国に捧げて，自分のアイデンティティを捨てたのです」（ブラッドリー／パワーズ 2002: 482）。この言葉に端的に現れているように，戦時下の国債ツアーや報道のなかで象徴的な意味づけを与えられた「硫黄島の星条旗」は，さらには個別の戦闘の記録や個々の兵士の存在を離れて，しだいに海兵隊やアメリカ合衆国そのものの象徴とされていく。

　1954 年には彫刻家フェリックス・デ・ウェルドンによって「硫黄島の星条旗」を忠実に再現した「合衆国海兵隊記念碑」がアーリントン国立共同墓地に建設された（図 8-4）。アーリントン国立墓地は地図上でホワイトハウス，リンカーン記念堂と一直線に並ぶように立地しており，いわば「硫黄島の星条旗」

は地政学的にもアメリカの象徴に位置づけられたといってよい（フット 2002: 268）。しかしながらこの彫刻には，撮影者ローゼンソールの名前も，国旗掲揚した6人の兵士の名前も刻まれていなかった。台座には，ただ「並はずれた勇気がふつうの美徳だった」という言葉だけが刻まれ，「合衆国海兵隊記念碑」という名前が与えられたのである。つまり，ここで「硫黄島の星条旗」は，アーリントン国立墓地内の無名兵士の墓と同様，他の戦地を含めた無数の海兵隊の戦没者を追悼するシンボルとなったのである。比較政治学者のベネディクト・アンダーソンは，無名兵士の墓について以下のように指摘している。

> 無名兵士の墓と碑，これほど近代文化としてのナショナリズムを見事に表象するものはない。これらの記念碑は，故意にからっぽであるか，あるいはそこにだれがねむっているのかだれも知らない。そしてまさにその故に，これらの碑には，公共的，儀礼的敬意が払われる。……これらの墓には，だれと特定しうる死骸や不死の魂こそないとはいえ，やはり鬼気せまる国民的想像力が満ちている。（アンダーソン 1997: 32）

その意味で「硫黄島の星条旗」が戦後，近代的なナショナリズムの象徴である戦没者追悼の記念碑となったことは興味深い。アンダーソンによれば，「国民とはイメージとして心に描かれた想像の政治共同体である」（アンダーソン 1997: 24）。ほとんどが直接会ったことのない人びとによって構成される国民＝ネーションという共同体は，直接・間接のコミュニケーションを基盤にする他の多くの共同体と異なり，実体という以上に想像されたイメージとして実在している。星条旗を掲げる無名の兵士たちの群像は，まさに近代ナショナリズムの表象としての無名兵士の墓と同様の象徴性を備えていたといってよい。「硫黄島の星条旗」は，誰と特定することのできない無名のイメージであるがゆえに，1枚の報道写真を超えて，無数のアメリカ国民の想像力を引き受け，統合する象徴となっていったのである。

3 消費社会とポップ・カルチャー

映画『硫黄島の砂』の公開

　大戦後の1949年に公開された『硫黄島の砂』(ジョン・ウェイン主演,アラン・ドワン監督)は,第2次世界大戦に従軍した海兵隊員たちを主役とする映画で,物語の終盤に硫黄島の戦いが登場する。戦闘のシーンでは実際の記録映像が導入され,フィクションとドキュメンタリーが交錯し,その区別を意図的にあいまいにする演出が行われている。硫黄島のシーンは実は最後の数分間しかないが,興行的成功をめざす制作会社は,これを呼び物として宣伝した。結果として映画のタイトルは『硫黄島の砂』となり,ポスターには「硫黄島の星条旗」が採用された(図8-5)。それだけではない。この映画の最大の売りは,クライマックスで国旗掲揚のシーンが写真と同じ構図で再現されていたことだった。しかもこの国旗掲揚は,実際に硫黄島で国旗掲揚した3人の生存者が俳優とともに演じていたのである。このような宣伝が功を奏して,『硫黄島の砂』は主演男優賞をはじめアカデミー賞4部門にノミネートされた。

　この記録と物語が交錯するハリウッド映画に「硫黄島の星条旗」が取り入れられたことは示唆的である。この写真は戦争の記憶や海兵隊,アメリカ合衆国の象徴となっていく一方で,戦後の消費社会のなかで無数のポップ・カルチャーと結びつくようになるからだ。それまではポスターであれ彫刻であれ,おおむね元の写真を再現することをめざしていたのに対し,映画,広告,ポップアート,風刺画などに取り込まれた「硫黄島の星条旗」は,しだいにパロディ化され再現からは遠く離れていく。1955年,ローゼンソール自身が次のように語っている。「あの写真をモデルにして作った山車がローズ・パレードで賞をもらい,国旗を掲げるシーンは子供たちの劇に何度も取り上げられ,体操競技にも出てきた。……マイアミのオレンジ・ボウルの余興のショーにもあった。氷の彫刻になったり,ハンバーガーでできた像にまでなった」(ブラッドリー／パワーズ 2002: 26-27)。

　フランスの哲学者であるジャン・ボードリヤールは,商品の大量生産,大量消費が一定の水準を超えると,オリジナルなきコピーが氾濫し,もともと現実

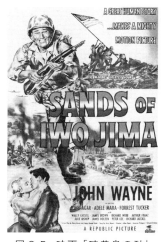

図 8-5 映画「硫黄島の砂」ポスター　　図 8-6 スパムの広告

の反映であったイメージが、現実とは無関係に増殖する「シミュラークル」になっていくと論じている。ブーアスティンが疑似イベントと自然発生的な出来事を区別し、幻影からの脱却を批判的に訴えていたのに対し、ボードリヤールにとっては、もはや現実のほうがシミュラークルによって構成されており、真と偽、実在と空想の差異は単純に区別することができない。現実は、広告や写真などのメディアによって複製を繰り返され、それ自体が現実性を失ったハイパーリアルな存在となっていくのである（ボードリヤール 1992: 175）。「硫黄島の星条旗」もまた、戦後の消費社会のなかで、実際の硫黄島の戦いや元の写真からは離れたイメージとして流通を始める。

広告，ポップアート，そして iPad ケース

あまりに有名になったこの写真は、多くのパロディ広告や商品を生み出すことになった。たとえば、（戦後に制作された）スパムの広告のなかで、海兵隊員は星条旗の代わりにスパムの缶詰が描かれた旗を掲げている（図8-6）。兵士たちの足元には摺鉢山ではなく、開封されたスパム缶が散乱している。スパムが軍用の保存食として利用されていたこと以外に「硫黄島の星条旗」とこの広告

第8章　社会をつくる映像文化 2　147

に接点はないが、そのことがかろうじて元の文脈とのつながりを担保している。

1968年にはインスタレーションや彫刻作品で知られるエドワード・キーンホルツによって「移動式戦争記念碑 The Portable War Memorial」が発表されている。この作品の左手にはキーンホルツが「プロパガンダ装置」と呼ぶもの、すなわちアンクル・サムのポスター、ケイト・スミスが歌う「ゴッド・ブレス・アメリカ」、そして「硫黄島の星条旗」を模倣した旗を掲げる兵士の像などが並んでいる。右手には「通常営業」と名づけられた物――ホットドッグ・スタンド、テーブルと椅子、コカ・コーラの自動販売機――が置かれている (Marling & Wetenhall 1991)。キーンホルツはここで「プロパガンダ装置」と「通常営業」すなわち消費社会の日常を併置して見せる。この作品において国旗掲揚は国家や戦争での勝利、栄誉を称えるためではなく、繁栄するアメリカの消費社会と並べられ、「硫黄島の星条旗」はコカ・コーラと等価なポップ・カルチャーの記号のように扱われている。ここで戦争記念碑は「移動式」、すなわち確固たる重さを失った浮遊する記号にすぎない。

風刺画家たちも「硫黄島の星条旗」を好んで取り上げた。1965年、アメリカ軍によるベトナム侵攻の際に『ロスアンジェルス・タイムス』に掲載された挿絵は、あたかもその攻撃が世界中の自由主義諸国からの支持を受けているかのように、海兵隊員たちが星条旗の代わりに地球を持ち上げている様子を描いた。オイルショックが起きると『シカゴ・トリビューン』は、石油会社の労働者が油田のやぐらを持ち上げている風刺画を掲載したという。また1989年、カリフォルニア州で銃規制法案が争点になった際には、カリフォルニアに銃を禁止する旗を掲げる風刺画が新聞に掲載されている（図8-7）(Marling & Wetenhall 1991)。もはやその構図と「旗を掲げる」という行為だけが抽象化されることで、「硫黄島の星条旗」はそれぞれの文脈に合わせて自在に変形が可能になり、どんなメッセージでも受け入れうる媒体として機能し始める。

1990年のジーンズの広告の場合はより顕著である。この広告では戦後生まれの若者たちが、岩場にジーンズのロゴが入った旗を掲げている。写真の外枠に書かれたメッセージは「THE SPIRIT OF JEANS」。「硫黄島の星条旗」は、もはや硫黄島も海兵隊も星条旗さえも離れたイメージとして流通し、消費社会を言祝ぐように、広告となって商品の記号の旗を立てる。試みにアメリカの

図 8-7 銃規制法案の風刺画（左上），ジーンズの広告（右），iPad ケース（左下）

　Amazon.com で検索してみれば，硫黄島の星条旗をモチーフにしたポスターやキーホルダー，マウスパッドから iPad ケースまで各種取り揃えられているのを目にすることができるだろう。

4　ポスト 911 の「硫黄島の星条旗」

グラウンド・ゼロの星条旗

　こうした戦後の消費社会における「硫黄島の星条旗」の融通無碍な流通に変化の兆しが見え始めるのが，2001 年の 911 テロからイラク戦争へといたる一連の動きのなかのことである。911 テロのあと，いくつかの記者会見においてブッシュ大統領の背後の壁には「硫黄島の星条旗」が掛けられた。ワールド・トレード・センターの廃墟には無数の国旗が掲げられ，国旗掲揚の瞬間を報道する CNN のニュース速報の画面には「硫黄島の星条旗」がオーバーラップし

第 8 章　社会をつくる映像文化 2

図 8-8 『Newsweek』誌（左），『Sun』紙（右）に掲載された「グラウンド・ゼロの星条旗」

て表示された。ポップ・カルチャーのなかで空虚な記号となりつつあった「硫黄島の星条旗」は，911テロを契機に再び，テロとの戦争に立ち向かうアメリカの象徴として召喚されたのである。

　『レコード』紙のカメラマンだったトーマス・E・フランクリンは911テロ後のワールド・トレード・センター近辺で，国旗を掲揚する消防士の写真を撮影した。「星条旗を揚げる消防士」と題されたその写真は，フランクリンは影響関係を否定したものの，国旗の掲揚，画面を横切るポールが形づくる三角形の構図，背景となっている困難な戦いなど，見る者に「硫黄島の星条旗」を連想させずにはおかない（図8-8）。この写真はさまざまなメディアで引用され，「硫黄島の星条旗」との対比で「グラウンド・ゼロの星条旗」と呼ばれるようになる。そして「硫黄島の星条旗」と同様，テロとの戦いの象徴として，記念切手や記念碑となっていく。

　また2006年11月10日にバージニア州に新たにオープンした海兵隊博物館は，「硫黄島の星条旗」を外観のデザインに採用した（図8-9）。さらに展示の目玉とされたのは，硫黄島に掲げられた星条旗の実物である。ブッシュ大統領

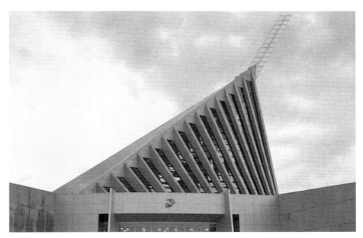
図 8-9　海兵隊博物館の外観

は開館式典で演説を行い，硫黄島での戦闘が「アメリカの歴史上最も重大な戦いの1つだった」と述べ，「硫黄島の星条旗」が「アメリカの不屈の精神を象徴する永遠のシンボル」になったと強調。これに進行中のイラク戦争を重ね合わせ「将来，自由で繁栄した中東を目にすれば，ファルージャでの戦いをガダルカナルや硫黄島と同様，アメリカ人は畏敬の念を持って語るようになるだろう」と語った（The White House Press Release 2006）。ここで「硫黄島の星条旗」は，再びアメリカの「永遠のシンボル」とされ，海兵隊と太平洋戦争の象徴として再定位されるとともに，中東での「テロとの戦い」をその延長に位置づけ，歴史的な正統性を付与するために使用されているのである。

　文化理論家・社会学者のスチュアート・ホールは，写真の意味が社会的に構成されていることを指摘したバルトの議論を高く評価しつつも，アルチュセールのイデオロギー論とグラムシのヘゲモニー論を援用することで，一歩踏みこんで報道写真が構成するメッセージの政治性を強調している（Hall 1973）。ホールによれば，報道写真は「客観性」を装いながらも，キャプションと見出し，記事などと組み合わされることで特定のイデオロギー的なメッセージを伝えている。バルトが述べたように写真が「コードのないメッセージ」だとするならば，本来そこに付与されるメッセージは無数に存在しうる。したがって，911

テロ後にさまざまな報道や演説、メディアを通じて、アメリカの統合とテロとの戦いに関するメッセージが「硫黄島の星条旗」に付与され、選択的に強化されていったとするならば、そのプロセスはきわめて政治的である。

しかしながら、それは「硫黄島の星条旗」が911テロ以降、再び第2次世界大戦中と同様の象徴的な位置を取り戻したということを意味しない。Googleイメージ検索で「Flag Raising Iwo Jima」とキーワードを入力すれば、膨大な数のパロディや諷刺、さまざまな商品の写真やイラストが見つかるだろう。もはや「アメリカ」「海兵隊」「戦争」といった枠組みのなかだけに、この写真の意味作用を留めておくことなど誰にもできない。アメリカ社会のなかで流通し、さまざまな意味づけを与えられた「硫黄島の星条旗」だが、第2次大戦中のマスメディアによる報道とは異なり、2000年代以降のインターネットとアーカイブの発展は、総体としては写真の意味作用をさらに拡散し、それを可視化していったといえるだろう。

映画『父親たちの星条旗』

クリント・イーストウッドが映画『父親たちの星条旗』を監督したのは、こうした「硫黄島の星条旗」のポスト911ともいえる状況下のことであった。911テロの前年、2000年にはこの写真に写された6人の海兵隊員に取材した『硫黄島の星条旗』がアメリカで出版され、46週にわたり『ニューヨーク・タイムズ』のベストセラー・リストに名を連ねた。これは「硫黄島の星条旗」の海兵隊員の生き残りに取材したノン・フィクションで、海兵隊員の戦前の生活、硫黄島の戦い、そして生還者たちの戦後を描き出している。この作品は、スピルバーグが主催するドリームワークスの製作、イーストウッドの監督で映画化が進められ、日本では2006年に『父親たちの星条旗』として公開された。

ポスターに「硫黄島の星条旗」が採用されている点は、『硫黄島の砂』と同様である（図8-10）。しかし、この映画で試みられているのは、『硫黄島の砂』のようなイメージの神話化ではなく、むしろ「硫黄島の星条旗」の脱神話化といえる。映画の主題となっているのは、戦争の実態とはほど遠い意味や象徴性がアメリカ社会によってこの写真に付与されていくプロセスそれ自体であり、「硫黄島の星条旗」が流通することで形成されたイメージと、実際に被写体と

なった海兵隊員や硫黄島戦の惨状との大きな隔たりである。

　映画では，英雄となった硫黄島の生き残りたちが動員される第7回国債ツアーのシーンと，フラッシュ・バックによって彼らの脳裏に甦る硫黄島での戦闘のシーンが交互に描かれる。ソルジャー・フィールドでの国旗掲揚のセレモニーで浴びたフラッシュ・ライトや稲妻の光は，照明弾や機関銃の放つ閃光を連想させ，彼らを，熾烈を極めた戦場の記憶へと引き戻す。我に返ったとき気づくのは，メディアによって演出されたイベントのなかで「硫黄島の星条旗」のスターを演じている現在と，戦場で過ごした時間の圧倒的な隔

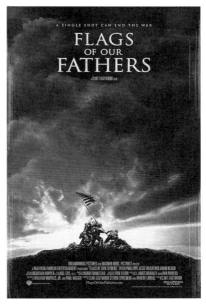

図8-10　『父親たちの星条旗』ポスター

たりである。そこでは『硫黄島の砂』が示したような「硫黄島の星条旗」のイメージと輝かしい勝利との幸福な一致は実現されない。摺鉢山に星条旗が掲揚されるシーンでは，あえてフォトジェニックな元の写真の構図から離れ，一歩引いた位置から周囲の状況がフレームに収められている。そして，その瞬間はただあっけなく過ぎ去り，国旗掲揚のあとも激しい戦闘は続き，先の見えない戦いのなかで1人また1人と兵士たちは命を落としていく。

　「硫黄島の星条旗」が再現される点は他のポップ・カルチャーにおける引用やパロディと同じであるが，『父親たちの星条旗』においてその意味づけは大きく異なっている。ここではアメリカの勝利や硫黄島の戦いの象徴としてでも，ポップ・カルチャーのなかの記号としてでもなく，むしろ1枚の写真が撮影された状況を離れ，メディアによって外在的な意味を付与され流通してしまうこと，そして社会的に構成された象徴的な意味づけのほうが，今度は逆に個人の生や社会のあり方を拘束し，さまざまな影響を与えていくこと，その入り組んだ関係を示すイメージとして「硫黄島の星条旗」は機能している。「硫黄島の

第8章　社会をつくる映像文化2　　153

「硫黄島の星条旗」（(C) ROGER VIOLLET）

星条旗」というイメージの社会的な構築の過程とその帰結をたどった観客は、この1枚の写真を、それまで担わされてきた象徴性とは異なる視点から眺めることになるだろう。『父親たちの星条旗』のエンドロールが終わり、映画館であれば館内の照明がつき始めようかという頃、スクリーンにはそっけなく1枚の写真が提示される。この写真がたどった数奇な物語と、そこに付与された無数の意味と欲望とを目にしたあとで、あらためてこの「コードのないメッセージ」と向きあったとき、私たちはそこではじめて、その写真をいまだ十分に見ていなかったことに気づくのかもしれない。

* 2016年、「硫黄島の星条旗」の海兵隊員と見なされていた人物の一人が、実際の国旗掲揚に関わった人物とは別人だったことが判明した。「硫黄島の星条旗」は、さまざまな意味で、イメージと現実の差異を顕在化させる写真であり続けている。

●読書案内●

①多木浩二『目の隠喩——視線の現象学』筑摩書房，2008年。

　アメリカ独立100周年を記念してフランスから贈られた自由の女神は，19世紀末以来，アメリカの象徴的なイメージとして機能してきた。しかしそれは「硫黄島の星条旗」とは異なり，新世界／旧世界の二元的な構造のなかにアメリカが組み込まれていた時代の最後の象徴である。

②松浦寿輝『エッフェル塔試論』筑摩書房，2000年。

　19世紀パリの象徴であるエッフェル塔は，フランス革命と万国博覧会の記念碑であり，技術と産業を言祝ぐ建築物でもある。それはさまざまな意味で「硫黄島の星条旗」と対照的ではあるが，両者の比較からイメージと近代の関係について多くのことを知ることができる。

③北田暁大『増補 広告都市・東京——その誕生と死』筑摩書房，2011年。

　消費社会において広告はマスメディアと結びつき，都市空間に遍在してきた。そして広告化のはてに，かつて象徴性を帯びていた記号も，データベースの要素となり，コミュニケーションのネタとなる。「硫黄島の星条旗」の象徴性の行方もまた，このプロセスから捉え返しうる。

④クリント・イーストウッド監督『父親たちの星条旗』2006年。

　「硫黄島の星条旗」とそれに熱狂したアメリカ社会に対する，映画による優れた批評。硫黄島の戦いを日本側から描いた同監督の『硫黄島からの手紙』と合わせ，「硫黄島の星条旗」をもう一方の被写体である日本の側から読み解くことが，残された課題であるように思われる。

——————大久保 遼◆

第3部

科学としての映像文化

第 9 章　医療における映像文化
第 10 章　警察と軍事における映像文化
第 11 章　人類学における映像文化

第9章

医療における映像文化

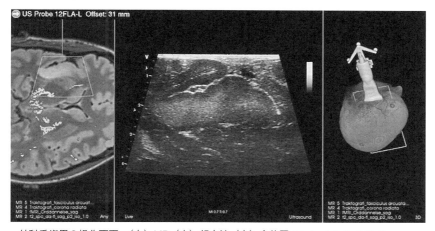

外科手術用の操作画面。(左) MR (中) 超音波 (右) 全体図 (Hoel and Lindseth 2016)

> 　病院へ行くと、私たちは数多くの検査機器に囲まれる。聴診器や血圧計といったシンプルなものをはじめとして、心電図や脳波計、またはX線に超音波写真、最近であればCTやMRIといった大型の画像診断装置まで、これらの機械と私たちの身体が接続されることになるだろう。
> 　これらの医療技術に共通しているのは、異変を起こしているかもしれない身体をできるだけ切り開くことなしに、それでも擬似的に侵入するような形で、その内側を透かして見ようとする「まなざし」のようなものである。本章ではこうしたまなざしが成立した医療技術の歴史から、とりわけ映像文化との関係について検討してみたい。

1 診断を受けるということ

映像による診断

　現代社会では，医療技術とその成果に触れる機会がますます増加している。病院で行われる診断や治療だけでなく，テレビやインターネットでは体内や脳内を示す映像が頻繁に提示され，携帯電話には睡眠や生体を管理するための機能が搭載されようとしている。と同時に，巷には健康や予防，診断といった言葉が溢れかえっている。そのあまり，自分では正常だと感じていても，何らかの病を患っているかのような気分にさせられるほどである。

　このような事態が生じているのは，現在の医療が病を治療するだけでなく，いつ異変をきたすかわからないリスクを未然に減らすことをめざしているからである（美馬 2007; 美馬 2012）。とするなら，あらかじめ予防や検査，診断を行う機会は，今後もますます増えるにちがいない。そのなかでも重視されるのが，身体に生じた微細な異変を抽出し，それを目に見える形へと変換する映像技術である。

　X線や内視鏡，超音波画像，またはCTやMRIといった先端技術など，医療機器は，身体の内部をそれぞれの方法で目に見える形に変換していく。これら画像診断の技術は，病院の各部門に装備され，その精度もますます上がっている。自分の身体を診てもらい，治療や処置を受けるにあたって，このことは心強いことのようにも思われるかもしれない。身体に生じた異変を正常な状態に戻すためには，その原因を正確に特定し，明らかにしなければならないからである。

画像診断への違和感

　しかしながら，そうした医療技術といざ直面すると，どこか戸惑いのようなものを感じることも少なくないのではないだろうか。たとえば，ひとたびX線や超音波写真が提示されたとたん，私たち自身が感じとっていた異変よりも，もはやそれらの映像に基づいて診断は進められていく。自らが説明する不調や違和感よりも，いまや目の前の映像こそが，自身の身体について真実を語るも

のとみなされるのである。

　それでいて当の画像が示しているのは，私たちが見たこともないような視界であることがほとんどである。画像の精度が上がると，当の本人がいまだ意識してもいない異変が探知されるようにもなるだろう。この世に生まれる以前の胎児の姿がすでに映像に記録され，それが診断の材料とされるようにもなっている。これらの映像技術は，自身の身体を映し出しているらしいが，どこをどう写し取ったのか，どの部位に対応しているのかもよくわからない。こうして映像技術は私たちの身体をただのモノとして提示すると，それによって自らの生死にも関わる重大な決定がくだされようとしている（多木 2003）。

　もちろん，このような違和感は，医師から丁寧な説明を受けたり，最先端の医療技術の仕組みを学んだりすることによって，ある程度は取り除くことができるのかもしれない。しかしながら，それらの技術が驚くべき速度で進んでいるがゆえに，医師からの説明も即座には理解が追いつかないというのが実情である。こうした状況で必要となるのは，私たちの身体がいかにして医療技術と接続されるようになり，そのなかでも画像診断の技術が何をめざしてきたのかを振り返ってみることではないだろうか。

　そこで本章ではまず前半部分で，西洋医学の診断術に映像文化が合流するようになるまでの歴史的な経緯を確認していく。そして後半部分では，19世紀から20世紀にかけて，映像技術がいかにして医師と患者の間に介入し，そのことが何を引き起こしたのかについて考えてみたい。このように診断術を歴史的に検討することは，医療において映像技術が果たす機能を知るだけでなく，現在の映像文化のあり方を再考するうえでも有益な手がかりを与えてくれるだろう。

2　近代以前の診断術

問診による診断

　現代の医療技術において重視される画像診断は，古くからの医学的な知識とそのための技術が進歩してきたことの帰結であるように思われる。ただし，近

代以前の診断術を知るなら、医師と患者の関係が技術によって媒介されることは、決して当然のことではなかったといえる。というのも、異常が生じる原因を身体の内部に探し求めようとする態度そのものが、近代以降に登場したものでしかなかったからである。

そのことを確認するために、まずはS. J. ライザーによる著作『診断術の歴史』を参照してみよう。その冒頭には17世紀から18世紀頃まで、つまりは近代以前の診断術で重視された要素が以下の3点にまとめられている。すなわち、「患者が自分の病状を訴える言葉、患者の肉体的外観や態度を観察して医師が感じ取る病気の徴候、そしてずっと稀だが、医師の手による患者の身体の診察」である（ライザー 1995: 7）。確かに現在でも、私たちは病院へ行けばまずもって問診を受けることになるし、自分の身に起きた異変を「症状」として医師に伝えなくてはならない。

ただし、ライザーが挙げるうちで注目すべきは3つ目の点、すなわち医師の手による患者の診察が「稀であった」という事実である。実際に18世紀までの記録を検証すると、たとえば「悪寒によって身体が震える」「腰部の痛みが下腹部まで広がる」など、そのほとんどが患者の語る主観的な経験をそのまま症例としている。つまりは病気の症状を次々と数値や画像に変換する現在と異なり、患者の語る内容がそのまま重視されていたのであり、医師の手による診察は脈をとるなどに限られていたのである。

これでは画像診断はおろか、医療技術が介入する余地はほとんどなかったといえるだろう。このように当時の診断術が私たちの時代と異なるのは、確かに当時の医学がいまだ未熟なものであったからなのかもしれない。実際のところ、18世紀以前の西洋の医師たちを支配していたのは、ヒポクラテスやガレノスを中心とするギリシャの古代医学から受け継がれた考え方であった。それによると、身体内部には「血液」と「粘液」、「黒胆汁」と「黄胆汁」という4種類の「体液」（ヒューモア）が想定され、その平衡状態が健康と病気の状態を左右しているとされた。下痢や嘔吐、出血などの症状が現れるとしても、それらはもっぱら体液のバランスを回復することによって治癒すると考えられていたのである。

図9-1 15世紀末の解剖の様子 (Johannes de Ketham, Fasciculus medicinae ed., 1495, Peturs Andrea Morsanusu)

解剖学の展開

　医師が患者の身体とより直接的に向き合うようになったきっかけの1つが，近代医学における解剖学の進展である。ただし，そのための死体解剖も，18世紀までは決して頻繁に行われたわけではなかった。数少ない実践のなかでも，15世紀末の解剖の様子を描いた挿絵を見てみよう（図9-1）。

　驚くべきことに，このなかで医師に当たるのは，身体を切り開こうとする人物ではなく，死体からもっとも離れた高い場所に座している人物なのである。切開や処置など，身体に直接手をつける実際の作業は，当時それを専門としていた理髪師に任されていたのである。

　その理由もまた，当時の解剖学が古代医学の知識に支配されていたからである。そればかりか，医師たちの間では手を使って診断をくだすよりも，その理

第9章　医療における映像文化　　163

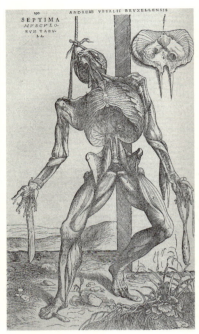

図 9-2　ヴェサリウス『人体の構造』の挿絵（Andreas Vesalius, *De humani corporis fabrica*, 1543）

論的ないしは哲学的な知識を獲得することが重視されていたのである。このような解剖学を進展させたのは、16世紀にイタリアで活躍したアンドレアス・ヴェサリウスである。それまでの医師の手続きを痛烈に批判したヴェサリウスは、自らの手で解剖を行うと、その成果を精緻な図版とともにまとめた『人体の構造』を発表している（図9-2）。同時代の絵画の影響が指摘されているが、これらの図版は活版印刷と組み合わされることによって、解剖学的な知識を印刷メディアによって広めた最初期の画像であったといえる。

　こうした医療と映像文化との結びつきが、医師や人びとの間で身体や病に関するイメージを大きく変容させたことは想像に難くない。それでも当時の解剖はいまだに、宗教的ないしは倫理的な理由から忌み嫌われる実践でもあった。それが医学において広く行われるようになるには、18世紀後半を待たなくてはならないのである。

3　近代医学の誕生

臨床医学のまなざし

　思想家のミシェル・フーコーは著書『臨床医学の誕生』で、近代医学の誕生を「18世紀末の数年間」に指摘している（フーコー 1969: 5）。この時期の西洋医学は、厳密な分析や計算による確実な学問としての体系化をめざすようになっていた。医師たちはもはや「症状」をたんに治療するのみならず、身体の表

面上に現れる「症候」から、その深みのうちに原因を探ろうとするようになる。このようにして近代医学による診断術は、個々の患者の身体を「解読すべき対象」としてみなすようになったのである。

フーコーがこの点に注目するのは、たんに医学が進歩したことを指摘するためではない。この頃から病理解剖による観察結果によって、身体内部の各組織が分類されるようになる。たとえば、心臓には「心嚢」が見出され、大脳には「くも膜」が、そして消化管には「粘膜」が名指される。これらの組織を前にして、医師たちはそれをどのように切り分け、そこからいかなる症候を読み取り、どのような原因を見出すべきであるのか。こうして患者の身体のうちで「見えるもの」と「見えないもの」との境界線を引き、それを言葉によって言い表す仕方が大きく変動していたのである。

その結果として人間の生と死、そして病が独自の因果関係をもつものとして結びつけられるようになった。フーコーによると、このことは何よりも医師による「観察」へと絶大な権力が付与されたことによって可能になる。ここにきて身体を観察の対象とみなす医師と、その判断に身を委ねる患者との関係が成立することになった。このような両者の関係は、身体の表面上に症候を見極め、その内部に想定される原因を推論しようとする「臨床医学のまなざし」によって結びつけられたのである。

ただし、ここに指摘された「まなざし」とは、文字どおりに視覚に限られたものではないといえる。そのことはたとえば、「診断」という言葉がさまざまなヴァリエーションをもつということにも伺い知ることができるだろう。医師たちは患者の眼や喉を覗き込んで「視診」するばかりか、患者の身体に直接手をあてることで「触診」を行い、また「聴診」器を用いて身体内部の音を聞き取ろうともする。つまり、私たち患者の身体は、医師の感覚を通じて診断されるようになったのである。

ここまでにフーコーの議論を検討してきたのは、臨床医学のまなざしの成立が、医師と患者との間に（映像）技術が介入するための距離を用意することになったと考えられるからである。以下では実際に、聴覚と触覚、そして視覚に関わる近代以降の診断術を具体的に確認していこう。

聴診と触診

　まずは聴診と触診に関わる医療技術の歴史から検討を始めたい。前者の聴診器を発明したのは，19世紀初頭フランスにおける医師ルネ・ラエネクの仕事とされる。すでに1600年代には，血液の循環を発見したウィリアム・ハーヴェイが心臓の音を聞き分けようとしていたが，それが実際に診断術として応用されることはほとんどなかった。ラエネクは患者の身体内部で生じる変化を聞き取るために独自の聴診法を編み出し，それによって聞こえる音の性質から病とその原因を突き止めようとしたのである。

　ラエネクが聴診器を考案したのは1816年，彼が心臓病の患者を診断するために筒状に巻いた紙を胸に当てて，彼女の心音を聞き分けようとしたときのことであった。興味深いことに，彼がそのような行動に出たのは，若い女性であった患者の身体に触れることに遠慮したからであり，また肥満気味でもあった彼女の身体に直接触れてみてもうまくいかないと考えたからでもあった（バイナム 2015: 65）。単純かつ間接的な方法であれ，彼がこうして患者の身体に触れようとしたのは，すでに患者の話や外見だけで診断をくだすことに疑念を抱くようになっていたからである。

　そのことを主張した著書『間接聴診法』の発表後，ラエネクは若くして亡くなっているが，この診断術は19世紀を通じて徐々に一般化するようになった。（山中 2009）その理由のひとつは，聴診器によって得られたデータが，実際に解剖学によって明らかにされた病変と合致していたからであった。当時から「聴診によって解剖を行っている」とさえ宣言する医師が登場するようになったのであり，つまりは「聴診を通じて耳が眼になっていた」といえる（ライザー 1995: 43）。こうして生きたまま身体の内部を探ろうとするまなざしは，聴診器という技術を媒介することによって医師の聴覚へと委ねられたのである。

　この聴診器がひろく採用されたのは，それが以前の触診に取って代わる方法として理解されたからでもあった。触覚を用いる診断術のなかでも，患者の脈拍を測ることはガレノスの時代から注目されていたが，実際に打診音だけで疾患を区別することは難しく，それぞれの医師によって異なる結果を導き出してしまう。こうして不確実なものとされた触診も，19世紀には機械的な媒介手段へと置き換えられていく。

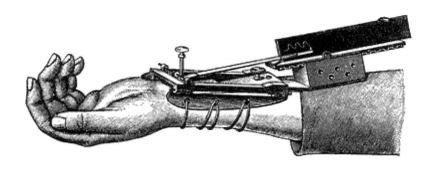

図9-3 エティエンヌ=ジュール・マレー,脈波計,1860年頃 (Etienne-Jules Marey, 1881, *La circulation du sang à l'état physiologique et dans les maladies*)

　なかでも注目に値するのが,脈拍や心拍を曲線というデータへと変換するグラフ機器の存在である。というのも,19世紀後半にこの技術をフランスに広めたひとりが,映画の前身として名高い連続写真機を開発する以前のエティエンヌ=ジュール・マレーであったからだ。もともと心臓などの血液循環を専門としていたこの生理学者は,ドイツで展開していた実験生理学のための技術を改良し,それを医者たちの不確実な診断に取って代わる測定技術として紹介したのである(図9-3)。彼によるグラフ法は,身体上に現れ出る振動を直接トレースして曲線へと変換するシンプルなものであったが,血圧測定や心電図など,私たちになじみの検査機器が一般化するようになったのもこの時期からのことであった(フォール2010; 久保田2008)。

　これらの測定技術が,以下に見るように,19世紀の写真や映画の歴史と並行して開発や応用されていたことは,医療と映像文化の関係を検討するうえで示唆的な事実となる。そこには身体を開かずに内部を透かし見ようとする,まなざしや欲望のようなものが共通しているからである。もちろん,写真や映画は,たんに対象の外見や表面を記録するだけのように思われるかもしれない。それでも写真や映画を医療の文脈で検討することは,たんなる記録手段とは異なる機能を明らかにするだろう。

第9章　医療における映像文化　167

4 医療技術と写真術

写真による診断術

19世紀を通じて、医師たちの間では、「写真への熱狂」ともいうべき現象が生じていた（Curtis 2012: 72）。写真技術は、それまでにない診断記録やその公刊を可能にし、さらには教育や情報の共有といった目的でも利用されるようになった。それだけでなく、以前からの描画や版画と異なり、登場したばかりの写真はそれ自体が、人間の隠された部分を明らかにする観察手段として、医療のうちに迎え入れられたのである。

たとえば、イギリスのロンドン近郊サリー州の癲狂院に勤めていた精神科医のヒュー・ウェルチ・ダイアモンド（1809-1886）は、1840年代からすでに女性患者たちを数々の写真に撮影している（図9-4）。それらは一見したところ、当時の肖像写真と大きくは変わらないようにも思われる。ところが、ダイアモンドは1856年に論文「狂人の観相学かつ心的現象への写真の応用」を発表すると、写真による精神病の診断と治療の可能性を主張したのである（Gilman 2014）。

同じ頃、フランスでは神経科医デュシェンヌ・ド・ブローニュ（1806-1875）が、さらに大胆な形で写真を応用していた。彼は被験者の顔面に直接当てた金属棒に微弱な電流を流して、人為的に表情筋の変化を引き起こし、それを写真に撮影することでその規則性を明らかにしようとしたのである（図9-5）。たとえば、電気刺激によって口角がつり上がった顔や、眉間にしわを寄せた顔が写真に撮影されると、それぞれが「笑顔を浮かべた」表情や「思索に耽る」表情として説明される。このような実践は、被験者の感情とは無関係に、写真のまなざしにあわせて表情を造り出すかのようでもある。

写真のまなざし

現在からしてみれば、これらの実践は診断術というよりも非人道的な実験のようでもあり、そこに記録された表情も、ある意味では恣意的なつくり物にすぎないのかもしれない。デュシェンヌ・ド・ブローニュは実際に、電気刺激に

 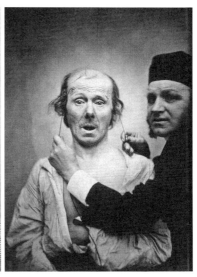

図9-4 ヒュー・ウェルチ・ダイアモンド「サリー州立癲狂院の患者」1855年頃

図9-5 ギョーム・デュシェンヌ・ド・ブローニュ「顔面の電気刺激実験を行うデュシェンヌ・ド・ブローニュ」1862年

よって生じた老人の表情の変化を「年老いて醜い」と説明する一方で，それを今度は手つかずのままの「若くて思慮深い」青年の表情と比較しているほどである。

しかしながら，彼らの実践は，顔や表情といった外面に性格や心理といった内面を読み解こうとする，18世紀末以降の「観相学」のまなざしの延長線上にあった（遠藤 2016）。そのこととあわせてデュシェンヌ・ド・ブローニュ自身が映り込んでいる数々の写真のうちで，彼はその手続きを隠すどころか，まるで誇示しているかのようでもある。こうしてみると，彼の試みに人為的な操作や証拠の捏造といった魂胆があったとは考えにくい。

その成果をまとめた彼の著作『人間の顔貌のメカニズム』は実際に，その10年後に発表されたチャールズ・ダーウィン（1809-1882）の著作『人及び動物の表情について』に多大な影響を与えた。また19世紀末には，これらに影響を受けた神経科医ジャン＝マルタン・シャルコー（1825-1893）のもとでも，

第9章 医療における映像文化　169

ヒステリーと診断された患者たちが数々の写真に記録されるようになる（ディディ゠ユベルマン 2013）。

　これらの経緯において検討すべきは，19 世紀の医学写真が真正な記録であるかどうかということよりも，患者の身体がこれほど頻繁に写真という映像技術に撮影されるようになった，そもそもの理由である。ここにみてきた医師たちは，それぞれが写真のなかの患者の身体に症候を読み取ろうとしていたのであり，写真はこうしたまなざしを媒介し，促すことになっていた。それはこの映像技術が人間の視覚を超え出た能力によって，それなしでは発見できないような視界を提示したからであるといえる。こうして 19 世紀の医療ではすでに，患者による証言や医師の直接的な観察以上に，映像技術が雄弁な資料として重視されるようになっていたのである。

5　映画と X 線

映画と外科医

　写真や映画論の古典として知られる，ヴァルター・ベンヤミンの論考「複製技術時代の芸術作品」には，20 世紀に登場した映写技師の役割を説明するために，それを外科医の役割と比較して説明した箇所がある。その一節を引用してみよう。「魔術師と外科医の関係は，画家とカメラマンの関係に等しい。画家はその仕事において，対象との自然な距離を観察する。それに対してカメラマンは，事象の組織構造に深く侵入していく」（ベンヤミン 1995: 616）。

　ここでベンヤミンは映像技術が引き起こした大規模な変化を説明するために，それ以前の画家と魔術師を，カメラマンと外科医に対置している。画家と同じく魔術師，つまりは近代以前の医師が対象や患者との間に一定の距離を保とうとしたのに対して，ともに「操作者（オペラトゥール）」と呼ばれるカメラマンや外科医は，被写体や患者へと接近し，その内部に侵入するかのように振る舞う。さらにはこれも画家や魔術師と異なり，そのなかでカメラマンや外科医は，バラバラに寸断された要素を一定の法則に従って，あらためて並べ直そうとするのである。

　この一節は，映画技術におけるカメラマンの役割が，それまでの芸術家とま

ったく異なることを指摘するためのものであるのだが，医療の診断術と映像技術との結びつきを考えるうえでも示唆的である。ベンヤミンが強調するのは，外科医やカメラマンによる作業が，その対象をいったん人物像とみなすことをやめて，それとはまったく別の論理に従って進められるという点である。カメラマンであれ執刀医であれ，彼らにとって被写体＝患者の人格や性格は関係なく，その身体はたんなるモノでしかない。そのための作業は，私たちが普段行うのとはまったく異なり，そのような対象を解体するような知覚に基づいて進められるのである。

　実際に映画が登場したばかりのフランスやアメリカでは，てんかんなどの異常な発作を起こす患者が次々とフィルムに記録されていた。多くの場合，マレーやマイブリッジが用意したものと同じ簡素な背景の前で，痙攣などの発作を起こす患者の身振りが撮影されていく。彼らが意図しないままに起こす不随意の運動を記録し，その細部を映画で観察することは，てんかんや痙攣の病因を可視化することにつながると考えられたのである。

　つまり，これら登場したばかりの映画技術にも，たんなる記録手段としての役割以上の機能が求められていたといえるだろう。あたかも顕微鏡と同じように，映画は通常の視覚とは別の論理によって身体へと接近するための診断術として理解されていたのである（Cartwright 1995: 63）。さらにいえば，外科手術が画像に基づいて進められる現在，ベンヤミンの指摘はますます文字どおりのものとなっている（本章159頁扉の写真参照）。

X線の衝撃

　映画の登場と同じく1895年には，ドイツでヴィルヘルム・レントゲン（1845-1923）がX線の技術を発表した。レントゲン自身は生真面目で控えめな物理学者であったとされるが，この驚くべき成果を一躍有名にしたのは，薬指に結婚指輪をつけた妻アンナの左手を撮影したX線写真であった（図9-6）。身体の内部を実際に透かして見せたこの写真は，当時から多くの医師や新聞に注目され，すぐに洋の東西へと知れ渡ることになったのである（中崎 1996）。

　身体を透過して，それを黒い影へと変えてしまうX線写真が，当時の人びとに与えた衝撃は計り知れないものであった。この驚くべき視覚技術は実際，

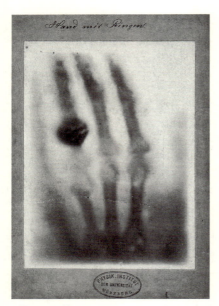

図9-6　ヴィルヘルム・レントゲン，妻アンナ・ベルタの左手（1895年12月22日撮影）

医療技術というよりも「魔術的」な手段として受け止められていたのである。心霊主義者や（超）心理学者たちは，この技術を超常現象の研究や自説の証明のために応用しようし，またパリの百貨店では，リュミエール兄弟のシネマトグラフとあわせてX線撮影が実演された。アメリカではこの技術をオペラグラスと組み合わせて，女性の「隠された部分」を覗き見しようとする者が現れるほどであった（Kevles 1997: 25-27）。

X線がこれほどまでに氾濫した理由のひとつは，放射能とも関連するこの技術の人体にもたらす危険性が，いまだ充分には知られていなかったからであろう。とはいえ，まもなくしてそのことが判明してからも，身体をまるで屍のような影へと変換してしまうX線は，ますます「死」のイメージと結びつけられ，スペクタクルとして見世物化されることになる。つまり，このテクノロジーは「客観的な」医療技術となる以前に，人びとの猥雑な欲望や快楽を担うようにして展開していたのである。

実際に当時の実践には，先端的な医療技術が同時代の映像メディアと結びつく様子を確認することができる。たとえば，この最新技術に眼をつけた人物のなかには，映画の原型を発表したばかりのトーマス・エディソン（1847-1931）がいた。レントゲンによる発見を知るとエディソンは早速，X線のために必要な陰極管——これはブラウン管としてテレビの発明にもつながる——を簡易なものに改良し，それを携帯型の木箱のなかでスクリーンと一体化させた覗き見型の透視装置を開発したのである（Kevles 1997: 35）。その形態から考えてみても，X線技術が科学的なツールとしてよりも，大衆的なスペクタクルとして応

用されようとしていたことは明らかであろう。

　さらにエディソンはこの時期からすでに，X線によって人間の「脳」を可視化しようとする試みも展開していた。その試みは実現こそしなかったものの，のちのCTを予見するかのようでもある。さらに，この課題を彼にもちかけたのは医師たちではなく，当時の新聞王として知られるウィリアム・ハースト（1863-1951）であった（Kevles 1997: 35）。このように稀代の発明王と新聞王による「スペクタクル化」の企図が存在していたことは，医療技術がすぐさま同時代の映像文化と結びつき，スペクタクルへと転換する可能性を示している。こうしてX線の発見は，多くの科学者たちのみならず，新たなテクノロジーに対する熱狂と恐怖とが入り交じった反応を大衆の間に呼び起こしたのである。

6　見えないものを見る

裏返しにされた身体

　20世紀以降，画像診断のための技術開発はとどまるところを知らないかのようである。たとえば1950年代には，オリンパスやソニーといった企業によって胃カメラや内視鏡が実用化されると，それに続いて超音波診断装置が，さらに1970年代以降にはCTやMRIの技術が実現した。後者の技術は，光学現象を用いた写真とは異なり，コンピュータを介して数値化したデータを画像に変換したものである。原理的には，それぞれX線や核磁気共鳴という物理現象を用いることで，対象となる身体に侵襲することなく，その内部を断層として映像へと変換することに成功したのである（久保田 2003）。

　その結果として，脳内の様子を映像として可視化することで，私たちが何に反応し，どのような感情を起こすのかを明らかにする試みが進められてもいる。その実現性や確実性はいまのところ差し置くとしても，これらの試みはコンピュータや情報機器の進展によってますます身近なものになりつつある。少なくとも，診断術における選択や判断が，ますます映像技術に依拠するようになることはまちがいない。こうしてみると，私たちの身体は脳内から血管の内側まで余すところなく可視化されるようになり，もはや裏返しにされてしまったか

のようですらある。

見えないものを見る

とはいえ，そのための技術がどれほど精緻なものになるとしても，それが時代ごとに異なる知識やものの見方によって選び取られたものにすぎないことは，ここまでの歴史に確認してきたとおりである。少なくとも19世紀以降，医療における映像技術は，医師たちのまなざしを補強するばかりか，人間の視覚を超え出る領域へと拡張しようとするものであった。こうして私たちの身体は，自分とは無関係な独自の論理に従って切り取られ，見たこともない画像として示されるようになったのである。

それとともに，ここまでの医療技術の歴史は，版画や写真，映画やコンピュータといった同時代のメディアと絡み合うようにして展開してきた。と同時に，科学的な医療技術と見世物的なスペクタクルとは，歴史的にみて表裏一体の関係にあったともいえるだろう。とするなら，現在にも医療映像が証拠のように突きつけられ，それらに私たちが見入ってしまうほどに，あたかも写真や映画やX線が登場した当時の熱狂を繰り返しているかのようではないだろうか。そのなかで，医療における映像技術は，医師たちのみならず，私たちの知覚を大きく組み替えることになりかねない。

このように医療と映像文化の関係は，各時代に固有のまなざしを独立して浮かび上がらせると同時に，その根底にある人びとの好奇心や欲望を明らかにしてくれる。現在に医療技術が増加し，氾濫している様子もまた，その徴候として理解することができるだろう。このような観点から医療技術を検討することは，現在の映像文化と私たちの関係を考え直すことにもつながるはずである。

●読書案内●
① ミシェル・フーコー『臨床医学の誕生』神谷美恵子訳，みすず書房，1969年。
　　たんなる医学史に収まらず，人間にまつわる科学的認識に関する古典的名著。これよりのちにフーコーが導き出した「生政治」概念もまた，医療と映像文化の今後を考えるうえで重要な概念となる。
② スタンリー・J. ライザー『診断術の歴史──医療とテクノロジー支配』春日倫子訳，平凡社，1995年。

原著は1978年。決して新しくはないが，本章で参照した近代以前の診断術や聴診器の登場のほかにも，顕微鏡による成果やそれに伴う医療の専門化など，医学のテクノロジーにまつわる歴史が，膨大な資料やエピソードとともにまとめられている。

③美馬達哉『〈病〉のスペクタクル』人文書院，2007年。

　20世紀以降，最先端のテクノロジーによって形成された病のイメージが，ときに倫理的な問題を起こしつつ，いかにして私たちの日常に浸透しているのかを検討した著作。なかでも20世紀以降の画像診断の展開を論じた章は示唆に富む。

———— 増田 展大 ◆

第10章
警察と軍事における映像文化

モニターで示される監視カメラの映像 (筆者撮影)

　私たちの日常は警察や軍事の映像に包まれている。たとえば私たちは，重要指名手配被疑者のポスター写真を街で見かける。こうした写真に私たちは何か違和感を覚えないであろうか。また，戦争ゲームも日常で目にする警察や軍事の映像であろう。こうしたゲームと実際の軍事行動とはどのような関係にあるのであろうか。さらには，もっとも日常的な警察や軍事の映像としてあるのが監視カメラの映像である。テレビなどで監視カメラの映像を見ると，私たちは何か不安や恐怖を覚えてしまう。それはなぜか。本章ではこれらの問いへの回答を，司法写真や軍事行動の映像，監視カメラ映像の考察を通じて探っていく。

1 警察と司法写真

顔を歪める女性

　いま唐突に「私たちの日常は警察や軍事に関わる映像で満ちあふれています。そのような映像を具体的にあげてみてください」と問いかけられたなら，私たちはどのように答えるであろうか。多くの人たちは，該当する映像がすぐには思いつかないであろう。だが，落ち着いて日々の生活を振り返ってみれば，私たちは警察や軍事に関わる映像をさまざまなかたちで経験していることに気づくはずである。なかでも，駅やコンビニエンスストアなどに貼られた重要指名手配被疑者の写真は，その代表的なものではないであろうか。数人の被疑者の顔と上半身とが並べられたその写真は，何か不安と恐怖を与えるものである。だが少し注意すると，それは何か奇妙なもののように見えてくる。なぜ写真になった被疑者たちは皆同じように見えるのか。彼や彼女らの体格はそれぞれ異なるはずである。にもかかわらず写真ではそうした差異は一切消去され，すべての顔と上半身とが均一なフレームのなかにほぼ同一の割合で写しだされている。これは一体どういったことなのか。本節では，こうした警察の映像と人びととの関係について検討していく。

　たとえば映画は，作品が制作された時代と社会のなかで支配的になっている（あるいは今後支配的になるであろう）警察の映像と人びととの関係を，私たちに向けてうまく提示する。またそのことは現代に固有のことではなく映画の黎明期から行われてきた。たとえば19世紀末から20世紀初頭の代表的な映画製作会社バイオグラフ社による『犯罪者写真台帳のための被写体』(1904年) は，制作当時の警察の映像と人びととの関係を明確なかたちで表現している。この作品では1人の女性が登場する。彼女は警察官に拘束され，無理やり椅子に座らされている。警察官に抵抗を続けるこの女性にカメラがゆっくりと近づいていき，それに応じて彼女の顔はフレーム内で大きくなっていく。そのとき私たちは，彼女の顔がさまざまな形に変化していくのを目撃する。もはや元の顔がわからなくなるほどに，歪んだ顔のポーズが反復されるのである（図10-1）。しまいには彼女は泣き顔になり，そこで映画は終了する。この作品は，100年

図10-1 『犯罪者写真台帳のための被写体』で顔を歪める女性
(Gunning 1995: 28)

以上も前に制作されたものであるが、ひっきりなしに変化する女性の顔の歪みと、女性の精神のこわばりとが、現代の私たちに対しても新鮮なおかしみを喚起する。だがそれだけではない。この作品は、当時の警察の映像と人びととの関係を鮮やかに示すのである。だが、その関係を細やかに理解するためには、女性が抵抗し顔を歪ませる謎を解明する必要がある。

19世紀のパリ

『犯罪者写真台帳のための被写体』のなかでなぜ女性は抵抗し、顔を歪ませる必要があるのか。その謎を解く鍵は、19世紀のフランスにおける警察の映像、具体的には司法写真のなかにある。

19世紀のフランス、とくにその中心地であるパリでは、資本主義の成長とテクノロジーの発達によって、膨大な数の情報やモノ、そして人が従来とは異なる猛烈なスピードで循環していた。たとえば19世紀半ば以降、パリを中心として整備されたフランスの鉄道は、人や馬車による運搬と比較できないほどの量と速さでモノや人を運び、それらを循環させた。またこうした循環は、パリとリヨンあるいはパリとノルマンディなど、さまざまな都市を接続するこ

とでそれ以前にあった時間と空間を分解し圧縮した。そしてこうした時間と空間の変化は，人びとやモノのあり方の変容を引き起こすことになったのである。たとえば，アフリカのカカオ豆がパリの工場でチョコレートになり，フランスの各地に送られるように，従来の時間や空間に根づいた人やモノのアイデンティティが流動的で不安定なものへと変容したのである（Gunning 1995: 15-18）。

　人やモノ，さらには情報がそうした様相を呈する19世紀のパリは，犯罪者にとって好都合な場所であった。「大都市の群衆のなかで個々人の痕跡が消えていく」（ベンヤミン 1994: 183）と，近代都市パリにおける人びとのあり方についてドイツの批評家ヴァルター・ベンヤミンが語るように，膨大な人やモノそして情報が渦巻くこの都市で，アイデンティティを特定することはきわめて困難なことであった。そのため犯罪者は変装や偽名を駆使して悪事を行い，群衆のなかに紛れ込むことで，そのつくりあげたアイデンティティを消失させた。つまり犯罪者は，複数のアイデンティティを用いることによって，罪を繰り返し犯すことができたのである。したがって当時のパリの警察は，犯罪者を取り締まるために個人の特定化，つまりはアイデンティティを復元し，分類し，管理する必要があったのである（ガニング 2003: 100-101）。

個人の特定化

　19世紀初頭までのパリの警察が用いていた個人を特定する方法は，ヴィクトル・ユゴーの小説『レ・ミゼラブル』(1862) の主人公ジャン・バルジャンに私たちが見て取るように，焼鏝で身体に記号を刻みこみ，その印を分類し管理することであった。警察は分類・管理された情報と確認された印とを照合することで，累犯者を特定し捕捉することができたのである。しかし身体刑の廃止にともない，1832年にこの方法は使用禁止となる。そのなかで注目を集めたものは，当時の最新テクノロジーであった写真術による司法写真である。焼鏝ではなく，写真カメラが犯罪者とりわけ累犯者の身体を光に変換し，紙にその姿を刻印することによって，アイデンティティの復元や分類，管理がめざされたのである（渡辺 2003: 32）。こうした司法写真の試みのなかでも，犯罪学者アルフォンス・ベルティヨンによって考案されたベルティヨン方式は，フランス国内だけでなく，さまざまな国で影響力のあるものとなった。

ベルティヨンの方法は簡潔にまとめると次のようになる。まず，警察は犯罪者の正面と側面とを写真で記録する。この撮影で要請されることは形式の同一化である。そのため撮影では，カメラから被写体への距離が規格化され，また被写体の身体の位置と姿勢とが決定する特殊な椅子を使用し，さらには使われるレンズとフレームも一定のものとなる。結果，警察はどのような犯罪者からも同一の形式をもつ写真像を得ることが可能になる（図10-2）。私たちが現代の指名手配写真に感じてしまう不自然さは，この文化の系譜に由来する。たとえどんな大きさの顔や上半身であっても，被疑者たちは同一の

図10-2　ベルティヨン方式での写真
① （Bertillon 1893: 42）

形式をもった類似した写真像に変換されるのである。こうした写真像は，記号をめぐるチャールズ・サンダース・パースの用語を借りて言い換えれば，イコン（類似性を介して対象を参照する記号）のようなものである。そして，犯罪者の膨大なイコンが得られるこのシステムのなかで，さらに犯罪者の身体のさまざまな部位（耳，鼻，口，おでこなど）が撮影されるのである。以上のプロセスを経て作成された写真は，別の見方をすれば，犯罪者の痕跡となるであろう。なぜなら，写真は犯罪者の身体を光に変換し紙に刻印するからである。そのとき肉をもった犯罪者と写真像としての犯罪者とが，別様にいえば物理世界と写真のイメージ世界とが，光を介して接続するのである。こうした写真は先のパースの用語でいえば，インデックス（事実上の接続を通じて対象を参照する記号）となるであろう。
　アメリカの視覚文化論者トム・ガニングによれば，以上の作業は，近代の循環システムのなかで写真がかかえるパラドックスに取り組むものなのである。というのも一方で写真は「イコン的な類似とインデックス的な参照の網目を通

してアイデンティティを確立することで，官僚制的警察システムに必要な監視と個体識別(アイデンティフィケーション)に奉仕する」（ガニング 2003: 113）のであるが，他方で写真は，インデックスとして身体の個別的なものをあまりにも前景化するため，アイデンティティの復元や分類，そして管理に必要な身体の一般化を拒むものとなるからである。言い換えれば，多数の犯罪者は一定の形式で写真に撮られることで，各々の身体がもつ個別の特殊性を喪失し，類似した像あるいは同じ基準のものと比較検討できる情報となるのである。そしてその比較のなかで生じる差分の情報を，物理世界と接続する個別の身体像に送り返すことで，アイデンティティの復元と分類そして管理が達成できるはずなのである。しかし，写真はインデックスの側面を前景化させるため，目的達成のための第1段階となる身体の喪失あるいは情報化を拒絶してしまうのである。

私たちが指名手配写真を見るとき，被疑者の顔の細やかなシワや目つきなどに目を奪われ恐怖を感じるように，個体がもつ情報に還元できない不確かなものを写真は強烈なかたちで提示し，その身体を強調するのである。よって，ベルティヨンは固有な身体との断絶がさらに強固なものとなる定量的なデータを求めることになったのである。

そこで次の作業，つまりは撮影された写真の分類と身体の測定とが行われるのである。身体を分解した写真を部位ごとに分類し，一覧表（耳の表，鼻の表，口の表など）が作成されるのである（図10-3）。同時に，犯罪者の身体が細かく測定され，測定値の体系化が試みられるのである。いわばベルティヨン方式とは，写真と測定とによって身体を徹底して像と数値という諸々のデータに変換し，データベースを作成するものである。そして身体から引き離されたこれらのデータを，他の膨大なデータとの比較のなかで差異化することで，個人を再統合しその識別が実現されるのである。この方式は個人を特定化する検索システムでもあるのだ。こうしたデータベースと検索システムとによって，アイデンティティが流動的で消失する都市において悪事を繰り返す犯罪者は，警察による徹底した管理の対象となるのである。

『犯罪者写真台帳のための被写体』のなかで，拘束された女性が抵抗し顔を歪める理由がここにある。彼女は自らの写真を撮られてしまうと，上記の管理システムのなかに組み込まれてしまうため，顔を歪ませ続けるのである。顔を

歪ませることは，国家の徹底した制御下に置かれることに対する彼女の抵抗なのである。彼女にとって写真に撮られる行為は，複数のアイデンティティを使い分け社会のなかで自由に振る舞うことの禁止を意味し，それは恐怖でしかないのである。

　さて，19世紀末から世界に影響力をもったベルティヨン方式は，20世紀初頭になると，その複雑な人体測定の方法や分類の不十分さなどからその力を失っていった。指紋法が，写真を軸とした方式に代わって個人を特定する方法として支配的なものとなったのである（橋本 2010: 115-118）。その後，指紋法は，網膜やDNAを介したバイ

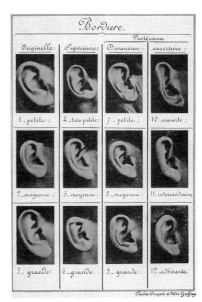

図 10-3　ベルティヨン方式での写真
② (Bertillon 1893: 52)

オメトリクスに取って代わられることになる。つまり，個人の特定化の方法は，身体をイコン的な類似に基づいて情報化していくことへとますます突き進むのである。ではそのようななかで，個体がもつ情報に還元できない不確かなものはどのようになるのか。次節ではこの問いを軍事映像の考察を介して検討していこう。

2　軍事と映像

警察化した軍事行動

　本章の冒頭の問いかけに戻ろう。軍事に関しては私たちはどのような映像を経験しているのであろうか。軍事の映像のなかで馴染みのあるものとは，アミューズメントスペースや家庭内，あるいはスマートフォン上でプレイする軍事行動を主題とした戦争ゲームであろう。こうしたゲームに関して私たちは，近

年いっそうそれが「リアル」なものになってきていると，また実際の軍事行動が戦争ゲーム化していると，しばしば耳にする。それは一体どのようなことであろうか。

ところで，軍事に関わる映像についての考察は，警察の映像をめぐる前節での議論と非常に密接な関係があるといえる。なぜなら，湾岸戦争以降，戦闘行為の映像やマスメディアで報道される映像など，戦争は多岐にわたってますます映像化していき，またその様相は，第2次世界大戦であったような国家間の大規模な戦争から，情報通信テクノロジーを介した追跡や監視，捕縛そして管理するものへとシフトチェンジしたからである。簡潔にまとめるならば，現代の戦争は映像化し，また警察化しているのである（ヴィリリオ 1998: 120）。そして戦争をめぐる以上の変化のなかで，映像がもつイコン的な類似の側面がさらに鋭利なものとなるのだ。そのとき個体の特殊性はどのようになるのか。

本節では上記の問いへの応答を示していく。つまりこの節では，実際の軍事行動での映像と人びととの関係を検討し，リアルさやゲーム化について考察するとともに，その考察のなかで明らかになる個体の特殊性についても示していく。

さて，先述した警察化した軍事行動を可能にするものとは，戦闘員にリアルタイムの情報を逐一送信する通信テクノロジーと情報を視覚化する映像である。たとえば，アメリカで開発された2人乗り戦闘ヘリコプター「アパッチ」は，TADS (Target Acquisition and Designation System) と PNVS (Pilot Night Vision System) からなる，「アローヘッド」というセンサーシステムを機首部分に装備している（図10-4）。TADS は，テレビカメラと光学レンズ，レーザー測距照準装置，レーザー目標追尾装置，さらに夜間戦闘用の前方監視赤外線装置である FLIR (Forward Looking Infra-Red) を組み合わせたものであり，それらによって射撃手は昼夜問わず目標の捕捉と戦闘の指示，さらに銃器の照準を目標に合わせることが可能である（坪田 2009: 60）。また PNVS は，ナビゲーション用の赤外線センサーを備えた暗視システムであり，それによって操縦士は暗闇のなかでも機体を操縦し，低空飛行も可能である（坪田 2009: 62）。さらにこのシステムは，操縦席から確認できない視界も乗組員に提供する。いわばアローヘッドはアパッチの「目」なのである。ただしアパッチの目は1つだけではな

図 10-4　アパッチのコックピット前にある「アローヘッド」(陸上自衛隊 WEB サイト「フォトギャラリー」http://www.mod.go.jp/gsdf/fan/photo/equipment/index.html の写真を部分的に拡大したもの)

い。アパッチは友軍と情報交換を瞬時に成し遂げるネットワークシステムを備え，また前線航空統制官や観測ヘリコプター，「E-8C」のような高高度からレーダーによって地上を監視し目標を捕捉する軍用機，さらに無人機ともデータ通信によって情報をやり取りし共有している（坪田 2009: 120）。つまり，情報通信テクノロジーを介してアパッチは他の機体や機関，施設とネットワークを形成し，それによって多数の目をもつことになるのだ。そして，これらの目が捉えた情報は，乗組員たちの前に置かれた多機能ディスプレイと，ヘルメットに装着された IHADSS（Integrated Helmet And Display Sight System）上で動画像や数値，グラフィックなどで構成された映像として，リアルタイムで提示される。もはや乗組員の肉眼では捉えることができないさまざまな今の世界が，映像としてディスプレイ上で繰り広げられるのである。さらに，映像はすべて記録され，データベース化されていき，引き続く際限ない軍事行動の参照先の1つとなる。こうしたテクノロジーと映像とを用いた軍事行動はアパッチに特

有なものではない。アメリカが開発した巡行ミサイル「トマホーク」にも「目」のシステムがあるように，現在の軍事行動のなかで情報通信テクノロジーを介して情報を映像にすることは標準化している。情報通信テクノロジーと映像とを駆使しながら，データベースに問い合わせつつ，「目」を拡張しターゲットの検索と識別，捕捉そして監視を実行すること，そしてそのプロセスをすべて記録しデータベースを構築していくこと，これこそが警察化した現代の軍事行動なのである。

イコンとしての軍事映像

　戦争と知覚との関係について論じたフランスの批評家ポール・ヴィリリオは，警察化した現代の軍事行動に関わる実に興味深いエピソードを語っている。彼によれば，イラク戦争の最中，イラク兵がイスラエル国防軍のドローン「スカウト（IAI Scout）」に捕獲され降伏したというのである（ヴィリリオ 1998: 119）。無人機であるドローンは遠隔にある非戦闘地域から無線通信や衛星通信を介して制御される。平和な遠隔地にいる操縦士は，ドローンから伝送される映像をディスプレイ上で見ながらレバーやキーボードを動かし，ときにGPS（全地球測位システム）の支援を受けながら位置を修正しつつ，ドローンに命令を出すことでそれを操作する。戦場で活動するドローンは大きく偵察用と攻撃用とに区分されるが，ヴィリリオのエピソードに登場するスカウトは偵察用であり，その装備に殺傷能力をもつ銃器は含まれていない。病巣を探る外科手術のように，障害物をかわしながらターゲットを探索し，捕捉し，追跡し，監視をすること，またこれらの行動を高画質の映像として記録し，リアルタイムで地上に伝送することが，スカウトの主となる能力である。先のイラク兵はその能力を熟知し，ドローンのカメラに恐怖を抱いていたのであった。もしスカウトのカメラに自らが撮影されてしまうと，すぐに自らをターゲットとした攻撃が襲ってくるからである。彼らが恐れ降伏したのは，ドローンではなくカメラであり，自らが映像化されるや否や襲ってくる攻撃に対してである。私たちはヴィリリオが語るこのエピソードから，「身体の不在」という観点を想起せずにはいられない。情報通信テクノロジーと映像とが中心を担う現代の警察化した軍事行動のなかで，無人機が敵兵を降伏させるように，戦闘行為では身体が不在のも

のになりつつあるのだ。

　もちろん戦場には多くの身体が存在する。ただ，先のアパッチの乗組員はヘルメットや操縦桿近くに設置されたディスプレイをいつも見ているし，地上部隊の兵士はディスプレイ内蔵の暗視装置を装着して作戦を実行している。いわば映像は軍事行動の条件となっているのである。そのため，戦闘員たちがまず見るのは戦場そのものではなく映像である。よって，戦場に存在するのは，映像化された身体なのである。またその映像はインデックスとしての映像ではない。戦闘員が見る映像（そして映像をつくりだす情報通信テクノロジー）はデジタル方式，つまりすべてが類似した０と１の信号からプログラムによって組成されるものであり，また緑色の濃淡で形成された暗視カメラ映像のように，私たちの視覚が捉える光の世界ではなく，多くの場合，不可視の熱や電磁波に基づいているものである。こうした映像のなかで身体は，ディスプレイ上にあるその他のモノとの差異を示す，デジタル情報や熱情報，電磁波の情報となる。そのとき，アナログの写真が否応なしに前景化した，物理世界との接続を担保する身体あるいはモノの特殊性は，容赦なく消去されているのである。まとめると，戦闘員が見るものは，身体やモノが他との差異を示す情報になる映像であり，物理世界の戦場に類似しているがその世界と切断されたイコンとしての映像なのである。ただしその映像は，物理世界との接続が遮断されているとしても，映像としてのみリアルさをもつ。だからこそ，戦闘員たちは映像に基づいて任務を遂行するのである。

　さらにいえば，戦闘員が見る映像には音がない。先のヴィリリオが指摘するように，軍事をめぐるテクノロジーは目あるいは視覚を特化し，それらの機能を拡大したものとなるのである（ヴィリリオ 1999: 59）。そして情報通信テクノロジーによって織りなされた映像は，視覚にのみ訴えかけることで，他の諸感覚と視覚とを切断する。もはや兵士の身体はただ見るだけで，聞くことも，痛みも，臭いも感じないのである（ロビンス 2003: 84-85）。そうした映像のなかで敵や犠牲者がリアルなかたちで現れることはない。結果，身体はなくただ目だけが存在し，目と化した戦闘員は，物理世界との接続に基づくリアルさが喪失した世界のなかで，敵の死やもっといえば軍事行動から脱し，映像で指示されたターゲットへの攻撃に専心するのである。それは映像というリアルさのなか

でのみ成立する軍事行動なのである。

ゲーム化する軍事行動

　以上の戦闘経験と戦争ゲームの経験との間に私たちはどのような差異を見いだすことができようか。実際、映像化された戦争が明確なかたちで現れた湾岸戦争は「ニンテンドー戦争」と呼ばれ、また軍の訓練では娯楽用の戦争ゲームと酷似したシミュレーターが使用されている。そのような映像は、私たちが日常生活を送る物理世界と地続きな関係ではないため、そのプレイヤーにとってインデックス的なリアルさがないこと、身体が不在であることはいうまでもない。それは映像のリアルさのなかでのみ成立する戦争である。同じことが、軍事行動を展開する戦闘員に生じているのである。身体が不在になり物理世界との接続が欠如した、テクノロジーと映像とによってつくられた戦争は、ゲームと同様に血の流れない痛みのない、いうなれば清潔な美化されたものであろう（ヴィリリオ 1999: 157）。しかも、アメリカの国際政治学者ピーター・ウォーレン・シンガーが語るように、将来的にロボットが軍事行動を展開するようになれば、身体は完全に不必要となる（シンガー 2010: 166-183）。だが美しい戦争など真の意味では存在しない。

　清潔で美化された戦争は、視覚を中心とした世界をかき乱す音と、テクノロジーの徹底した高度化から産み出される鮮明な身体像とによって、リアルなものへと変容する。地上部隊の兵士が銃器の音を聞き、声を上げて倒れる敵や味方を見るとき、あるいはアパッチやドローンの操縦士が、高解像度の映像のなかで、逃げ惑い、銃弾に倒れるターゲットの姿を見いだすとき、リアルな戦闘を経験することになる。個体の特殊性が浮かび上がるのだ。戦闘員たちは、映像世界と物理世界とが接続し、見る身体と見られる身体がともに立ち上がることで、生と死の狭間に自らが位置づけられていることを、また他者の生死を自らが握っていることを全身で知ることになる。

　それとは異なり、大半の戦争ゲームのなかでプレイヤーが発する弾やミサイルなどはターゲットに命中すればするほどポイントが加算され、ゲームはゴールに向かってつき進む。そこには、身体が不在であり、物理世界の生と死は存在しない。あったとしてもゲーム世界、つまり映像の世界でのみ有効でリアル

なペナルティがプレイヤーに課せられるだけである。実際の軍事行動はそれとは異なる性質をもっている。身体がどこかに存在し，生と死とが賭けられたかたちで存在する。そしてその掛け金は映像化された身体となる。たとえばクリント・イーストウッド監督『アメリカン・スナイパー』（2014）の冒頭のシーンで，私たちはそのことを確認するであろう。イラクの地で掃討作戦に参加している特殊部隊の狙撃手クリス・カイルは，女性が少年に手榴弾を手渡す様子をライフルに取りつけられたスコープで目撃する。そして，スコープの映像のなかにいる手榴弾を抱えた少年は，カイルの友軍部隊向かって駆け出していくのである。ライフルの引金をひくのか否か，そのときカイルはスコープのなかで映像化された少年の生と死とを委ねられるのだ。実際の軍事行動において誰かが映像化されれば，戦闘員はその誰かの生と死とを判断しなければならない。そして，生死を握る戦闘員はそうした自らの行動に対して強い不安と恐怖を抱くのである。軍事行動で身体が映像化され，映像として存在するときにはつねに不安と恐怖がつきまとうのである。

こうした不安と恐怖に包まれた戦争と，清潔で美化された戦争との間で戦闘員たちのこころは揺れ動くのであろう。PTSD（心的外傷後ストレス障害）とはその揺れが激しくなり，抑えきれなくなった状態である。事実，平和な地域で映像でのみ戦闘を行うドローンの操縦者がPTSDを発症するケースが多い（シンガー 2010: 500-501）。映像を見る操縦者のこころとからだが，清潔で美化された戦争と不安や恐怖に包まれた戦争，さらには平和な生活との間で引き裂かれていくのである。

ただし，戦争を経験しているのは戦闘員だけではない。不安と恐怖をかき消した映像によってつくられたゲームや映画，テレビドラマ，アニメーションそしてニュース番組などで，私たちもまた清潔で美化された戦争を繰り返し経験している。さらにはモノとしての映像がなくともそのことは可能なのかもしれない。抑圧と自由どちらをめざすにしても，狂気じみた闘いへの精神が不可欠であることをチャールズ・チャップリンが『独裁者』（1941）で見事に表現したように，人は言語で産み出されたイデオロギーという幻想としての映像につつまれて，美化された戦争に向かう。そうした経験のなかで私たちは，ドローンの操縦者のようにPTSDで苦しむことはないであろう。私たちは，不安や

恐怖から遠く離れることで，戦争を反省することに苦しむこともないのである。

3 日常化する警察・軍事映像

日常の警察・軍事の映像

　ここまで，本章の冒頭の問いかけに応えるかたちで，司法写真と警察化する軍事行動の映像について私たちは考察してきた。だが先のふたつの節で検討した映像は，私たちにとって「日常」とはかけ離れているように感じるものである。何よりもそれらのなかに私たちはいない。私たちは被疑者でもなければ，戦闘員でもないのである。よって，これまで議論してきた警察や軍事に関わる映像は，私たちにとって何かリアルさを欠いているように思えるのだ。

　では，真の意味での日常における警察や軍事映像とはどのようなものなのか。それは，私たちがこれまで議論してきたものとは異なった姿で存在する。その種の映像は私たちを被写体としてそのなかに組み込んでいくのであるが，私たちにはリアルさを欠いたものとしてあり続けるのである。これこそが現在の私たちを取り囲む警察や軍事映像の真の姿である。その代表的なものとしてあるのが，安全や防犯，監視や管理という名のもとで設置される監視カメラの映像である（図10-5）。たとえば警察庁は，全国の1791カ所（2014年時点）に，自動車を利用した犯罪を検挙するための「自動車ナンバー自動読取装置（通称Nシステム）」を整備している。あるいは都道府県の警察機関は，自治体と連携しつつ，繁華街や人の密集区域，さらに指定地域に監視カメラなどを備えた「スーパー防犯灯」や「街頭緊急通報装置」を設置している。また，日本全国の店舗や施設，機関そして家屋では，膨大な数の監視カメラが機能している。これらのカメラは，該当する空間（店舗や部屋，車両，エレベーター，廊下など）とその周辺（出入口付近や隣接する道路など）とをすべて映像化するために，死角を生み出さないように設置されている。

　さらにいえば，正確には監視カメラではないが，私たちが日々アクセスするSNSも，映像によって人びとを監視するものとなっている。たとえばFacebook上で友人が私との写真をアップロードすれば，すぐにその写真には名前

や場所，時間，日付が与えられ，特定化（タグ付け）される。そしてその写真と情報とは，私とつながりのないきわめて多くの人たちのタイムライン上に拡散され，確認されていくのである。

以上のように，現在の日常生活では，警察（あるいは国家）だけでなく，一般企業や市民もまた，私たちの安全や防犯，監視や管理という責務を担い，膨大な量の監視カメラで実に細やかに私たちを映像化している。さらには，インターネットが普及し誰もがSNSを使用するなかで，安全や防犯という意図がなくとも，つながりがある人もない人も，映像によ

図10-5　マンションのエレベータ前に設置された監視カメラ（筆者撮影）

って相互に監視し，管理する関係のなかにいるのである。現在の日常生活のなかで私たちは，映像で常時監視されている状態にあるのだ。トニー・スコット監督『エネミー・オブ・アメリカ』（1998）のなかで，無実の罪で追われる弁護士ロバート・クレイトン・ディーンの行動が常に国家安全保障局の手中にあるのは，情報通信テクノロジーを介して監視カメラの映像がネットワーク化されているからである。同様のことが現代の私たちの日常に起きているのである。確かに私たちは，こうした監視映像で被写体として現前している。しかしながら，ディーンがなぜ自らの行動を把握されているのかをすぐに理解できなかったように，私たちは通常そのことに気づかないままであり，映像にリアルさを感じることはない。だがそれは突如としてリアルなものへと変容する。

監視カメラの映像

周知のようにテレビ報道は，たとえば大きな犯罪事件が発生すると，警察や企業，市民が設置した監視カメラの映像を，あるいはSNSの映像を容疑者の足取りをたどる重要な手がかりとして提示する。ではテレビの前の視聴者は，そうした映像をどのように見るのであろうか。私たちはそのときの視聴者の状

態を少なくとも3つあげることができよう。1つ目は映像の質と事件の性質とに起因するものである。監視カメラの映像は肌理が粗く，少々不鮮明なものである。また事件は未解決であるため，私たちにとって謎に満ちた不可視な出来事として存在する。こうした不鮮明さと不可視であることが相まって，視聴者は映像に対して不安や恐怖を覚えずにはいられないであろう。2つ目は容疑者に関わるものである。私たちは，大きな犯罪の容疑者が社会で野放しの状態にあり，犯罪を重ねるかもしれない，さらには次の被害者は自分かもしれないという不安や恐怖を，映像を通じて強く感じるのである。最後は私たち自身に関わるものである。私たちは映像のなかで容疑者の動きが秒単位で把握されている事実に驚愕する。ただそれと同時に，社会のなかで行動する自身も同じく知らぬ間に監視され，映像化されていると気づきたじろぐであろう。つまり自由や個人の権利が気づかないかたちで犯されている，という不安や恐怖を抱くのである。さらに言葉を加えれば，こうした自由や権利の侵犯は，警察あるいは国家によるものだけでなく，自分が属する企業や自らと同じ市民によっても実行されていて，そのことが不安や恐怖をさらに強めていく。このように，私たちは，不安や恐怖が折り重なった状態でテレビに提示された監視カメラの映像を見るのである。そのとき私たちは映像のなかで不在であるが，それを非常に強くリアルなものとして受け止めるのである。

　さて容疑者が逮捕され事件が解決すると，先に述べた3つの不安や恐怖のうち最初のものと2つ目のものが解消され，私たちは安堵する。ただし，最後のものはなおざりになったままである。しかしそのとき不思議なことが生じる。事件がひとまず解決すると，多くの場合，今後の生活のなかで不安や恐怖を抱いてしまうような事態が再び発生しないよう，安全や防犯，監視そして管理のさらなる強化という対策が講じられる。その手段として真っ先に提案されることは，監視カメラの増加とその技術の向上なのである。「自由や個人の権利と引き換えに安全で安心な生活」，これがその提案のスローガンとなる。

不安と恐怖の遍在化

　だが，テレビに提示された監視カメラの映像を見るとき，私たちが喚起する不安や恐怖は，容疑者や犯罪，徹底した監視と自由や権利の侵犯にすべて起因

するのであろうか。確かにこれらの対象は，不安や恐怖の引金になるであろう。しかし，そのときの不安や恐怖とは，映像を見て，反省可能な状態になった私たちが覚える類のものではないであろうか。それとは異なり，テレビと監視カメラからなる多重の映像は，もっと直観的な不安や恐怖を生じさせるのではないであろうか。その種の不安や恐怖とは，顔を歪める女性やイラク兵，カイルやディーンが抱くものとは性質を異にするものであり，いわば映像それ自体がもつ底知れぬ不安や恐怖といったものである。

　現代の多くの監視カメラは，撮影者が存在しているのではなく，デジタル方式のコンピュータ制御によって自動的に機械的に指定の範囲を撮影している。その目的は，何か特定の人物やモノを撮影するのではなく，日常世界のある部分を切り取り，そのすべてを均質に撮影し映像化することにある。その映像において，日常生活のなかで背景となるようなものが前景化する。通常私たちは，ステンレス製の郵便受けのきらめき，看板やポスターなどの揺らめきなど，日常の背景となるようなものに対して意識を向けることはしない。しかし，監視カメラの映像はそうしたものでしかない。監視カメラは，日常のなかで意識の外に存在するものを映像にするので，それが目の前に提示されると，私たちは映像に明確な意味を即座に与えることができなくてひどく狼狽してしまう。つまり，監視カメラの映像は，心霊写真のように，私たちにとって理解不可能なノイズ的視覚世界を提示するのであり，それは私たちに底知れぬ不安や恐怖を与えるのである（長谷 2004: 70-71）。こうした映像と不安や恐怖との関係は，映像誕生以来つねに存在する映像の根源的な経験なのである。さらに，こうした映像に身体が入ってくると，監視カメラ映像の心霊写真的な様相がより一層強くなる。つまりはそこに，不安や恐怖が姿と形をもって現れ出てくるのである。この身体は，物理世界に接続する誰かの身体あるいはインデックスとしての身体ではない。それは，プログラムで組成された監視映像のなかで不安と恐怖とによって作り上げられた身体であり，誰かに似ているが誰かの分身や分裂したイコンとしての身体なのである。このイコンとしての身体は，私たちにとってやはり理解不可能なものであり，さらに不安や恐怖を高めていくであろう。そして私たちは知らぬ間に，自らもまた不安と恐怖の対象となる分身になるのである。

テレビと監視カメラからなる多重の映像を見た瞬間，私たちが直観的に覚える不安や恐怖とは，このようなことなのである。安全と防犯，監視そして管理のさらなる強化という目的で，現在の日常生活のなかで監視カメラや監視映像がますます増大し遍在化している。実際のところ，犯罪の抑止に対する監視カメラや監視映像の有効性については，絶対的な裏づけがあるわけではない。そして何よりも，監視カメラや監視映像の遍在化は，これらの映像がもつノイズ的視覚世界を，かつてないほどに増殖させることにほかならない。よって，なおざりになった不安と恐怖とが，そして底知れぬ不安と恐怖とが私たちの日常生活のいたるところに存在することになるのである。

●読書案内●
①トム・ガニング「個人の身体を追跡する──写真，探偵，そして初期映画」加藤裕治訳，長谷正人・中村秀之編訳『アンチ・スペクタクル──沸騰する映像文化の考古学(アルケオロジー)』東京大学出版会，2003年。
　　近代において個人のあり方が急激に変化するなかで，写真や映画といったテクノロジーがどのように個人を分散し再構築するのか，この問いかけへの回答を司法写真や初期映画の細やかな分析を通じて明らかにしていく。
②ポール・ヴィリリオ『戦争と映画──知覚の兵站術』石井直志・千葉文夫訳，平凡社，1999年。
　　写真と映画といった映像テクノロジーは軍事に関わるテクノロジーと同調したかたちで展開していった。これらのテクノロジーの本質的な側面を明らかにしつつ，それらの交錯を介して20世紀における知覚の変容の歴史をたどっていく。
③ケヴィン・ロビンス『サイバー・メディア・スタディーズ──映像社会の〈事件〉を読む』田畑暁生訳，フィルムアート社，2003年。
　　20世紀終わりの映像テクノロジーの飛躍的な進展は，人びとのこころや意識，知覚と現実にどのような影響を与えたのか。ポール・ヴィリリオが論じた知覚の変容をさらに時代を新たにしたかたちで明らかにしていく。
④東浩紀『情報環境論集──東浩紀コレクションS』講談社，2007年。
　　2000年代に入り，日本社会は一挙に情報環境と化してきた。このような環境のなかで私たちは新しいかたちで管理され制御されていく。そのとき個人の権利やプライバシー，そして表現はどのように変容するのか，その問いをさまざまな事例分析を通じて明らかにしていく。

───── 松谷 容作◆

第11章
人類学における映像文化

レヴィ＝ストロース『ブラジルへの郷愁』より（ケ・ブランリ美術館所蔵）

　一般に，「人類学における映像文化」といった際に想定されるのは，写真や映画，あるいはデジタル化された撮影機材を用いた映像までを含む，人類学という学問領域で使用されるさまざまな映像メディアのことだろう。映像は，人類学者が調査対象となる文化や生活習慣のありようを記録する際に重要な役割を果たしてきた。あるいはそうして撮影された映像は，人類学的な分析や考察のためのデータとなり，またその成果を公開し，プレゼンテーションするための手段となってきた。こうした意味での映像と人類学の関係は，フィールド調査において映像や視覚的資料をいかに利用し分析するか，という方法論的な課題を映像社会学，視覚社会学（visual sociology）とも共有している。本章では人類学の歴史を振り返りつつ，あくまで映像文化史の視点から，人類学と映像の関係について考えていきたい。

1 映像と人類学のまなざし

● 初期の実践者たち

黎明期の映像と人類学——「異文化」の発見

　15世紀に始まった大航海時代は，ヨーロッパにとって，自分たちとは異なる文化と事物を「発見する」契機となった。「民族学（ethnology）」と後の「人類学（anthropology）」は，こうして発見されたヨーロッパにとっての「他者」と，その文化や生活様式を説明するために生まれた学問であるという側面をもつ*。しかし，たとえばそれに先立って書かれたマルコ・ポーロの『東方見聞録』が，オリエントについての事実と伝承，空想が綯い交ぜになった物語であったように，また16世紀から17世紀に異国で発見された珍奇な物品の数々をコレクションした「驚異の部屋」が，きわめて雑多なモノが犇めき合う空間であったように，当時の異文化へ向けられた好奇の視線は未だ人類学のそれではない。科学としての人類学は，外界の事物の特徴を体系的に観察し，分類し，記述する博物学的な知が浸透していく18世紀から19世紀にかけて準備されていく。

　その意味では，パリ民族学会の設立（1839年）とロンドン民族学会の創設（1843年）が，最初期の写真であるダゲレオタイプの発表（1839年）やカロタイプの公開（1841年）と同時期であることは驚くにあたらない。映像と人類学はともに，外界を観察し，それを記録するための科学的な探求のプロセスのなかで，その姿を整えてきた。事実，写真と映画は，誕生してすぐに人類学へ導入されている。科学的な方法としての人類学の模索において，映像はさまざまな「民族」の身体的特徴や行動を計測し，比較するために用いられたのである。

　しかしながら，黎明期の映像を用いた身体の計測や文化の記録は，当時の社会進化論的な発想と結びつけられることで，それぞれの文化の特徴を，ヨーロッパを頂点とする「野蛮」「未開」から「文明」へという発展段階に位置づけることへ利用されていく。これに対し，アメリカの人類学者フランツ・ボアズは西欧中心の文化の序列化を批判し，文化的価値の相対性と異文化を内在的に理解することの重要性を説いた。こうしたボアズによる主張以降，人類学における映像にもまた，文化相対主義的な視点が取り入れられていく。この時期の

映像と人類学の関係を考えるうえで重要なのが，ともに1922年に公表されたブロニスワフ・マリノフスキの『西太平洋の遠洋航海者』における写真の利用と，ロバート・フラハティによって制作された映画『極北のナヌーク』，そしてマーガレット・ミードとグレゴリー・ベイトソンによって1942年に発表された『バリ島人の性格——写真による分析』である。

参与観察と記録——マリノフスキ『西太平洋の遠洋航海者』

ポーランドのクラクフ出身の人類学者ブロニスワフ・マリノフスキは，1915年から1918年にかけてニューギニア北東部のトロブリアンド諸島でフィールドワークを行った。マリノフスキの調査は，とくに現地で行われていた首飾りと腕輪を物語や伝承とともに贈与しあう「クラ交換」に注目するもので，その成果は1922年に『西太平洋の遠洋航海者』としてまとめられた。この報告は同時期にフランツ・ボアズによって調査された北アメリカ太平洋岸の「ポトラッチ」の儀式の報告とともに，マルセル・モースの『贈与論』の基礎となり，同時代の社会科学にも大きな影響を与えたことで知られる。

マリノフスキはこの記念碑的な調査において，「参与観察」の方法を取り入れ，その後の人類学における調査法の基礎を築いた。ここで重要なのは，マリノフスキがフィールドノートを書き，聞き取りを行うだけでなく，携帯したカメラによって1000枚以上の写真を撮影したことである。そのうち75枚の写真が『西太平洋の遠洋航海者』に収録された。たとえば，マリノフスキは，「部族間で広範に行われる交換の一形式」としての「クラ」を，写真を参照しながら以下のように説明している（図11-1）。

> 一つの品物は，つねに時計の針の方向に回っている。すなわち，ソウラヴァと呼ばれる赤色の貝の，長い首飾りである〔写真11〕。逆の方向には，もう一つの品物が動く。これは，ムワリという白い貝の腕輪である〔写真12〕。
> 　これらの品物はそれぞれ，閉じた環のなかを動いていくあいだに，種類の違ういろいろな品物とであい，つねにそれらと交換されていく。（マリノフスキ 2010: 121）

図 11-1　マリノフスキ『西太平洋の遠洋航海者』より，クラで交換される腕輪と首飾り

　ここでマリノフスキは，写真を自らの調査の記録のために用いているだけではない。撮影した写真から取捨選択を行い，調査報告を補足し，読者の理解を助けるように再構成して写真を提示しているのである。実際に『西太平洋の遠洋航海者』を一読するとわかるとおり，それは学術的な調査報告であると同時に，前提知識のない読者であっても，ニューギニア諸島やクラなど現地の習俗を理解できるように描写と構成，そして写真や地図などの視覚資料の提示に工夫が凝らされている。したがって，『西太平洋の遠洋航海者』において，写真は調査対象を記録するためのデータであり，同時に，調査結果に考察を加え体系化した民族誌を構成する要素でもあるのだ。

ドキュメンタリーと再現——フラハティ『極北のナヌーク』

　一方，地質調査や測量を行う探検家であったロバート・フラハティによって，1920年から翌年にかけて撮影され，1922年に公開されたのが映画『極北のナヌーク』である。フラハティは1910年からカナダ北東部で鉱物資源の調査のために探検を繰り返し行っていた。その際，ガイドとして同行した現地のエスキモーの生活に触れ，その撮影を行うようになり，その後スポンサーを得て本

格的な映画制作に着手することになったという。フラハティはエスキモーのハンターであるナヌークの生活に焦点を当て，映画を完成させる。『極北のナヌーク』はフランスのパテ社により劇場公開され，そのピクチャレスクな表現力もあいまって，商業的な成功を収めることになった。

しかしながら，フラハティの映画制作の方法は，マリノフスキのような参与観察の記録のための撮影とは大きく異なっていた。フラハティは撮影したフィルムを事前にナヌークたちの前で試写することで，彼らの意見を取り入れ，次の撮影を行ったのである。ナヌークたちと信頼関係を築いたフラハティは，しばしば彼らに演技や演出を施し，当時すでに失われた習慣についても彼らの協力を得て再現，撮影している。科学としての人類学を重視する立場からすれば，アマチュアであるフラハティが演出や再現を交えて撮影した映像は，資料としても信頼性に乏しいものとされるだろう。

にもかかわらず，『極北のナヌーク』が映像人類学やドキュメンタリー映画の起源の１つとして繰り返し参照されるのは，フランツ・ボアズやジャン・ルーシュなど多くの人類学者によって高く評価されてきたからである。ボアズは，失われつつあるエスキモーの文化を記録した『極北のナヌーク』を最大限評価しつつ，以下のように述べたという。「エスキモーの生活を細部まで知悉した人類学者が，『ナヌーク』のようなフィルムを撮ることができたならば，土着民の生活のなかの数多くのきわめて絵画的でかつ興味深い諸側面がわれわれの前に明らかになったであろう」（今福 1999: 21）。

ここでボアズの評価は，いささか捩れている。なぜなら『極北のナヌーク』はある意味，再現や演出など人類学者が回避してきた手法を取り入れたからこそ，失われつつある文化の姿をピクチャレスクで生き生きとした映像によって記録するという，人類学的な映画製作の１つの理想像に合致することができたのである。人類学者によって撮影された映像は，しばしば表現としては単調で，「きわめて絵画的でかつ興味深い」映画からはほど遠かった。『極北のナヌーク』によって喚起された，記録か再現か，科学か芸術か，という問題は，以降も人類学と映像の関係についてまわることになる。

映像による人類学——ベイトソン／ミード『バリ島人の性格』

　グレゴリー・ベイトソンとマーガレット・ミードは 1936 年から 2 年間にわたり，バリ島の山村で共同調査を行った。このときミードはすでに『サモアの思春期』を上梓した著名な人類学者であり，一方『精神の生態学』をのちに著すベイトソンはまだ最初の単著を準備中であったという。この調査の成果は，1942 年に『バリ島人の性格——写真による分析』と題された共著にまとめられた。これはミードが自ら「実験的かつ革新的」と評したとおり，800 枚近い写真を中心に据えた報告であり，映像による人類学の試みとして画期的なものだったといえるだろう。ミードは，言葉による記述の限界と写真の利点について，以下のように述べている。

> ことばで表現するとなると，どうしても文学的になりかねない文体上の工夫を使うか，生の場面を解剖するように分析した結果，ひからびた事項だけが残るようになるかのどちらかになってしまう。しかし，写真を使えば一つ一つのふるまいの全体像はそこなわれないし，特別にほかの箇所を参照するのがのぞましいのであれば，一連の写真を同じ頁に配置すればいい。
> （ベイトソン／ミード 2001: 9）

　マリノフスキの『西太平洋の遠洋航海者』が，あくまで文字による記述を補うものとして写真を使用していたとすれば，『バリ島人の性格』は副題に「写真による分析」と明言されているように，豊富な写真を分析の中心に据え，それを言葉が補い，解説するという構成になっている。これは調査の段階から，ミードがフィールドでメモをとり，ベイトソンがその傍らで撮影を行うという緊密な協力関係の確立によって可能になった。ベイトソンはバリで過ごした 2 年の間に，総計 2 万 5000 枚にも及ぶ写真を撮影した。そしてバリからアメリカに戻ると，この膨大な数の写真から作成したスライドを 1 枚ずつプロジェクターで投影，そこから取捨選択した 4000 枚を引き伸ばしてプリントした後，最終的に書籍に採用する 759 枚の写真を選んだという。

　しかしながら，『バリ島人の性格』における写真の使用が「実験的かつ革新的」といいうるのは，たんに掲載された写真の数が多いからではない。『バリ

図11-2 ベイトソン/ミード『バリ島人の性格』より,「ダンスでの手つき」

第11章 人類学における映像文化

島人の性格』には,当時フォト・ジャーナリズムで用いられた組写真の手法が取り入れられていたのである。ミードはそれを「相互に関連のある写真を隣り合わせに配置することにより,文化的に標準化されたふるまいのさまざまに異なる型のあいだにある,容易にはつかみにくい関係を詳述する新しい方法」と説明している。フィールドで撮影された1枚の写真は,具体的な場所と日付をもった,個別的な記述である。しかしそれを組写真の手法によって,複数の写真をカテゴリー化あるいは比較することで,それがバリにおいて典型的で,ある程度一般化可能な文化の型であることを示すことが可能になる。こうして759枚の写真は共通するふるまいや習俗ごとに,100組の組写真にまとめられた(図11-2)。

さらにベイトソンは,写真に加え,2万2000フィートもの16ミリフィルムを撮影していた。ベイトソンによれば,動きが激しい行為については動画で撮影し,比較的動きが乏しいものについてはスチルで撮影するという選択を行っており,「スチル写真と映画のフィルムがたがいに『補完しあって』,バリ島人のふるまいについての私たちの記録の全体を構成するものとした」(ベイトソン／ミード 2001: 44)という。したがって,ベイトソンとミードは,『バリ島人の性格』および調査過程で撮影されたフィルムを含め,写真と動画,そして文字による解説を,それぞれのメディアの特性を踏まえたうえで組み合わせ,相互に補完するような形で記録と分析を行ったのである。

2 人類学における映像の位置

●記録と再現,科学と芸術の間で

研究資料としての映像――ルロワ゠グーランと身ぶりの記録

フィールドの記録として,あるいは成果の報告のために,人類学における映像の利用が広がると,その位置づけや方法についての議論も活発になる。映像についての議論にはいくつかの方向性があるが,ここでは第2次世界大戦後の40年代後半から70年代にかけて民族学者・人類学者によって行われた議論のなかから,アンリ・ルロワ゠グーランとマーガレット・ミード,そしてジャン・ルーシュによるものを紹介したい。

フランスの人類学者・先史学者であるアンリ・ルロワ゠グーランは，人類学における映像の使用の広がりに対応するため，1948年にパリ人類博物館において第1回民族誌フィルム会議を開催し，民族誌映画を以下の3項目に分類した。すなわち，①科学的な記録のみを目的とした研究用映画およびフィルム，②旅行などを記録した公開記録映画，③社会集団の状況を収めた映画，である（大森 1998: 238）。

　まず，ルロワ゠グーランは人類学者によって撮影された記録映画を挙げ，これをフィールドでの調査の記録と，そのあとに公開することを目的として企画・編集された記録映画作品に分けている。またルロワ゠グーランは，人類学者によって撮影された映像だけでなく，一歩踏み込んで，劇場公開された記録映画や劇映画であっても，場合によっては人類学の研究に役立てることができるとしている。こうした映画は人類学者によって撮影されたわけではなく，また科学的な配慮がなされているわけでもない。しかしながら，ルロワ゠グーランによれば，人びとの身ぶりやその土地の習俗などが正確に描写されていれば，フィクショナルな劇映画であっても，人類学の研究に役立つ映像資料となるのである。

　しかしながら一方で，この時期の人類学において主流となったのは，あくまで文字によって記録されたフィールドノートを緻密に分析することを重視する立場であった。もちろんフィールドで人類学者はつねにカメラを携帯，撮影し，その映像をもとにした分析を行っていた。しかし，多くの人類学者にとって，映像はあくまで文字による記録の補助手段に留まるものでしかなかったのである。

「言葉の学問」への批判――マーガレット・ミードと映像による人類学
　映像を補助手段に留めることで，「言葉の学問」と化していた人類学の現状に異義を唱えたのが，マーガレット・ミードである。『バリ島人の性格』において写真を中心とする分析を行ったミードは，映像による人類学の可能性に対して大きな期待を寄せる1人であった。1973年にシカゴで開催された第9回国際人類学・民族学会議において，学会史上はじめて映像人類学 Visual Anthropology 部会が設けられ，マーガレット・ミードの発案により，映像によ

る失われた文化の記録が最重要課題として取り上げられたのである。この部会に提出された論文において，ミードは強い語調で，人類学の現状に疑義を唱えた。

> つぎからつぎへと，大学の学部や研究計画が撮影をとりいれずに，まったく絶望的なまでに適切とはいいかねる，昔ながらのメモをとる方法に固執しているのだ。その一方では，フィルムがとらえ，幾世紀にもわたって保存しておくことが可能であると思えるような，行動が消え去っていく……。それも，みなの目の前で消え去っていくのだ。なぜだろう。いったいなにがうまくいっていないのだろうか。（ミード 1979: 5）

ミードによれば，民族誌が言葉に依存するようになり，「言葉の洪水ぜめ」の状態となった頃に，一方では，人類学が一科学として円熟を始めていた。しかしこの円熟期にあっても，たとえばレヴィ＝ストロースは，口承の原文を文字に移して記録した神話と民間伝承を分析の中心に据えたのである。ミードによれば，「人類学は言葉の学問となった。そして，言葉に依存してきた人たちは，後輩たちが新しい道具類に手を出すことを非常に嫌ったのだ」（ミード 1979: 5）。

ミードの見立てでは，しばしば「民族誌フィルムは立派な芸術作品となるべきだという法外な要求」もまた，抑制的に作用してきたという。映画の芸術性に人類学者は気をとられすぎであり，編集されていないロング・ショットによる記録を重視すべきなのである。「平凡ではあるが，統制され，組織立ったフィルムやビデオ」「適切な方法で収集し，注解をつけて保存してあるフィルムや録音の資料」であれば，人類学にとって繰り返し再分析することが可能な資料となりうる（ミード 1979: 11-12）。したがって，文字での記録と映像の芸術性に拘泥するばかりにプラグマティックに映像を取り入れず，失われていく文化を記録する機会を逸していく現状を，ミードは「ひとつの学問としての醜いほどの怠惰」と痛烈に批判している。

民族誌映画の創造——ジャン・ルーシュと「シネマ・ヴェリテ」

　これに対し，同じ Visual Anthropology 部会において，あくまで研究者自身によって制作された民族誌映画を重視する立場を示したのが，ジャン・ルーシュである。ルーシュによれば，1930 年代以降の映画の産業化と大戦の影響により停滞していた民族誌映画は，戦後に新しい段階に入った。戦時中から戦後に行われた技術開発により，正確で軽量，頑丈な 16 ミリの撮影装置が導入され，また 50 年代初頭には最初のポータブル・テープレコーダーが登場した。これにより機材は大幅に軽量化，小型化し，持ち運びが容易になったのである。このことが映像の「新しい言語」を発明したのだという。

　「ショット，サウンドトラック，光電池，多数の付属品や，古典的映画にはつきものの技術者たち」を手放すことができた人類学者は，小型になった装置によって，被写体と新たな関係を結ぶことができる。このことが，撮影者と被写体の相互作用を可能にし，カメラが介入することで，両者の関係を変化させ，表層に隠された「真実」を映像に露呈させる「シネマ・ヴェリテ」を可能にするのである。こうした視点をもつルーシュにとってもっとも重要なのは，資料として断片的な映像を記録することではなく，人類学者自らがフィールドで撮影を行い，民族誌映画の制作を行うことであった。

> 私にとって唯一の撮影方法は，カメラを持って歩き廻り，最も効果的な場所にもっていって，写されている人と同じような生き生きしたカメラの動きを即座につくることである。これがヴェルトフの「映画の眼」についての理論と，フラハティの「参加するカメラ」の理論との最初の統合である。
> （ルーシュ 1979: 86-87）

　ルーシュ自身は主に西アフリカをフィールドに，人類学の調査と撮影を行い映画を制作した。民族誌映画だけでなく，劇映画や現地の人びとに即興で演技をさせた作品などもあり，人類学者が撮影した映像のなかでは実験性，芸術性が高い作品で知られている。また「シネマ・ヴェリテ」のほか，憑依儀礼の撮影経験から構想された，撮影者がカメラ，被写体に憑依するように撮影する技法を「シネ＝トランス」と名づけ，独自の映像＝人類学理論を築いた。シュル

レアリスムに関心をもち，ヌーヴェルヴァーグの映画にも影響を与えたルーシュの理論と実践は，現在の人類学者や映像作家にも影響を与え続けている。

ミードやルーシュの尽力により，第9回国際人類学・民族学会議において，民族誌映像の撮影，収集，保存，配給や教育の推進，地域ごとのアーカイブの設立の提案などを含む「映像人類学に関する決議」が採択された。1975年にはアメリカのスミソニアン博物館に人類学フィルム・アーカイブの設立が決まっている。こうしたアーカイブの整備は映像を用いた研究の推進につながるだけでなく，「映像の資料の実証性，行われている行動のサンプルを採取する術策，情報の分析やコンピューターによるコード化の技術，映像記録の永久保存のための最高の科学技術というような諸問題」(ホッキングズ／牛山編 1979: viii)を検討するために，映像人類学の議論を促進したという。

3 映像と文化の詩学／政治学

● 方法論的・認識論的な課題

表象の危機と映像――批判的人類学とまなざしの政治学

1980年代になると人類学はパラダイムシフトを迎える。1970年代までにレヴィ＝ストロースの構造人類学，クリフォード・ギアーツの解釈人類学を経過し，レイモンド・ウィリアムズの文化の社会学，そしてエドワード・サイードのオリエンタリズム批判を受容した人類学の新しい潮流は，「人類学」という学問の枠組みそのものを批判の対象としていく。「批判的人類学」とも呼ばれたこの流れのなかで1つのターゲットとなったのが，マリノフスキ以来人類学の基礎となってきた「民族誌」という方法であり，そのなかで映像の位置もまた問い直されていった。

人類学批判の急先鋒を担ったジェイムズ・クリフォードは，1986年の『文化を書く』において，民族誌という方法に内在する諸問題を論じる際に，マリノフスキの『西太平洋の遠洋航海者』に掲載されなかった1枚の写真を取り上げている。

ブロニスラウ・マリノフスキーの『西太平洋の遠洋航海者』には，キリウ

図 11-3　調査中のマリノフスキの写真

ィナンの住居に囲まれた民族誌学者のテントの写真が誇らしげに載っている。しかしテントの内側は公開されていなかった。ところが，テントの内で神妙にポーズをとって机で書きものをしている自分を撮った写真があった。……この注目すべき写真は二年前（1983年）にようやく出版された。この写真は，彼の時代を写し出すためのものではない。私たちの時代の「記号」である。（クリフォード 1996: 2-3）

　クリフォードによれば，民族誌を「書くこと」は人類学者にとって中心的な行為だったにもかかわらず，長らく透明なものとされ，論じられてこなかった。しかしながら，文化を記述することはそれ自体が複雑に構築されたプロセスであり，人類学者は民族誌を書くことで，フィクションと同様に「民族誌的真実」を創り出しているのである。そしてエドワード・サイードが『オリエンタリズム』で論じたように，西洋近代の知である人類学の記述もまた，植民地主義による支配下でオリエントをはじめとする調査対象を「未開」で「劣った」他者として表象し固定していく，きわめて政治的なプロセスであった。
　人類学において「文化を書くこと」が問題化されるなかで，民族誌だけでなく，「異文化の表象」としてのミュージアムの展示やコレクション，そして映

像もまた同様の反省を迫られることになる。『文化を書く』と同じ1986年，『文化批判としての人類学』のなかで，ジョージ・マーカスとマイケル・フィッシャーは人類学における映像について，以下のように述べている。

> 現在民族学的映像を撮ろうとする者は，映像とは書かれたものとまったく同じように一個の構成されたテクストであることにはっきりと気がついている。だから民族誌学的映像を撮ることは，民族誌を書くことと同じ問題を提示するのである。つまり，語り方や焦点，編集や反省といった問題である。（マーカス／フィッシャー 1989: 148）

近代批判やポストコロニアリズムを経過した人類学において，フィールドの事実の記録として，また民族誌の記述に客観性を与える資料として使用されてきた写真や映画もまた，事実の透明な記録媒体としては扱えなくなる。人文科学を襲った「表象の危機」と人類学批判，ポストコロニアリズムの波のなかで，人類学における映像の位置づけは，その政治性，構築性に対する反省を迫られることになったのである。

芸術と人類学の境域──民族誌的シュルレアリスム

批判的人類学のなかで，民族誌がある種のフィクションであり，構築された「部分的真実」であることが明らかにされていくと，その構築プロセスの政治性や非対称性が批判されることになった。その一方で，こうした批判を乗り越えるために，オルタナティヴな民族誌の方法を探る動きも活発化する。たとえばマーカスとフィッシャーは，従来の民族誌に変わり，写実主義への抵抗として生じたモダニズム文学を参照することで新しい記述の方法を模索している。彼らの掲げる「実験的なモダニスト民族誌」は，シュルレアリスムやポスト構造主義文学理論からも影響を受けながら，文学や芸術に接近していく。

またジェイムズ・クリフォードは1988年の『文化の窮状』のなかで，「アヴァンギャルド芸術や文化批評と連帯した民族誌」を取り上げ，この潮流をより詳細に論じている。クリフォードによれば，人類学とモダニズムは近代の文化状況のなかで内在的な連関を有しており，とりわけ両大戦間期のフランスにお

図11-4 『ドキュマン』2(4), 1930年

ける民族誌とシュルレアリスムの関係にそれが現れている。アンドレ・ブルトンのシュルレアリスム宣言（1924年）とマルセル・モースらによる民族学研究所の設立（1925年）の同時代性，シュルレアリスム運動から人類学に転じたミシェル・レリスの存在，モースの『贈与論』とジョルジュ・バタイユの『呪われた部分』の関係，『ドキュマン』誌における芸術＝人類学的で領域侵犯的な試み（図11-4）などを取り上げながら，クリフォードは以下のように述べている。

> フィールドワーカーが見慣れぬものを理解できるように努力する態度とは対照的に，〔シュルレアリストたちは〕逆方向の作業へと，すなわち慣れ親しんだものを見慣れないものにするという傾向を持っていた。対照が生みだされるのは実際，慣れ親しんだものと見慣れぬものとの持続的な戯れによってであるが，民族誌とシュルレアリスムとがそれを構成する二つの要素なのである。（クリフォード 2003: 156）

クリフォードによれば，近代の文化状況は，見慣れぬ文化を理解しようとす

第11章 人類学における映像文化　209

る民族誌的傾向と，慣れ親しんだ文化を未知のものへ変えるシュルレアリスム的傾向の2つの極の間の戯れによって構成されてきた。クリフォードはこの2極が交錯する場所，芸術と人類学との境界領域を「民族誌的シュルレアリスム」と呼び，そのユートピア的な構築物のなかに，「芸術と科学の制度的定義を茶化し再混合する」働きを見出すと同時に，「未来の文化分析の諸々の可能性」を託したのである。こうした芸術と人類学の接近は，民族誌的な映像制作の現場にも影響を与えていく。

映像＝人類学以前への遡行——フィオナ・タン『ディスオリエント』
クリフォードらによって人類学が芸術へと接近する一方，現代美術の実践もまた人類学へと接近しはじめる。美術批評家のハル・フォスターによれば，1990年代にコンテンポラリー・アートは「民族誌的転回」を経験した。他者表象の問題や揺らぎつつある近代の文化状況，作品の置かれた文脈を批判的・批評的に捉えるアーティストや批評家の間で，人類学の理論と実践が参照され，大きな影響を与えたのである（Foster 1996）。

中国系インドネシア人の父とオーストラリア人の母の間に生まれたフィオナ・タンもまた，民族誌的転回以降のコンテンポラリー・アートの文脈に位置づけられることの多い映像作家である。インドネシアからオーストラリア，ドイツへと移住し，現在はオランダで暮らすフィオナ・タンは，初期の作品において，人類学で使用されたフィルムの断片を再構成して映像制作を行っている。また1997年に発表された『興味深い時代を生きますように』は，世界中に散在し，それぞれ異なった文化状況を生きる自身の親戚を訪ねる様子を撮影したドキュメンタリーで，特定の国民国家や文化的アイデンティティに根ざすことがない，ポストコロニアルな主体性を描く映像作品として注目を集めた。一方，無数の風船によって空中を浮遊する自身の姿を写した『リフト』（2000年，東京都写真美術館蔵）は，ポストコロニアリズムの文脈を超えて，激しい流動性のなかで不安定に漂う私たちの肖像であり，またより根源的な飛翔や自由への夢とその寄る辺なさの感覚の象徴である（図11-5）。

2009年にヴェニス・ビエンナーレで発表された『ディスオリエント』は2面のスクリーンを用いた映像インスタレーション作品である（図11-6）。一方

のスクリーンにはマルコ・ポーロの『東方見聞録』からの断片的な引用のナレーションがつけられ，およそ700年前の彼の旅をたどるように，しかし現在のアジア・中東の映像が投影される。もう一方のスクリーンでは，異国から持ち寄られた種々の工芸品，動物の剥製，彫像，宝飾品などが並べられた「驚異の部屋」にも似た空間が映し出されるが，時折そのなかにテレビや観光地の土産物が並んでいることで，それが現在において構築された虚構の空間だとわかる。

タイトルの Disorient＝方向喪失／dis-Orient＝非‐東洋という二重性は示唆的である。『ディスオリエント』は，『東方見聞録』という映像と人類学がともに成立する以前の，事実と虚構，想像と観察とが綯い交ぜになった異文化の記述へと遡行し，しかもそれを現在のデジタル環境下で幾重にも再構成することで，空間的な差異や歴史的な懸隔を2つのスクリーンのはざまで見失わせる。それは映像と人類学の歴史を，近代のまなざしを解体し，その断片を分離したまま共在させる。「私の作品は眼差しを扱っています。それは非常に単純かつ明瞭ですので，わざわざ言う必要もないかもしれませんが，言っておくべき本当に基本的なことだというのもたしかなことです」（タン 2013）。それは映像による人類学への批評であり，批判的人類学以降の視点の映像への導入でもある。

黎明期の映像＝人類学の実践，確立期の写真や映画の利用法をめぐる模索，あるいはポストコロニアリズムにおける人類学批判，コンテンポラリー・アートにおける民族誌的転回を経過して，映像と人類学の関係は変化を続けてきた。1980年代以降のデジタル化と多様な映像のテクノロジーの導入は，また別の

図 11-5　フィオナ・タン『リフト』
(Courtesy Wako Works of Art)

図11-6 フィオナ・タン『ディスオリエント』(Courtesy Wako Works of Art)

変化をもたらしつつある。デジタル・アーカイブの整備による過去のフィルムの利活用やビッグデータの扱いの問題，現地の映像文化に介入する応用人類学の試み，あるいは視覚中心主義への批判から多感覚的な記述に対応する人類学が模索されるなかで，映像は相対化され，また新たに見出されつつある。映像＝人類学は近代的な科学と映像の結びつきの先に，今後，何を見出していくのだろうか。

* 本稿では，民族学（ethnology）や民族誌（ethnography）を含む総称として人類学（anthropology）を用いる。しかし引用や歴史的な用語などの場合には，適宜，前二者も使用している。

●読書案内●
①東松照明『太陽の鉛筆』毎日新聞社，1975年（新編は，赤々舎，2015年）。
　　返還前後の沖縄に長期滞在し，基地と占領の影響を記録した東松は，むしろ「アメリカニゼーションを拒みつづける強靱かつ広大な精神の領域」を発見していく。宮古島，八重山の風土や植生から，東松は映像によって，台湾，ジャワ，

ニューギニア,バリへと連なる南方文化圏を浮上させる。

②石川直樹『POLAR』リトル・モア,2007年。

　登山家,探検家としてスタートした石川がカメラを向けるのは,雪と氷に覆われた北極圏の生活である。アラスカ,グリーンランド,ノルウェーの極北の大地から,石川は狩猟と漁労,動物との共生,儀礼や神話をゆるやかに共有する,環状に広がる北極圏の豊かなネットワークを見出していく。

③都築響一『TOKYO STYLE』筑摩書房,2003年。

　90年代東京の居住空間から,都築は時代の空気感を切り取っていく。そこには生活者が不在で,ただ無数のモノの集積と生活の痕跡があるばかりだが,それがかえって都市の無意識を浮かび上がらせる。身近な生活のなかに潜む「異」なるものを切り出す手法は,民俗学者の視線にも近い。

④クロード・レヴィ＝ストロース『ブラジルへの郷愁』川田順造訳,中央公論新社,2010年。

　『悲しき熱帯』のもとになったブラジルでの調査で撮影した写真をまとめた写真集。60年近い時を経た写真は,レヴィ＝ストロースに空白と欠如の印象を与えたという。構造人類学の明晰な論理体系は,このあいまいな断片を排除したところに成り立っていたのかもしれない。

第4部

呪術としての映像文化

第12章　スターという映像文化
第13章　心霊現象という映像文化
第14章　アニメーションという映像文化

第12章

スターという映像文化

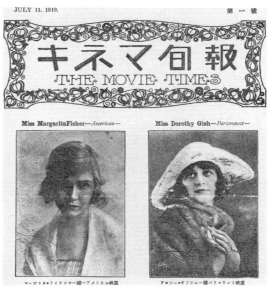

『キネマ旬報』創刊号（大正8年）（キネマ旬報社提供）

　私たちは映画やテレビ，グラビア誌や写真などの映像を通して，スターやアイドルに一方的に憧れの感情を抱き，熱狂する。こうしたコミュニケーションは，実はとても奇妙なものだ。というのも通常，コミュニケーションは相互承認の行為だと私たちは考えている。しかし逆に，スターが相互承認できない映像上のバーチャルな存在であるからこそ，私たちはスターに魅力を感じるからだ。しかし，近年，映像テクノロジーなどの進展によって，スターやアイドルと私たちの関係は大きく変容しつつある。こうしたスターをめぐる映像文化の変容は，私たちに対して，どんな意味をもっているのだろうか。

1 スターという存在の不思議さ

スターと私たちの非対称な関係

　スター（あるいはアイドル）とは不思議な存在ではないだろうか。近年では，「会う」ことがアイドルの条件にもなっていたりするが，ほとんどの人は，まずその出会いとして映画やテレビ，インターネットなどの映像を介したバーチャルな存在としてスター（アイドル）と出会うだろう。不思議な存在といったのは，私たちはそうした（生活のなかではほとんど出会わない）映像のなかのバーチャルな他者に対して，一方的に憧れの感情を抱いたり，熱狂してしまったりするからである。このような非対称な関係性は，日常生活のなかではあまりない。あるいはそうした存在が日常生活にいれば，その人物が「学校のスター」と呼ばれたりするだろう。

　私たちは通常，自分にとって重要な他者とは，密接なコミュニケーションをとり，互いに認め合うような存在でなければならないと考えている。このとき，大きな役割を果たすのは「見る」ということである。佐藤忠男（2007）は家族や地域社会に住む人びとが各種の儀礼を通して，互いに見たり，見られたりすることを繰り返してきたと指摘する。というのも，そのような親密な人同士が互いに「見る」「見られる」ことによって，人は自分が尊重されているとか，祝福されているという意識を形づくるからである。たとえば結婚式はその1つの例であろう。新郎新婦を，両親や親族，友人らが「見る」ことで祝福し，また新郎新婦はそこで「見られる」ことで，晴れがましさを感じ，自らが肯定されていると感じる。このように人びとは，互いに「見る」「見られる」ことで，互いを承認してきたのである。

　しかし，スターはファンや観客との関係において，こうした互いに「見る」「見られる」という関係性をもたない。その関係性はファンや観客が一方的にスターを「見る」という，圧倒的に非対称なものだろう。スターは「手の届かないような超然とした存在としてメディア空間の向こう側で輝く」のであり，ファンや観客が一方的に「見る」ことで「一方的に承認する喜び（そして自分が承認されない喜び）」にいたるのである（長谷 2005）。つまりスターを一方的に

崇拝するが，自分（ファンや観客）はまったく承認されない。だが，それ自体が喜びであるような関係が，スターと私たちとの関係なのである。

こうした関係をフランスの社会学者であるエドガール・モラン（1976）は「崇拝的な愛」と指摘する。つまり宗教的な神と信者の関係に近似する関係が，スターと私たちの間にはあるというのである。このモランの指摘は一面では正しいが，スターは神や王とも異なる存在である。

というのもスターという存在は，序章でも述べられているようにベンヤミンが論じた映画や写真が引き起こす「アウラ」の凋落，つまり，それまでの社会的現実をはぎ取ってしまう映像のあり方に対して，逆に映像のなかにおいて「アウラ」性を帯びた存在として現れる逆説的な存在だからである。スターは神や王といった存在を支えていた「アウラ」が消失しはじめた近代の時代に，逆に映像のなかで「アウラ」性を帯びた存在として現れたのである。

映画から生まれるスター

モランは映画からスターが生まれたと指摘する。しかし，初期映画の時代からスターが現れたのではなかった。そもそも1900年頃まで，映画において作家や俳優の名前が画面で明らかにされることはまれであった（北野 2001）。その理由として，当時は映画に対して偏見があり，俳優が映画に出演するのを恥じる傾向にあったことや，俳優の人気の高まりで，彼らの出演料が高くなることを制作側が危惧したからではないかといわれている（サドゥール 1995）。いずれにせよ，映画は俳優（スター）に注目した作品制作の体制にはなっていなかった。動く映像そのものが見世物として楽しまれていたり，物語映画であれば描かれる作品内容そのものが注目されていたのである。

しかし，1908年に公開されたフランスの連続映画『探偵王ニック・カーター』におけるニック・カーター役の人物に対して，「初めて人を愛し」てしまい，「あなたの名前をお聞かせください」とファンレターを書いた女性が現れたという（サドゥール 1995）。制作会社も，映画に出演する俳優への人気を無視できなくなっていく。

この手紙は当時の批評誌『シネ・ジュルナル』で公開され，驚きをもって次のように解説されたという。「少し前までは，哀れな犠牲者たちは舞台のスポ

図 12-1　フローレンス・ローレンス（近代映画社『写真で見る外国映画の 100 年 1』24 頁）

ットライトを浴びたドン・ファン役者の眼差しそのものに誘惑されていた。彼はそこに実在していた。だが，今日では，シネマトグラフによって，俳優はどこへでもその魅力的な姿を移動させることができる。ああ！若い娘たちがとりことなるのを見るとは！」（サドゥール 1995）。ここでは，舞台の上の実在する人物の眼差しのとりこになるのではなく，映画（シネマトグラフ）というバーチャルな映像のなかの俳優に魅惑され，かつそれが（どこでも上映されるため）社会的に多くの人びとが「とりこ」となってしまうことへの驚きが記述されている。

　サドゥールがこうした映画と観客の関係を「映画スターの時代が漠然と予告された」と指摘するように，この後，ハリウッドを中心に映画の興行はスターシステム，つまりスターを中心に企画や作品制作が行われ，映画の宣伝もスター中心で行われるものになっていく。スター第 1 号と言及される女優フローレンス・ローレンス（図 12-1）は，マスメディアを利用して彼女の名が大々的に宣伝されたことが，スター第 1 号たる所以であった。

　つまりスターは本編の映画においてだけでなく，映画宣伝におけるポスターやグラビア誌といった大量に複製され流通するイメージとして人びとの前に現れたのである。第 7 章で指摘されているように，スターが社会的に熱狂を産む人物になっていくのは，たんに映画だけでなく，その俳優のイメージを支える各種の写真，ポスター，そしてグラビア誌が必要だったのである。映画のなかだけでなく，社会に広く俳優のイメージが行きわたるマスメディアに掲載された写真の拡散によって，スターは社会的な存在になるのだ。

2 超越的な存在としてのスター

崇拝と憧れ，そして模倣の対象としてのスター

　映画，そして大量に流通する写真といった映像の中の存在として社会に現れたスターは，人びとから熱狂的な崇拝や憧れを獲得する。また崇拝や憧れだけでなく，人びとはスターのファッションや振る舞いを盛んに模倣することになる。

　1920年代，ルドルフ・バレンティノやグレタ・ガルボといったセクシーで理想的な美しさをもつ男優や女優がハリウッドで人びとを魅了していた。たとえばグレタ・ガルボはヨーロッパの洗練された文明のイメージを担い，威厳のある優雅で高貴な雰囲気により，アメリカで絶大な人気を誇った（佐藤 1995）。しかし，彼女はこのイメージを保つため（晩年を除けば），映画のなかやマスコミに対して一切，笑顔を見せることがなかったという。このことは，スターがいかに，スクリーン＝映像のイメージを維持することに注意を払っていたかを示している。

　その後30年代から40年代にかけてハリウッドは黄金時代を迎える（佐藤 1995）。とくに映画は「（アメリカの）理想の男」を演じるスター，たとえばゲーリー・クーパー，クラーク・ゲーブル，そしてハンフリー・ボガートなどが現れる。この年代のスターについてモランは「人生経験の豊かさ」が認められる存在になったと指摘する。それはスターが人びとの生き方のモデルのような存在，模倣すべきような存在になったことを示している。たとえばハンフリー・ボガートのトレードマーク，トレンチコートやタバコの吸い方といった外見性やハードボイルドといった行動原理のようなものを，男性ファンが模倣したのである。

　一方，日本に目を転じると，日本映画はそもそも歌舞伎と密接な関わりをもちながら発展してきた。そのため当初は女性の役も男性の女形が演じていた（つまり女優がいなかった）。日本映画はこうした歌舞伎の流れをもっていたため，時代劇が作品の中心となっていく（こうした歌舞伎の流れを汲むのが旧派，一方現代劇の流れを汲む作品が新派と呼ばれていく）。そこから大河内傳次郎，片岡千恵

蔵，嵐寛寿郎，阪東妻三郎，長谷川一夫，市川右太衛門といった大スターが現れるが，こうした時代劇を支えたのは，そのチャンバラを模倣して楽しむ子どもたち（図12-2）であった（佐藤2006）。

また，戦後の日本の大スターといえば石原裕次郎であろう。「足が長い」という外見的イメージ，「男らしい」タフガイというイメージ，アメリカナイズされたライフスタイルや，華やかなファッション——紺のブレザー，ネッカチーフ，トレンチコート等——のイ

図12-2　チャンバラごっこをする子どもたち（朝日新聞社／時事通信フォト）

メージは，多くの人びとに憧れられ，また模倣される対象でもあった。

こうした1950年代後半の石原裕次郎について，吉田司（1999）は戦前から続く古いモラルを破壊し，新しい生き方を人びとに肯定させていく存在であったと指摘する。石原裕次郎というスターは，戦後の日本の変化を受け入れさせる社会的な役割を担うまでの超越的な存在であったのだ。だが，それを支えたのは，タフガイの役柄と洗練されたファッションを身にまとってスクリーン上とマスメディアに現れた，映像イメージの流通によるものだった。

消費社会とスター

こうしたスターの存在は，しかし，一方で多くの批判も産み出した。その根底にあるのは，スターが映像的存在であることへの異議である。つまり何ら社会的な実質をもたないが，映像上の理想のイメージの提示や，大量のイメージ流通によってスターがつくられてしまうことが批判されたのである。

たとえばダニエル・ブーアスティン（1964）は，スターを含めた「有名人」という存在が，映像を中心としたメディア文化による「疑似イベント」から産み出されたものだと指摘した。

ブーアスティンは「英雄」と「有名人」を比較する。つまり，かつての「英雄」——政治家や軍事的な功労者がその例とされる——は，その「為したこと」の結果として「有名」になった。しかし「有名人」は，「グラフィック革命」，つまり新聞や雑誌，そして何よりも映画やテレビといった視覚メディアからつくりだされた存在であるという。ブーアスティンは，（マス）メディアによってイメージや評判がつくりだされることで，何ら実質をもたない人が，「有名人」として生産されることを批判したのである。

　またスチュアート・ユーウェン（1990）は，映像とスターの関係を消費社会の文脈から批判した。ユーウェンはスターを，人びとに生き方やファッションなどのスタイルを提示する「手っ取り早い偶像」であると指摘する。そこでユーウェンが重視するのは写真（の流通）である。というのも，スターは写真によって存在を知られていなければならない。つまり「知られる＝有名になる」ことが，スタイル（どんな人間になりたいか）を「売れるもの」にするための条件になるからである。

　さらにユーウェンは，人びとが写真によってつくられたスターの「理想（＝嘘）」のイメージと，その写真が「現実（写真は嘘をつかないという思い込み）」に存在するという写真の二重の機能によって，そのイメージ通りに「夢がかなう」と人びとが受け入れてしまうと分析する。

　このようにユーウェンは，人びとが新たな商品やサービスを欲望する際，スターの理想的なイメージ，つまりその映像イメージが模倣対象として利用されているのだと指摘する。スター（の映像）は消費社会の浪費（必要のないものまでを次々と購入する）に，大きく関わっているというのである。

　ブーアスティンやユーウェンが指摘したのは，スターという映像的な存在への疑問であったといえる。つまり本来は，ファンや観客と同じ存在（＝人間）であるはずのスターが，映像の力を借りてそれらと異なる存在であるように見せかけていることを明らかにしようとしたのである。それは，近代の民主的な考え方（すべての人は平等な存在である）からの批判でもあるだろう。つまり民主的な考えからすれば，こうしたスターの位置づけは，映像によって「有名人」となり，また人びとの消費を促進するような「偶像」として，非民主的な存在がつくりだされているようにみえるからだ。

しかし，こうした批判が明らかにしてしまうのは，ある人物が映像として流通することが，なぜそれほどまでに「有名」となり，「偶像」となりえるのかという問いである。ブーアスティンやユーウェンは，映像の「疑似アウラ」性を批判する。しかし，そのような指摘は，人びとが映像を介するスターに自分の理想をみたり，また模倣の対象としてしまうような，映像が引き起こす「アウラ」性の存在が，実は近代社会においても広く存在することを明らかにしてしまうのである。

憎しみの対象としてのスター

ここまでスターへの崇拝や憧れについて記述してきた。しかし逆に，スターがきわめて激しい憎しみの対象になることがある。スターは一方的に「見られる」という超越性のなかで輝いている。しかし，そうした超越性が，神や王ではなく，通常の人間がもつということに対して憎しみが生じるといえる。つまり，「見る」「見られる」の非対称は時に，きわめて大きな憎しみやフラストレーションを人に感じさせる場合があるのだ。

スターが憎しみの対象となり，実際に暴力を振るわれた事件は数多く存在する。たとえば昭和を代表する歌謡界のスターである美空ひばりは，1957年1月13日，東京・浅草の国際劇場で出演中，客席にいたファンの少女から塩酸をかけられる。この少女は美空ひばりと同い年であり，中学の頃から美空ひばりの大ファンで，事件を起こした当日も憧れの人に会えると楽しみにしていたらしい。だが，美空ひばりに実際に会えなかったという事情も重なり，犯行に及んだという。その少女の手帳には「塩酸をかけて，みにくくなった顔をみたい」と書かれていたという（『読売新聞』1957年1月14日，朝刊）。その塩酸をかけた少女は，美空ひばりのファンであり「好き」という感情に満ちあふれていた。それが一転して強い「憎しみ」の感情へと変化してしまったのである。

こうしたスターに対する最大の憎悪ともいえるものは，1980年のジョン・レノン射殺事件であろう。当時，5年ぶりの音楽活動再開として話題になっていた元ビートルズのメンバーであるジョン・レノンは，自宅アパートの前で25歳の青年に撃たれる。

佐藤（2007）によれば，この事件の背景として，青年が極右団体に所属して

おり，ベトナム戦争当時，反戦・平和を歌や言動で訴えたジョン・レノンに対する反感があったのではないかと疑われたという。しかしベトナム戦争から随分と時間が経った時期的なズレもあるため，そうした政治的な理由以上に，この事件はファンの崇拝の心理が異常に高まったあげく，何かの妄想に取りつかれてしまった事件ではないかと推測している。いわば，政治の問題ではなく，スターとファンの間の関係性の問題だというのである。

　スターの条件とは，ファンとの間の非対称の関係であった。つまりバーチャルな他者に対する一方的な憧れや理想がスターを支える。だがこのような非対称な関係は，多くの人びとに注目されることによって実質が異常なまでに照り映える立場にスターを置いてしまい，逆に，ファンや視聴者などの「見る人」が，不当に世間から見捨てられていると感じてしまうのではないかと佐藤は指摘する。このときファンや視聴者は，スターの立場をとても不当なものとして捉えてしまうだろう。

　スターとファンの間の非対称な関係は，スターへの崇拝の条件でもありながら，時に憎しみの条件にも転化してしまう二重性を生じさせる。こうした事件は，崇拝されるスターの立場が，映像に基盤を置くことに由来する不安定なものであることを明らかにする。

3　「親しみ」の存在としてのアイドル

TVとアイドルの関係

　スターの成立には映画や写真といった映像文化が関わっていた。一方，テレビの出現は，「見る」人びとの態度を変化させ，アイドルを産み出した。確かにテレビ文化のなかからスターと呼ばれる存在，たとえば山口百恵のような人物も登場した。しかし，テレビという映像文化の登場は，バーチャルな他者との新たな関係を産み出したのである。

　ではアイドルとは何か。スターが一方的に崇拝される「超越的」な存在であるとするならば，アイドルは「親しみ」の存在である。つまり，映像の向こう側のバーチャルな他者が，より日常的で身近に感じられる存在であること。そ

れがアイドルである。

　こうしたアイドルの存在は，テレビが生みだした視聴態度が関係している。加藤秀俊（1958）は映画が映画館に「見に行く」ものであったのに対し，テレビは自宅で居ながらにして「外出着に着換え」ることなく見る生活を生み出したと指摘する。映画を見に行くことは，俳優を「見に行く」という外出＝公的な態度を伴う。それに対し，テレビは家庭という日常的な空間で俳優と接することを可能にする。つまり私的空間へ俳優が「入ってくる」感覚が生じるのである。

　こうした感覚の出現は視聴態度の変化をもたらし，スターの超越的なイメージを崩していくように作用する。稲増龍夫（1993）は，日常生活へのテレビの浸透がスターの神話性を失わせたと論じる。従来，スターは人びととの圧倒的な非対称性の関係のなかで，つねに大衆と距離をおいてきた非日常な存在であり，その距離感がスターの神話性をつくりあげてきた。

　しかし人びとはテレビを普段の生活や食事，団らんといった日常生活のなかで「見る」。そこで見られる存在は，スターのように崇拝される存在ではなく，気軽に話せる隣人やクラスメートのような「親しみ」を湧かせるものであることが求められる。そうした存在がアイドルと呼ばれるのである。

日常を「見る」ことへの興味

　さらにテレビというメディアは，家庭のなかで見られるという視聴態度だけでなく，「日常を映し出す」という特徴をもっている。佐藤（2007）は，テレビが他人のしていることを見たがる性質をもっていると指摘する。だが，これはたんに窃視症（覗き見）的なものとは異なる。テレビが他人のしていることを見たがる性質とは，人とともにいること，一緒に生きていることの確認だと佐藤はいう。つまりテレビは井戸端会議や近所の人とのおしゃべりと同様の役割を果たすのであり，逆にいえば，そうしたご近所的な世界が失われつつあるなかで，テレビはその機能を代替しているのである。

　だからアイドルは，こうした話の対象として扱われる存在であることが求められる。人びとはテレビにおいて他者の日常的な振る舞いを見ようとする。そしてあたかも近所の知り合いのように話をして楽しむのである。普段の日常生

活のなかで,テレビの話が占める割合はかなりのものになるだろう。

それゆえに,アイドルは日常的な雰囲気を見せることがその条件になる。たとえば,アイドルの誕生として言及されることの多い南沙織のデビュー曲「17才」は,彼女の実年齢に合わせてつくられたものだった。これは,太田省一(2011)が指摘するように,虚構の作品のなかに彼女を当てはめるのではなく,近所の知り合いの少女そのもののイメージを生かそうとしたからである。

また太田は,南沙織とともに「新3人娘」と呼ばれた小柳ルミ子,天地真理がデビューした際の共通項として,ともに「ご近所」ドラマ出身だったことをあげている。たとえば天地真理が出演したドラマ『時間ですよ』(1970)で天地の役は「隣のマリちゃん」と呼ばれ,「隣に住む気になる子」という位置づけであった。こうしたテレビドラマが示すように,人びとは日常生活で出会うような存在をアイドルとして求めるようになったのである。

この後,テレビは未成熟さからプロへと向かっていくようなアイドルが成長する姿を頻繁に映し出すものになる。人びとはこうした成長の過程を「見る」ことで,「ご近所」の知り合いがしだいに成長する姿を見るような親近感がわき起こる。日常の姿を見せて人びとが共感するアイドルの出現は,テレビというメディアと切り離すことができないのである。

「業界人」のように「見る」ことの出現

このように親しみと日常性を「見せる」アイドルのあり方は,しかし,1980年代半ば以降に大きく変化していく。

この変化が現れたのは,1985年に始まったフジテレビ系列の『夕やけニャンニャン』という番組であり,そのなかで現れたおニャン子クラブという女性アイドルグループの登場であった。その特徴は,特別な歌唱や演技の能力ではなく,さやわか(2013)が指摘するように,学校の「お気楽なクラブ」のような「素人臭さ」だった点にある。つまり,おニャン子クラブとは,「プロとしての歌唱や演技とともに彼女らの日常(らしさ)」を見せるのではなく,彼女らの「日常の延長そのもの」を見せるような番組であった。

さらにこの番組は見る側=ファンや視聴者の態度を変容させたと,長谷(2005)は指摘する。この番組は毎日,オーディションをするコーナーがあり,

メンバーの数が最終的に総勢50名を超えていく。このためファンや視聴者は，メンバー個々の個性を見て誰かに憧れるのではなく，メンバー同士の比較で誰に人気が出るのかということを予測するようになった。それゆえ，グループを見るこうした視線は，あたかもアイドルを売り出そうとする業界人のようなものになった。つまりアイドルをマーケティング戦略で扱う「商品」として「見る」ような，視聴者やファンの態度を産み出したのである。

　この後，テレビ番組自体が，業界人（プロデューサー）的な立場からアイドルを「見る」ような構成になっていく。その代表的な番組がモーニング娘。を産み出した『ASAYAN』(1995) であろう。さやわか (2013) が指摘するように，この番組はメンバーに課題を与え，その「舞台裏（的なもの）」の競争を見せる演出がなされている。つまり表舞台ではなく，アイドルを指導する「裏」そのものが，テレビに映し出される。そのためファンや人びとは，まるでアイドルを育て，自らが選ぶことができるような視線を獲得するのである。こうした視線のあり方は，AKB48の総選挙，つまり個々のメンバーの順位やセンターをファンらの投票で選択するといった行為へとつながるだろう。

4　多様なスター・アイドル文化のなかの「見る」こと

「会う」アイドルの興隆

　アイドルは，スターが担ったような手の届かない「超越的」な存在ではなく，また「親しみ」の存在からも変化し，視聴者やファンが「選ぶ」対象として扱われるようになった。だが『ASAYAN』がテレビでのオーディションであったように，まだ一方的に「見る」ことの不均衡が残っていた。そのため，さやわか (2013) はテレビというメディアが生んだアイドルは，「ファン」との距離が埋められなかったと指摘する。だがモーニング娘。以降，「純粋な意味でのメディアアイドルは生まれなくなった」という。

　というのも，アイドルは「見る」ではなく，「会う」という言葉で語られるようになったからである。たとえば，AKB48は劇場のライブ活動が原点であり，そのコンセプトは「会いに行けるアイドル」であった。多くの人びとやフ

ァンが，バーチャルな存在を一方的に崇拝するような態度でスターやアイドルに接するのではなく，劇場，ライブや音楽フェスなどを通して同じ時間と空間を共有することを望むようになったのである。

　つまりバーチャルな他者に一方的に憧れるといった関係性ではなく，ファンとコミュニケーションし，互いに互いを認め合うような，近接した関係であることがアイドルに望まれるようになった。これは，民主的で対等なコミュニケーションを人びとがアイドルとの間に求めるようになった結果ともいえるだろう。

　太田（2011）はAKB48のメンバーとファンの関係を「運命共同体」と指摘する。それは超越的な対象に盲目的に従属することで喜びをもつようなスターとファンの関係性を背景に退かせ，互いに対等な立場のもとで時間と空間を共有することを求める態度である。こうした態度は，スターやアイドルとの関係であっても，日常的な親しい他者とのコミュニケーションと同等なものにしたいと望んでいる人びとが増えていることを示している。

アイドルのように「撮る」・「見せる」こと

　スターやアイドルを一方的に「見る」という態度が望まれなくなる一方で，映像テクノロジーの発展は，一般の人びとによるスター・アイドル化現象のような映像文化を産み出している。プリクラ，あるいはスマートフォン（とそのアプリ）などの映像テクノロジーの進展は，人びとが写真を「撮る」ことを容易にさせた。さらに，そうした映像を簡単に「見せる」場であるソーシャルネットワーキングサイトの存在は，一般の人びとが自らを「アイドルのように」演出して撮影し，人びとに公開するということを容易なものにする。

　確かに，これまでも憧れのスターやアイドルを模倣したいとする同一化への欲望はあっただろう。しかし，近年の「アイドルのように撮る」という映像文化は，そうした模倣の意志からというよりも，普段とは違う自分を映像でつくりだし，友人らと共有するコミュニケーション・ツールとして使うものになっている。

　鳥原学（2016）は近年のポートレート写真が，プリクラやスマートフォンで「撮る」こと，そしてSNSなどでそれを「見せる」ものとして使われているこ

とを踏まえ，モデルとスタイリストと写真家を兼ね備えたような個人の営み（ブロガーの存在やセルフィー写真の増加など）を可能にしていると指摘する。こうした自分で撮り，自分で見せる個人の増加は，人びとに読者モデル以上に手の届きそうな，むしろ手が届く存在として受容されているという。そしてその拙さこそが共感され，ちょっとした憧れを抱かれ，またちょっと真似てみようとさせているのではないかという。

つまり，こうした映像文化の出現は，誰もが「アイドルのように」になれる時代をもたらしたといえる。しかし，そこには「突出したくないけど支持されたい」とする（鳥原 2016），複雑な意識がある。従来のスターのように一方的な視線を集めることは忌避したい。しかし人びとには承認されたいとする，きわめて複雑な「スター・アイドル化現象」が個々人に現れているといえる。

非対称に「見る」ことの残存

以上で論じてきたように，現在は，スターを一方的に「見る」関係よりも，スターやアイドルと「会う」ような対等な関係が重視されている。また映像テクノロジーの進展は，人びとにアイドルのように「撮る」ことと「見せる」ことを可能にしたが，それは従来のスターやアイドルと異なり「突出したくないけど支持されたい」コミュニケーションのツールとして映像が使われるようになっている。そこでは一方的に「見る」だけといった非対称な関係を築くことは，避けられる傾向にある。

しかし，一方で現在でもスターを「見る」こと，つまり一方的で非対称な崇拝と憧れの感覚を抱くことが消失しているわけではない。たとえば松本美香（2012）は自らをジャニヲタ（≒ジャニーズ事務所に所属する芸能人のファン）と標榜するが，ジャニーズに対して抱く最大の感情は「とにかく『見たい』」なのだという。松本はジャニーズを「見る」ことは，有名絵画を見に行くようなものだと主張する。つまりジャニーズとの直接的なコミュニケーション以上に，彼らを「見たい」という動機に突き動かされるのだという。こうした感覚は，他者に一方的に憧れることへの楽しさや喜びの感覚が依然として存在していることを示している。

繰り返すが，このような他者への非対称な崇拝は，王といった英雄的な人物

と人びとの間にある権威的な関係，つまり非民主的な関係を想起させる。ブーアスティンの批判は，そうした前近代的な崇拝の関係性が，映像を利用した他者に生じてしまうことに向けられていた。というのも，映像を介して崇拝される人物になってしまうスターのような存在は，非民主的な存在を意図的につくりだしてしまうことだからである。しかし冒頭でも述べたように，スターはそうした権威的な王や英雄の「アウラ」が消失した場所，その権威がはがれおちた近代において映像を介して，「アウラ」を放つ存在なのである。

　私たちは依然，映画のスクリーンやテレビの向こう側で輝く，スターやアイドルといった非対称な立場の人物への崇拝や憧れの態度を消失させてはいない。民主的な態度からすればそれに反する，バーチャルな他者への一方的な憧れや崇拝を，私たちは捨てきれないでいるのだ。

　●読書案内●
①大野裕之『チャップリンとヒトラー――メディアとイメージの世界大戦』岩波書店，2015年。
　　本論で語れなかった喜劇の大スター，チャップリンと，ドイツのヒトラーに共通する「チョビ髭」をもとに，イメージのメディア論を展開する興味深い1冊。
②明星編集部編，橋本治解題『カラー版「明星」50年――601枚の表紙』集英社新書，2002年。
　　「夢と希望の娯楽雑誌」のキャッチフレーズで1952年に創刊された『明星』の表紙写真を並べ，日本の「スター」の変遷を論じている。その表紙の変遷は日本社会論にもつながる。
③黒沢清・吉見俊哉・四方田犬彦・李鳳宇編『監督と俳優の美学（日本映画は生きている5)』岩波書店，2010年。
　　本論ではきちんと扱えなかった「俳優」や「映画女優」の誕生や，俳優とスターとの相違などをより学術的に考えたい人に，本書をお勧めしたい。

――――― 加藤 裕治◆

第13章

心霊現象という映像文化

ウィリアム・マムラーによる心霊写真
（1865年末）

　交霊会や心霊写真スタジオでの写真撮影が欧米各地で行われた19世紀後半から，ウェブ上で無数の心霊動画サイトが生まれるようになった現在まで，心霊映像の歴史は優に1世紀半を超える歴史をもっている。一見すると，心霊映像の歴史は，つねに懐疑の目や好奇の目を向けられるだけの，奇怪な映像の寄せ集めにすぎないと思えるかもしれない。しかし，映像の歴史からことあるごとに排除されてきた，そうした映像のダーク・サイドには，映像の本質を根本的に考えたり，映像メディアの変容を批判的に考えたりするための，手がかりが多く潜んでいる。本章では心霊映像の歴史を考えることで，写真を中心にした映像の本質を考えてみたい。

はじめに——写真という「死」

　死は，写真の原理そのものに関わっている。そもそも写真は動くものを静止させる。生き生きと運動するものをその途上でぎこちなく停止させてしまうのである。それはある種の死でもあるだろう。そればかりではない。初期の写真は露光に長時間を必要としたため，被写体がカメラの前で生き生きとすればするほど，つまり運動感ある身振りをすればするほど，その身体の輪郭はぼやけ，その目も白くとんでしまい，できあがった像は，あたかも亡霊のような，見るもおぞましい映像になってしまった。

　逆説的なことに，初期写真において生き生きとした肖像を得るには，被写体はまるで「死者」のように硬直しなければならなかった。ヘッドレストという頭部固定器具をはじめ，今日からすれば拷問器具にしか見えない道具が多数，写真スタジオ用に販売されていた。さらにできあがった写真の顔には，生命感を付与するための彩色が施されることもあった——それは，まるで死化粧のようでもあった。このように写真映像はその起源から「死」と切り離すことができない問題であった。ロラン・バルトを引くまでもなく，写真はその起源から死を刻印されていたのかもしれない。

1　心霊写真の誕生と死

● ステージ 1

あるものがある心霊写真

　それでは，生者を死者のように硬直させるのではなく，逆に，すでに死んだ者を生と死の境を超えて生き返らせ，それを映像に定着しようとする試みはいつ始まったのか。その前提には，近代心霊主義の生起と交霊会の流行がある。近代心霊主義とは，死者が死後もあの世に霊として存続すると考え，霊とのコミュニケーションを可能とする思想である。19世紀後半に欧米で広まったこの思想を実際に支えていたのが，交霊会という催しであった。

　交霊会は，霊媒を中心に複数の参加者が周囲に集まり，やがてトランス状態になった霊媒が，霊のメッセージを何らかの「媒体」を通じて受け取った様子を参加者が目撃し，検証する集まりであった。たとえば，ラップ音や自動書記

など，さまざまな媒体が使用された。霊は，霊媒というメディウムを通じて，さらに何らかの記録媒体というメディウムを経て，参加者たちにその存在を証明した。最初期の心霊写真とは，まずはこの交霊会の様子を記録した写真であった。言い換えれば，交霊会は，霊媒，記録媒体，写真という3つの「メディウム」が重なり合った実践であった。

この心霊写真は，現在のように，撮影時にいなかったものがあとで写真を見るといるという写真ではなく，撮影時に「いる」ものを記録する写真である（「あるものがある」心霊写真と呼んでおく）。その基底にあったのは客観的証拠としての写真という考え方であり，それは，交霊会ばかりでなく，のちの司法写真や医学写真等，実証主義を支えにしたさまざまな科学的実験や経験調査においても広まっていった考えである。もちろん，交霊会は一面では科学的実験だが，他面では同時期に隆盛をきわめたマジック・ショーという見せ物に，ある意味で近似していた。霊媒が意識を失ったり，身体を硬直させたり，エクトプラズムを口や耳から出したりする様はどことなく，マジック・ショーでの女性の見せ物的役割に似ているのである。

なかったものがある心霊写真

もう1つの心霊写真のタイプも同時期に生まれている。それは，私たちになじみの「なかったものが（事後に）ある」タイプの写真である。19世紀後半は，交霊会と平行して，心霊写真師と呼ばれるスタジオ写真家が多く登場した時代であった。心霊写真師とは，撮影するとなぜかその写真に霊が写ってしまう能力を具えた写真師のことである。

先の交霊会写真と違う点はいくつかある。第1に，心霊写真スタジオでは，交霊会で霊の出現を一手に引き受けていた霊媒の役割が，カメラとそのオペレーターである写真師という2つのエージェンシーの複合体によって引き受けられている。第2に，先に述べたように，ここでは撮影時にいなかったはずのものが写ってしまったということが，多くの人びとに写真が受容される契機になっている。その基礎には，写真の自動的なプロセスへの信頼があった。見えてもいなかったものをあったものと信じることの根拠に写真の自動機構があるということ。それは写真装置が，人間の自由に用いることのできるただの道具と

いうだけでなく，人間が装置の自動機構のなかの1つの操作項になってしまっているという事態の証でもある。交霊会写真では抑制されていた感のある写真の力学が，ここでは前景化している。

　著名な心霊写真師を挙げておこう。しばしば心霊写真師の元祖とされるウィリアム・マムラー（1832-1884），彼の仕事の手順は通常の写真スタジオと異なるところはほとんどなかった。依頼主である被写体がスタジオを訪れ，写真師に撮影をしてもらい，後日できあがった写真を受け取る，それだけである。違うのは，そこにいなかったはずの，しかもすでに亡くなっていたはずの被写体（＝霊）が写真に定着されているという点である。彼の心霊写真には，被写体を霊が後ろから抱きしめているスタイルが多い。ちなみに，他の心霊写真師もそれぞれ得意とする様式がある。つまり，心霊写真は容易に手分けができる。しかし，そもそも写真の「手」分けが可能だということは，心霊写真師の「手」がそこに加わっているということであり，写真が偽物であることは明白である。心霊写真師たちがのちに裁判沙汰に巻き込まれたり，マジシャンに転向したりすることが多かったのも当然のことなのであろう。

　技術的要因から心霊スタジオ写真を考えることもできる。そもそも当時の写真はガラス板に感光剤を塗布していた。写真をプリントすればこのガラス板は用済みになる。当時高価だったこともあり，ガラス板は表面の感光剤を拭き取って再利用された。しかし，不可視の汚れがたまたま残ったまま使用されるならば，意図せずして被写体以外の「何か」が写ってしまう。スタジオ型の心霊写真はおそらくそうした技術的事情から説明してしまうこともできるだろう。

現実認識のゲーム

　しかし，このタイプの心霊写真が興味深いのは，そうした発達途上の写真技術ゆえではないし，ましてや心霊写真師の香具師めいた言動ゆえでもない。むしろ写真という画像を介して現実を認識するということが，依然として形成途上の危ういゲームであったことがこうした事例からは明らかになるのである。たとえば，なぜこれほどまでに容易く注文主たちが写真に写り込んだ顔を近親者のそれと同定してしまったのか。そもそも写真はそれまでの像とは違い，機械の自動的機構に拠る。絵画ならば画家が削除してしまう細部を非選択的に均

等にすべて写しとめてしまう。なおかつそれは静止し、硬直した像でもある。そして何よりもつねに動的で複雑な被写体である顔が、その再認の中心になる。こうした事情が、写真像を通じての顔の認識をきわめて不安定にしていた。

第2に、別の心霊写真師たちのスタイルを参照すれば、写真という二次元の平面が従来の像とは異なる力学を醸成していたという点も重要である。たとえば、エドワード・ワイリー（1848-1911）という心霊写真師の写真は、「エクストラ」と呼ばれるシール型の顔が写真のあちこちに入り込むだけでなく、文字や象徴も

図13-1　ワイリーによる心霊写真
　　　　（1895年頃）

被写体の周囲にちりばめられるスタイルが特徴である（図13-1）。マムラーたちの心霊写真が奥行のある三次元空間の舞台設定を守っているのに対して、ワイリーのものにはそうした空間再現には力点が置かれていない。ウィリアム・ホープ（1863-1933）の心霊写真もそうした逸脱例である。彼の写真のなかには、写真を横に倒してようやく霊の顔が認識できるものもある。従来の像に要請されていたような力学、つまり手前から奥へとか、上下の方向とかという従来の像の空間力学が霊の侵入によって脱中心化されている。写真が透明に客観的な記録を残すという考え方が形成される時期に、その透明性を突き崩すような画像の力学が生じているのである。

最後に、見えないはずのものが写った写真を人びとがなぜ現実の記録と見なしたかという理由には、当時の科学的発見が関わっていたという指摘もしておこう。つまり、1890年代の数々の不可視光（X線、電磁波、放射線）の発見が、見えないがあるものを写しとめる像への信頼＝信仰をより確固としていたのではないかということである。

まとめると、19世紀後半の心霊写真の流行から見て取れるのは、誕生間もない写真を通じて現実を認識する回路が可塑的であった時代、依然として写真

を通じての新たな現実が不確かであった時代，その回路が時として起こした機能不全，それを典型的に表しているのが心霊写真だったということである。

ともあれ心霊写真史のステージ1は20世紀初頭に沈静化したと見なすことができる。もちろん，2度の世界大戦の間にもそれ以後にも霊媒が行った実践例は無数にある。しかし，こうした古典的心霊写真の実践にはそれまでの実践と大きく異なる点はないし，数や規模の面ではやはりその最盛期を終えたといわざるをえない。そうした意味で，20世紀初頭の心霊写真は「1度目の死」を迎えたのではないか。だが，心霊写真は，時を隔てて1970年代に新たに別のモードで復活するのである。

2　心霊写真の2度目の死

● ステージ2

3点認識型の心霊写真

1970年代から80年代にかけて日本で流行した心霊写真に目を転じてみる（この流行を心霊写真のステージ2とひとまず呼んでおく）。ステージ1の心霊写真と違うのは次の点である。第1にそれが投稿型心霊写真だったことである。つまり，一般家庭でアルバムに保存されていた，一見すると平凡なスナップ写真を一般読者が目を皿のようにして精査し，そこに霊の姿を発見し，その写真が雑誌編集部に送られ，鑑定され，その結果を雑誌誌面上で読者たちが目にし，さらに自身のアルバムに霊を発見して投稿するというサイクルをもつ心霊写真である。この時代の代表的な様式は「3点認識型」である（図13-2）。つまり，写真に写り込んだ木立や岩の表面に見出される両目と口に当たる染みを，霊の顔と認識するような発見モードが主流であった（その意味でこのタイプを「あるといえばある」心霊写真と言い換えてもよい）。

さらに差異を考えてみよう。投稿型は，心霊写真スタジオのように，依頼主と心霊写真師との閉じた私的経路に基づくのではない。そもそも投稿型では任意の誰でもが事後的に霊の撮影者になりうる。だから心霊写真の認知や発見過程は，不特定多数の匿名の読者と雑誌を介して緩やかに結びつくネットワークへと拡散している。従来の心霊写真の大部分で姿を現すのは注文主の近親者だ

ったのに対し，投稿型では，被写体とは何の縁もゆかりもない霊が姿を現す。しかもそうした霊の鑑定を引き受けるのが，赤の他人である鑑定士なのである。

確かに共通点もある。古典的心霊写真でも投稿型でも，写真装置の自動機構が心霊写真の生産の基礎になっている。だが，投稿型ではさらに徹底的にその自動化が推し進められていた。全自動カメラの発売やDPEシステムの全面化によって，写真を撮ることと

図13-2　3点認識型の心霊写真

見ることの間が，すべてブラックボックス化していたという事情も関わっている。つまり，以前は撮影者や被写体が（ある意味では自動化されていたとはいえ）このプロセスの中心にいたとすれば，投稿型では，彼らはむしろ後景に退き，写真に関わる数々の主体たちは全面的に写真の自動機構（そこにはDPEおよび雑誌印刷による複製工程も含まれる）のプロセスに巻き込まれていた。

ステージ2の終焉

しかし，このステージ2は1980年代後半にはしだいに変容していく。それは実際の雑誌の誌面構成や心霊写真の語られ方から見てとることができる。1970年代の投稿誌では，写真に呪いや祟りの長い物語がつけられていたのとは対照的に，1980年代半ばにはむしろ見開きの誌面を十数枚の写真が占め，その解説やコメントはできるかぎり抑えられるようになる。写真自体の視覚的直接性が主となり，写真を語る言葉が副次的なものになっていく。

この時代の心霊写真を扱った先行研究は，この変容に批判的である。たとえば浅羽通明（1991）は次のように批判する。

1970年代から1980年代にかけての心霊写真の普及の歴史は因縁話を欠落させていく歴史である。本来，そうした因縁話は怪談という文学の王の末裔だった。しかし，それが心霊写真ブームによって大衆化され，非文学化され，レトリックを欠如させていく。最終的に，物語（言葉）が写真に従属し，人びとは「写真性失語症」に陥ることになった。

　このような批判である。小池壮彦（2000）も同様の意見を述べている。最低限の語りの工夫も欠落させた三流のロジックの蔓延，それを促したのは投稿鑑定システムであり，たんなる失敗にすぎない写真の蔓延であると彼はいう。

　彼らの言い分は，おそらくレンズにかかったストラップが霊だと判定されてしまう「ストラップゴースト」など，即座に撮りそこないとわかるものすらも霊として語ってしまう，1980年代末の堕落し，衰退しきった心霊表象言説を念頭においてのことである。ただし，逆の考え方をすることもできる。心霊写真のステージ2では，写真というメディウムが帯びていた受容・流通における不安定さが以前よりいっそう顕在化し，その顕在化には写真の自動処理機構や，これと他のメディウムとの複製機構との重なり合いが関与しているのであり，そうしたメディアの重なり合いにおいて生じた，独特な写真的現象と捉えることもできるのである。

　ステージ2の心霊写真熱は1980年代末頃には終息したといわれている。それは1996年当時，小池（2000）が投げかけた「なぜひとびとは以前のように写真に霊を発見しようと目を皿のようにして画像をサーチしなくなったのか」という問いにも結びついている。これを心霊写真の「2度目の死」と呼ぶこともできるだろう。

3　メディアの間にある心霊写真

●ステージ2・5

心霊写真の復活と80年代末の力学

　日本に文脈を限定すれば，その後，1990年代末に心霊写真はまたもや復活を遂げる。この時期も1980年代半ばと同様に，心霊写真はこれ見よがしに雑誌の誌面やTV画面に提示される。ただし，その映像は以前よりも鮮やかで複

雑になる——画面内画面という入れ子式や，もう1本の手足の出現や身体部位の欠落，顔のみの歪みや首のずれなど。この傾向を「フォトジェニックな心霊写真グラビア時代」と呼ぶこともできるだろう。また，心霊写真の語り方も以前とは逸れていく。かつて心霊写真の語りに期待されるのが要因（非業の死や恨み），影響（霊障），処置（祓い）だったが，そうしたポイントを回避した鑑定，いわば「不発」の鑑定の語りが登場したのである。

　しかし，1980年代末にはすでに別の力学が働いていたのかもしれない。心霊写真の第2の死の直前に時間を巻き戻し，心霊映像の変容を考える必要がある。一言でいえばそれは，ビデオにおけるTVゴーストの発見，その基礎にあるビデオを介した表象や流通形態が，心霊写真に及ぼした影響を考えることである。ビデオ的なものが，写真を含む心霊映像が潜伏期を経て1990年代後半に回帰する温床だったのではないか。

　TVゴーストとは，TVの録画映像を繰り返しビデオで再生したり，一時停止したりして発見された心霊像である。いうまでもなく，こうした発見様態はビデオをベースにしつつも，1970年代の投稿型の心霊発見モードを引き継いでいた。また，レンタル店を通じて普及したビデオ化済みの映画のなかに霊を認めるという視聴方法の登場も，1980年代半ば以降の現象であった。そして，こうしたTVゴーストの様式をそのまま内容にした「心霊ビデオ」というジャンルが登場するのが1990年前後である——その流れは『本当にあった呪いのビデオ』シリーズ（1999年〜）に結実する。

　この，ある種のフェイク・ドキュメンタリーにおいて注目すべきなのは，素人の撮影者がたまたま撮影してしまった投稿映像を検証する「投稿型」だったということである。1980年代末までの投稿型と重なり合う部分は，たとえば，ビデオ自体が投稿ビデオを再編集したビデオという体裁をとっていること，フレーム内フレーム映像という構造が顕著であること（投稿ビデオ内にTV画面が頻繁に登場すること），ビデオの一時停止や再生などの操作が最初から映像化されていること，なおかつ，ビデオ視聴者がその後たまたま撮影してしまった心霊映像がさらに投稿されている点などがある。また，異なる点としては，呪いや祟りの因果をめぐる説明が希薄であること，映像がそもそも粗いうえに，「歪み」や「ズレ」という特徴も帯びていること，さらには，プロではないア

マチュア撮影に起因する画面の粗さ，それゆえのチープさの「リアリティ」，公共の電波とは区別されるレンタル・ビデオを通じての個人的視聴と噂による恐怖の増幅，ビデオテープという「物」が帯びている物性などを挙げておけばよい。

心霊ビデオとJホラー

心霊ビデオはステージ2の投稿型を基盤にしつつ，それを深化させながら恐怖を拡大させていた。さらにいえば，こうしたビデオは，のちに「Jホラー」と称されることになる心霊ホラー作品とビデオという基盤を共有している。詳細な説明は省くが，Jホラーの映像は，ビデオによる制作やビデオ映像特有の肌理が起点としてあり，しかもその起源の1つとされる初期のビデオ作品（『邪願霊』鶴田法男，1988年）は，心霊ビデオにまつわる都市伝説（本物の心霊ビデオや呪いのビデオが現実に存在するが人目には触れずにどこかに眠っているという噂）を素材にしている。ビデオというメディウムは，心霊ビデオと，こうしたホラー作品をつないでいる。

なぜビデオというメディウムがこれほどまで恐怖を増幅することができたのか。ビデオでは，記録装置と再生装置が同じ媒体のなかで重なり合っている。そして記録も再生も電気信号の変換という点では変わらない。ここにはある種の電気的直接性がある。また，上書き可能性という特徴もある。ビデオは容易に別映像を録画挿入することができる。場合によっては，そうした別映像の混入は，再生のつもりでの録画が原因となっているときすらある。さらに，ビデオによく見られる，頻繁な再生に起因する画像の乱れや粗さもある。それは心霊ビデオがそもそも帯びている画像の粗さ以上のことを含意している。こうした信号の乱れは，複数の人によって繰り返し再生された結果のビデオの物的磨滅の痕跡である。画像の歪みの増大は，自分が見るまでそのビデオに介入している複数の再生＝録画段階を想起させる。歪むほど，粗くなるほど，ビデオの禍々しさは増す。それは，他者的な複数の電気的接触のインデックス的痕跡であり，しかも電気的信号の流れに接触した視聴者を，どこにもない現在に巻き込んでしまう流れであり，かつての痕跡がむしろ威力を増しながら現在において再生されてしまうのである。このようなビデオ性が，「都市伝説的」な伝

播を強力に促していた。

　ビデオの歪みの1つ，「砂嵐」も恐怖の源泉になる。それは再生時の始まりと終わりに流れるビデオの内容の「余白」でありながらも，ビデオによる複製プロセスが始まる際の起源である電気信号の流れの場を示すインデックスであり，電気の流れに差し戻す磁場である。心霊ビデオや心霊映画において，しばしば霊の出現の徴候として，モニター画面に砂嵐が挿入される理由もここにある。砂嵐は，映像の内容にとっては外的でありながら，その映像の生成プロセスの起源でもあるからである。砂嵐はビデオ映像の内部と外部の境界の目印であると同時に，ビデオ映像が潜在的に帯びる外的で遠心的な複製的力動をつねに起こしかねない，内と外の区別を壊してしまうような印なのである。

　もちろん，ここで強調したいのは，1990年を境に心霊メディアが心霊写真から心霊ビデオへと交代したということではない。むしろ心霊ビデオや心霊映画は――そして心霊写真や心霊動画も――，参照し合い，重なり合いながら，相互の「隙間」において心霊的なものを表象していたのである。

4　デジタル写真以降の心霊写真

●ステージ3

90年代からの写真の変容

　それでは現在，心霊写真はどのようなものに変容しているのか。それを捉えるには，心霊写真が現在どのような原理を基盤とするかを考えておく必要がある。第1にアナログ写真からデジタル写真への変容という事態がある。第2にインターネットへと写真がその居場所を移したという変化がある。

　1990年頃から2000年代までのデジタル写真論を振り返ると，そこにはデジタル写真草創期の生産をめぐる議論から，デジタル写真の流通をめぐる議論への変化を確認できる。デジタル写真登場の折には，画像の加工をめぐる議論が盛んであった。これまで写真の本質を支えていたインデックス性が，レンズの前の現実を何の痕跡もなく加工できてしまうという，デジタル写真の特性によって掘り崩されてしまう。こうした事態を肯定したり否定したりする論が当時は主だった。

しかし第2に，この時代のデジタル写真が十分な流通回路を獲得していなかったことも重要である。つまり，解像度の高い像をパソコンで送受信しようとしても，低い通信速度ゆえに，ダウンロードには膨大な時間が必要となり，その最中に送信がフリーズしてしまうことも多かった。

第3に，デジタル・カメラが当初から液晶モニターを装備していた点も見逃せない。現在目の前にあるものが写っているモニター，それを，ビデオ画像を一時停止させるようにしてせき止めること，それがデジタル・カメラというデバイスが顧客の関心を惹きつけた特性でもあった。従来のアナログ・カメラでは，ファインダーを覗いて被写体をねらい，現実を切り取ることが撮影であった。その際に撮り手は，未来にできあがる像を思い描きながらシャッターを切らざるをえなかった。しかも撮影から現像までにはさらなる時差を前提とせざるをえない。時間的距離が，それまでの写真にはあった。他方，現にここにあるものをせき止める写真にはそれが欠落してしまう。しかも撮影されたとたんに削除することもできる。撮影される数も削除される数もアナログ・カメラとは比較にならない。画像を見る根本的な構え，そして現実と装置と映像の時間的関係が，ここでは変化してこざるをえない。

心霊写真の変容

このような変化を心霊写真に関連づけてみよう。まず，デジタル画像の容易な加工性から考えれば，心霊写真は容易に生み出されてしまうために，写真自体はその基盤となりえなかったことがわかる。また，デジタル写真の現在性を加えて考えてみれば，心霊写真が，それをかつて支えていた時間的隔たりを欠いてしまい，致命的な結果を被ったことも明らかである。そして通信の不具合という点から考えれば，心霊写真はその感染力をインターネット時代初期には発揮することはできなかったのだろう。しかし逆に，画像の歪みや解像度の低さを，心霊映像が恐怖を醸し出すための特性にするようになったとも考えられる。

心霊写真や心霊映像が，メディア間の相互参照によって生み出される歪みに基盤を移していた事情は，このように理解できる。1990年代のJホラーでしばしば道具立てとされる監視映像における霊の出現，たとえば，監視モニター

に映る像がしだいに肌理を拡大されて粗くなっていき霊の出現とともに静止するとか，生中継のTV映像が突然乱れてそれがせきとめられて霊が登場するとかの表現手法は，このような映像の現在性を逆手にとっているのである。

あるいは，心霊ビデオによくある監視映像の静止像としての心霊写真を，例に挙げてみよう。見落とされるだけでも，滅多に見られないだけでもなく，まったく誰も見ない映像，それが監視映像である。監視映像は，犯罪の未然の抑止か犯罪の事後の検証のために，定期的に上書きされ，更新されていく自動的プロセスである。それはいま見るということを実は前提としない。しかしその反面で，事後に見る際の像の肌理の粗さや歪みが，リアリティや生々しさを私たちに強烈に喚起する不可思議な像でもある。心霊映像ビデオがそれを静止させた心霊写真の素材になっているのは，こうした監視映像の時制の奇妙さゆえなのである。

00年代のデジタル写真

だが，2000年前後からのデジタル写真論は，これとは異なる写真の位相に焦点を合わせている。第1に，カメラ自体がもはや必要とされなくなっている。カメラは他のデバイス（携帯電話やパソコン）に統合されており，カメラなるものが消滅しつつある。第2に，デバイスを通じた圧倒的な量の画像の流通や，その即時的な現在における共有という現象がある。また，このことは，「自撮り」を含む，ヴァナキュラーなスナップ写真の，従来とは比較にならない規模の遍在化を引き起こしている。先に述べた現在形の写真画像の受容様態が，流通経路を介して途方もなく増幅されているのである。

この事態を「メメント（・モリ）」から「モメント」への変容と呼んでもよい。つまり，かつての写真がその必須の契機として「死」を想起させていたとすれば，現在の写真像は死を欠落させた現在時制によって駆動させられているのである。しかも，そうしてSNSや画像共有サイトにアップロードされた画像が，その現在形の即座の共有を終えたあとに，撮影者の統御を離れて，知らぬまにネット上を漂っていくことで，新たに送る「死後の生」という次元も表面化している。元の画像が，どこにいるともわからないユーザーに加工され，アップロードされるというユーザー生成コンテンツの浸透という問題も，こうした事

態にはつけ加わってくるだろう。

　このような環境下で，心霊写真はどのような変化をしているのか。

　まず写真がインターフェース上の複数のフレームの1つで見られるという事態を考えておく必要がある。ここで斎藤環（2004）がいう，「複数フレーム性」という考えを挙げておこう。彼によれば，これまで「見ること」と「見えないこと」という二項対立で，視覚のリアリティを語ってきた近代の表象原理が，20世紀の視覚メディアの進展によって別の原理をもつようになった。それが，現在複数並列して存在する各メディウムのフレームのあり方である。私たちはもはや，リアリティを個々のフレームを通じて感じ取るのではなく，むしろそれらフレームが切り替えられたり，乗り越えられたりするときに顕著にリアルさを感じ取るという。

現代の心霊写真の新たな時制

　先の心霊ビデオがなぜ恐怖を醸しだすのかもここから説明することができる。現在の心霊映像も引き続き，重なり合うフレームを必要条件としている。もちろん斎藤（2004）の説は1990年代末までの話である。現在のパソコンやスマートフォンでは，以前よりも細かにフレームの切り替えや使い分けがされている。無数のフレームはつねに重なり合い，それがリアリティを保証している。一面で心霊映像を見るユーザーは，それを検索してアクセスしたフレームを容易に閉じることができる。だが他面で，このように一見すると安全に使い分けられ，分割されるフレームは，SNSのシェア機能やタグづけによって乗り越えられてしまう。フレームの隙間は口を開けやすい状態に置かれている。しかも，心霊表象を検索し，視聴したログは端末のなかに生き残ってもいる。知らぬ間に無数の口を開けていく隙間，そうした環境が，心霊映像の温床になっている。それは，宣伝の一部なのか映画の一部なのか，それらが加工されたものなのか，その由来のまったくわからない心霊映像を，動画サイトでたまたま見てしまったときの恐怖を思い起こしてもらえばわかりやすい。

　インターネットの時制は，こうした環境をさらにねじれさせている。従来のメディアから順にその時制をたどっておこう。心霊映像は，写真の帯びる非同期的な時制を怖さの核にしていた。かつてどこかで撮影された映像が隔たりを

越えて現在の私たちの鼻先につきつけられるという時差が必須であった。これとは違い，Jホラーなどの心霊映画では，同期化する時制が怖さの支えであった。それは物語上の「いま・ここ」で展開していくプロットに同期化する，映画の観客の基本的姿勢を前提にしている。心霊ビデオでは，この同期化がねじれていく。監視映像であれ投稿されたビデオであれ，それらは以前撮影された過去の記録であって，時差を必然的にともなっているはずである。しかし，そうした映像は，ビデオという電気的信号の直接性に視聴者が媒介されてしまう，どこにもない現在を恐怖の原動力にしていた。そこには，物語等の組み立てを介しない，そういう意味で直接的な「疑似同期性」（いまここで起きていないがいまここで起きているかのように受容する時間性）がそのつど生じている——もちろん，そのためにはそもそも映像を再生するためのレンタル・ビデオ店のネットワークや，ビデオテープやビデオデッキなどの物質的な道具立てを選択することが必要であった。

インターネット上の心霊映像を見るには，こうした外部のマテリアリティは必要ない。それらはインターフェース上に一元化されている。それゆえに心霊映像の召還は，何の物質的な負荷もなく，直接的な身体所作で行えてしまう。そこでは，選択のハードルの低い「疑似同期化」がさらに加速度的に進む。しかもそうした映像はいつどこにその起源があるのかすらもわからず，いつもすでに匿名の誰かに上書き改変される現在進行形にある。それがたまたま遭遇したユーザーによって，そのつどの現在において再生される。こうした映像をユーザーが統御することはもはや不可能ではないか。今後の心霊映像は，こうした時制の，そしてそれを駆動する数々のソフトウェアの，自動的なプログラムの統御不能性の重なり合いを核にすることになるのかもしれないのである。

● 読書案内 ●
① トム・ガニング「幽霊のイメージと近代的顕現現象」望月由紀訳，長谷正人・中村秀之編訳『アンチ・スペクタクル——沸騰する映像文化の考古学(アルケオロジー)』東京大学出版会，2003年。
　　視覚文化研究者ガニングの心霊映像論。20世紀初頭までの心霊写真が対象だが，心霊写真が写真，初期映画，奇術にまたがる映像文化の結節点にあったことがわかる。

②一柳廣孝編『心霊写真は語る』青弓社，2004 年。
　　心霊写真を社会学，心理学，口承文芸研究など，多様な方向からアプローチした本。
③中田秀夫監督『女優霊』1996 年。DVD はバンダイビジュアル，2010 年発売。
　　J ホラーから 1 本だけ選ぶとすればこれである。心霊写真的な表象モードが映画に憑依した最初期の作例として必見。
④小池壮彦『呪いの心霊ビデオ』扶桑社，2002 年。
　　『心霊写真』でも知られる小池氏の著書。「心霊ビデオ」なるジャンルがいったいいつどのように生まれ，拡散していったかを考えるうえで必読の資料である。
⑤浜野志保『写真のボーダーランド　X 線・心霊写真・念写』青弓社，2015 年。
　　流体写真，心霊写真，妖精写真，念写など，見えないものを可視化するパラノーマル写真を通じて写真の本質を論じている。

———— 前川　修 ◆

第14章
アニメーションという映像文化

スチュワート・ブラックトン『愉快な百面相』1906年

　「アニメーション」という言葉から思い出されるのは何より，テレビや映画館で公開される商業的なアニメ作品であるだろう。また，最新の映画作品での息を呑むような視覚効果や，パソコンや街頭のスクリーンに溢れる広告映像など，私たちの目を惹きつける映像群を，この言葉に含めることができるかもしれない。

　アニメーションがこのように広範な映像文化を指すのは，この言葉がそもそも，静止したものでしかない事物や絵に生命が吹き込まれること，または動きが生じるといったことを意味するからである。本章では個別の作品やジャンルではなく，これら元来の意味において，アニメーションという映像文化について考えてみたい。

1 アニメーションの生命力

アニメーションの位置

　映像文化とその歴史をめぐる議論のうちで，長らく重視されてきたのは映画作品であった。それに比してアニメーションは，つい最近まで取るに足らない映像ジャンルとして，簡単に言及するに留められていたのである。そのことが浮き彫りにするのは，高級文化や芸術作品として理解される前者に対して，低級な大衆文化や娯楽産業でしかないとされる，アニメーションの位置づけである。

　しかしながら，映画についての古典的な著述を残した理論家たちが，実際にはアニメーション作品を愛好し，それらに魅了されていたことも少なくはなかったのである。その一例となるのが，1940年代に美術史家アーウィン・パノフスキー（1892-1968）が発表した映画論である。この論文のなかで，彼は主に実写映画を論じた本文とは別に，その脚注部分でディズニー映画への思い入れと落胆の両方を告白している。パノフスキーによると，当時公開されたディズニー作品『白雪姫』（1937）や『ファンタジア』（1940）は，アニメーションが本来備えていたはずの「優美さ」を失ってしまったというのである。

　ディズニー初の長編作品として知られる『白雪姫』は，現在見てもまったく古さを感じさせるものではない。よく知られた物語のなかで，主人公の表情や動きは巧みに描き出されているし，7人の小人たちそれぞれの性格が個性豊かに表現されてもいる。実際にこの作品は，のちに検討するロトスコープをはじめとして，ダイナミックな奥行きの表現を可能にしたマルチプレーンシステム，色鮮やかな彩色を実現したテクニカラーなど，私たちが見慣れたアニメーションの技法を導入し，効果的に活用していたのである。

　では，パノフスキーは一体，何に落胆してしまったのだろうか。『白雪姫』以前のディズニー作品を高く評価するパノフスキーは，それらアニメーションの本領が「まさに生気を与える（アニメイト）こと，すなわち生命のないものに生命を，生命のあるものには別の種類の命を付与すること」にあると述べている（パノフスキー 1982: 366）。ところが，ディズニー作品はこの時期を境とし

て，人間をはじめとする生き物の姿を「リアルに」描き出すようになってしまったというのである。

それ以前から発表していた短編集「シリー・シンフォニー」シリーズにおいて，ディズニーはさまざまな技法を実験している。なかでも『白雪姫』の翌年に発表された作品であるが，『人魚の踊り』(1938) と題された一編は，岩場に波が打ちつけられる場面から始まる。クローズアップしたところに細かな水泡が無数に沸き立ち，それらが不意に人魚の子どもたちへと変身する。楽しげに戯れる人魚たちは絶えず画面一杯に動きまわり，海底ではタツノオトシゴが馬車の一団に，タコの群れがゾウの家族に変身するなど，生き物たちが音楽と合わせてリズミカルに練り歩いていく。とくに物語もないままに呈示される軽快でいて柔軟な動きは，海の生物や人魚にまさしく「別の種類の生命」を吹き込んでいるのである。

アニメーションの意味

パノフスキーと同じ頃，この『人魚の踊り』に熱狂していたのが，ロシアの映画監督セルゲイ・エイゼンシュテインである。キャラクターの柔軟で可塑的な輪郭線や動きのことを，彼は「原形質」という言葉によって説明している。原形質とはもともと，細胞内部の流動的な部分を指す生物学の用語であり，19世紀には生命の最小単位を意味することもあった。そうした含意を展開して，エイゼンシュテインは，変幻自在のキャラクターの「なりたいものなら何にでも」なれる能力を，「全能性」とまで称して絶賛するのである（エイゼンシュテイン 2013: 161）。

彼によると，アニメーションの生命力は，残酷なまでに機械化された近代生活においてきわめて魅力的なものとなるはずだ。実際に，1928 年に登場したミッキーマウスは，現在では驚くほどに暴力的な性格をもち，また自由に伸び縮みする四肢や胴体によって，観客に笑いをもたらす存在であった。エイゼンシュテインもまた，こうしたディズニーの作風が 1940 年代以降に，リアリズムへと転換したことを批判している。

要するに 20 世紀中頃には，自由に動き出した静止画に「生命が吹き込まれる」という，アニメーションの原理的な側面が重視されていたのである。アニ

メーションの語源にさかのぼるなら，この言葉は「生気」や「魂」を意味するラテン語の「アニマ」に由来している。ディズニーの初期作品は確かに，物語や映像としてのリアリティではなく，生き生きと動き出すことによって文字どおりに「生命力」を感じさせるものであったのだろう。

　こうした特徴は，現在も登場人物の変身を頻繁に描き出すジブリ作品や，無機物を主人公とすることの多いピクサー社の作品へと引き継がれている。だが，そのことを私たちがテレビで見慣れたアニメ作品に当てはめることは難しい。たとえば，『ドラえもん』や『サザエさん』の登場人物が「なりたいものなら何にでも」なれることはないし，自由活発に動くどころか，口や手足などの最低限の部位を動かしているにすぎない。それはこれらのアニメーションが「子ども向け」のものでしかないからだろうか。確かに，現在ではそれとは逆に，深遠な物語世界や意味内容をつくりだすことがめざされているようにも思われる。「稚拙な」アニメーションは，芸術作品や高級文化とされる実写映画に少しでも近づこうとしてきたかのようである。

　では，冒頭に見た2人の理論家はなぜ，わざわざ素朴や幼稚ともいえる内容をもつアニメーション作品を称讃していたのであろうか。静止画でしかないものが動き出し，生命力をもつようになるという，不合理でさえある呪術的な効果が強調されていたのはどうしてなのだろうか。

　こうした理解の根底には，カメラによる撮影から編集や上映によって現実的な世界を実現する実写映画と，1枚1枚を手書きで制作したセル画を並べて想像上の世界を描き出すアニメーションという，きわめて常識的な対立が横たわっている――そしてそうした理解こそが，アニメーションを実写映画の周辺に追いやってきた原因でもある。そこで以下では，そのような常識をいったん取り払い，アニメーションのことをその元来の意味から考え直してみたい。それはアニメーションの歴史的な位置づけを再考し，そこから私たちの身の回りの映像文化をあらためて検討するということでもある。

2 動きが生じるということ

アニメーションの源流

アニメーションに生命力のようなものが感じられるとするなら、その理由は端的にいって、もともとは静止画でしかないものに「動き」が生じるからであるといえる。世界初のアニメーション作品は、1906年に発表された『愉快な百面相』（スチュワート・ブラックトン）とされている（本章249頁扉絵参照）。その長さは3分に満たないものの、黒板に描かれた線がトリックアートのように動き出し、それが人物や事物に変身すると、さらには煙のなかへと消えていく（細馬 2013）。アニメーションとその歴史はやはり、手書きの静止画が生き生きと動き出すことによって開始されていたのである。

だが、ただたんに動きが生じるだけなら、実写映画にも指摘することができそうである。アニメーションと実写映画は多くの場合、映写機のなかでフィルムを移動させることで動きを引き起こすという、その原理的な特徴を共有してきたはずであるからだ。

そこでさらに歴史をさかのぼると、手書きで描かれた複数の図像を連続して再生するメカニズムは、映画以前から存在していたことが知られている。第2章でも確認したソーマトロープやフェナキスティスコープなど、これら19世紀前半に登場した視覚装置は「アニメーションの源流」として説明されることが少なくない。動きを引き起こすための映像技術は、写真や映画の登場にも先立ち、多様な形で展開していたのである——本章では、そうした原理的な特徴を指して「動画合成」と呼ぶことにしたい。

それらのなかでも、映画の登場と前後する2人の実践を確認しておこう。まずは1877

図14-1 エミール・レイノー、プラクシノスコープ、1879 年（*La Nature*, no. 296, 1879）

図 14-2　エミール・レイノー，テアトル・オプティーク，1892 年（*La Nature*, no. 999. 1892）

年のフランスで，エミール・レイノー（1844-1918）が発表した「プラクシノスコープ」がある。これはコマ割りにした複数の図像を並べておき，それらを回転させつつ小さな鏡に反射させることで，運動する図像を複数人で観賞することができるようにした装置であった（図14-1）。レイノーは続いて1892年に，さらに大掛かりな装置「テアトル・オプティーク（光の劇場）」を発表した。今度は帯状のフィルムに彩色つきの図像を並べて設置し，スクリーンの背後からそれらを手回しで回転させつつ，マジックランタンで投影していく（図14-2）。これらのメカニズムによって，レイノーはリュミエール兄弟のシネマトグラフに先立ち，観客へと動く映像を上映することを実現したのである。

　テアトル・オプティークは，背景画こそ固定されたままであったが，『悲しきピエロ』や『おいしいビール』と題された物語のうちで，登場人物たちを動かしてみせる。この見世物が「光のパントマイム」とも呼ばれたのは，上映中に反復や逆回しが利用されることも少なくなかったからであるのだろう。アニメーションはその源流から動きを引き起こすこと，つまりは動画合成としての特性を強く意識した映像文化であったのだ。

映画,またはアニメーションの「父」

　レイノーと並ぶ,もう1人の実践も見ておこう。同じ頃のアメリカでは,エドワード・マイブリッジ(1830-1904)が,運動中の馬の足並みを複数枚の写真に撮影することに成功していた。一定の幅をもつ運動を複数の瞬間へと分解した彼の連続写真は,肉眼には不可視の視界を示すことで人びとを驚かせたばかりか,トーマス・エディソン(1847-1931)が1891年に発明したキネトスコープの着想源にもなった。このことからマイブリッジの写真術は,その後も映画の「起源」の1つとして説明されている。

　ただし,ここで注目したいのはマイブリッジの撮影手法ではなく,彼が自ら考案していた上映技術のほうである。1880年代初頭,マイブリッジは複数の写真に分解した「馬の足並み」をあらためて合成するために,ゾープラクシスコープという技術を開発していた。これもフェナキスティスコープにマジックランタンを組み合わせ,複数の観客に自らの仕事を実演し,証明してみせるための技術であった(図14-3)。

　ただし,詳しく見てみると,マイブリッジは写真を円盤状のフィルムへと移し替えるなかで,それらの画像をわざわざ手描きで塗り替えていたことがわかる(Braun 2010: 163)。ここでは投影された図像が,写真であるか手描きであるかという区別よりも,静止画から運動をあらためて合成して見せるということが優先されていたのかもしれない。こういってよければ,「映画の父」は,自らが撮影した実写映像をアニメーションへとつくり替えていたのである

　先に確認したレイノーによる帯状のフィルムと,マイブリッジによる円盤型のフィルムとを比較するなら,両者の形状から生じる「物語性の有無」という差異を指摘することもできる。レイノーは断片化されたコマが一定の物語として編集可能であることを実演してみせたが,マイブリッジはそれよりも少ないコマ数のなかで,機械的に反復される単純な運動を合成することしかできなかったからである。

　とはいえ,そのことは間違っても,両者の間に優劣をつけることにはならない。物語性の有無を過度に重視する態度は,私たちが慣れ親しんでいる映画やアニメ作品への展開をあらかじめ前提とした判断,つまりは目的論的な歴史観にほかならないからである。たとえば,マイブリッジによるゾープラクシスコ

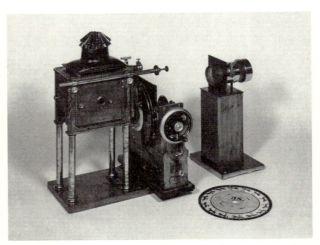

図 14-3　エドワード・マイブリッジ，ゾープラクシスコープ，1880 年頃（Brookman 2010）

ープ（または，それ以前のフェナキスティスコープ）をくりかえし再生することは，深遠な物語をもたないパラパラマンガや，現在であればミュージックビデオやGIF アニメを漫然と見てしまう私たちの経験とも地続きのものではないだろうか。かつての映像文化を安易に素朴なものとみなすことは，写真や映画を中心化するあまりに，アニメーションを傍流に位置づけてきた従来の偏った理解と変わらないのである。

3　デジタル技術とアニメーション

「すべての映画はアニメーションになる」

ここまで「アニメーションの源流」に注目してきたのは，近年の CGI や VFX など，デジタル技術による視覚効果の急速な進展によって，この言葉があらためて注目されるようになったからである。合成技術やモーフィング，モーションキャプチャなどを駆使する最新の映像技術は，現実にはありえない光景や動きを次々と描き出している。ハリウッド映画の話題作には，これらの

「アニメーション」技術が用いられないほうが珍しいとさえいえるだろう。

　こうしたデジタル技術の台頭について，よく知られる指摘を行ったのが，メディア論者のレフ・マノヴィッチである。彼によると，「アニメーションから生まれた映画は，アニメーションを周辺に追いやったが，最終的にはアニメーションのある特殊なケースになったのである」（マノヴィッチ 2013: 414）。この大胆な指摘によると，「実写」映画は歴史的に見て「アニメーション」から派生したものであり，また現在では実写映画がふたたびアニメーションになりつつあるというわけだ。これと類似したものとして，日本のアニメーション監督押井守の指摘も知られている（押井 2004）。

　マノヴィッチはこのことを示す事例として，現代の映画の制作手法を挙げる。たとえば，『スター・ウォーズ　エピソード 1』（ジョージ・ルーカス，1999 年）のセット撮影は，わずか 65 日で終了したが，それらのデータを仕上げる「ポストプロダクション」の作業には，2 年以上もの月日が費やされた。この映画作品を構成する 2200 ショットのうち，95% にあたる 2000 ショットがコンピュータ上で制作されたのである。細部の表現に注目しても，『フォレスト・ガンプ』（ロバート・ゼメキス，1994 年）では，生前のケネディ大統領を主人公の姿と合成するため，決められた台詞を話す唇の形が 1 フレームずつ塗り替えられていたという。

　こうした事例をもってしても，すべての実写映画がアニメーションになるとするマノヴィッチの指摘は，私たちの直感に反するものであるのかもしれない。それでも 1990 年代以降の『ジュラシック・パーク』シリーズをはじめとして，今世紀に入っても『アバター』（ジェームズ・キャメロン，2009 年）や『スター・ウォーズ』シリーズなど，現実にはありえない情景を描く CGI の技術が，もはや必要不可欠なものとなっている。こうした最近の話題作を見ていると，彼の指摘はますます説得力を強めているかのようでもある。

ポストプロダクションとアニメーション

　高額な予算が投入された映画作品だけでなく，私たち自身にとって身近なものとなった，映像編集ソフトの作業手順を思い出してもいいかもしれない。コンピュータや携帯電話のスクリーン上でレイヤーやコマを 1 つずつ編集する作

業は，アニメーターたちが行う作業と近いものであるだろう。歴史的に見ると，それは先に確認したレイノーやマイブリッジの手続きともそう離れてはいない。このようにアニメーションの源流とされる実践も，ポストプロダクションに基づくものであったとするなら，すべての映画はやはりアニメーションから出発し，そこに回帰しつつあるのかもしれない。

　この点について，もう少し検討を加えてみよう。マノヴィッチが提示した先の事例に限れば，実写映画とアニメーションとを対比する根拠は，「手描き」という手続き（または，それに代わるポストプロダクション）の有無に求められている。その根底にあるのは，合成された動画が複数の静止画によって構成されているとする，私たちの常識や従来の映画論に広く行き渡った理解である。

　しかしながら，こうした「常識的な」理解では，冒頭から確認してきたように，動きによって静止画に命が吹き込まれるプロセスに人びとが魅了されてきたという事実をうまく説明することができないのではないだろうか。パノフスキーやエイゼンシュテインの議論は，アニメーションに生じる呪術的な効果と，それを可能にする独自の動きを賞賛するものであった。また，パラパラマンガやフェナキスティスコープの原理がわかりきった「単純な」ものでありながら，レイノーやマイブリッジ，私たちがそれを楽しむことができるのは，実際に動かしたときにどういった変化が生じるのかという，ある種の期待や喜びが生じるからである。

　つまり，アニメーションに指摘される生命力や動画合成としての特性は，静止画を出発点とするのではなく，そこに動きが生じること自体の魅力や快楽を重視するものであったはずだ。そのことは登場してまもない20世紀初頭の映画が，しばしば「アニメ化された画像 animated picture」と呼ばれていたこととも無関係ではない。当時の観客の目の前では，レイノーのときと同様に，上映中に映画をわざわざ静止画から開始したり逆回転したりすることも珍しくはなかった（長谷 2010: 40）。動きが生じることをスペクタクルとする点において，これら初期の実写映画もアニメーションと通底していたのである。

4 完全映画とアニメーション

完全映画の神話

　このような観点から，あらためて次のような疑問が生じるかもしれない。動画を合成する技術はなぜ，歴史的に映画や写真の登場以前に実現していたのであろうか。確かに動画合成のほうが，技術的には容易であったからなのかもしれない。それでも映画やその基盤となる瞬間写真のように，外界の光景をリアルに映し出す技術に先立ち，人びとはなぜ，静止画を動画へと合成することを望んでいたのであろうか。

　この点について示唆的な考察を展開したのが，20世紀中頃の映画批評家アンドレ・バザンである。論考「完全映画の神話」のなかで彼もまた，映画や写真の登場に先立ち「運動の合成」技術が実現していたことを，「驚くべき事実」としてくりかえし強調しているのである。

　その表題にある「完全映画」のことを，バザンは人間の外部にある世界そのものを，音や色彩や立体感を備えた「完全な錯覚」として再現することだとしている。それだけであれば，写真や映画を洗練させた未来の映像技術と，そのリアリズムが想定されているようにも思われる。しかしながら，驚くべきことに，バザンの議論はそれとは逆の方向に向かう。つまり，1890年代に映画が登場する以前にあって，完全映画はすでに発見されていたというのである。どういうことだろうか。

　バザンによると，「自然の総合的な模倣へと向かう」完全映画は「映画の真の初期形態，19世紀における数十人の面々の想像のうちにしか存在したことのない形態」であるという（バザン 2015: 32）。現在までの映像文化を推し進めてきた科学や技術，経済や産業が発展する以前から，完全映画はすでにある種の観念として存在していたのであり，それは人びとの間に存在した「心理的願望」ともいいかえられている。さらに，そのような完全映画はいまだに完成していないのであって，それどころか20世紀以降の技術的な改善のすべても，映画以前の完全映画という神話へと近づくことにほかならない，バザンはこのように主張するのである。

完全映画におけるアニメーション

　もちろん，「完全映画」のような心理的願望が古くから存在していたとしても，それは実際に証明してみせることが難しいものであり，その意味において，バザンの議論はあまりにも観念的な仮説であるのかもしれない。だが，このような仮説によって，写真や映画の登場よりも先に「運動の合成」のための技術が登場していたという，歴史的な事実を説明することが可能になる。つまり，動画合成の技術が先に完成させられたのも，人びとがすでに「完全映画」という神話を共有していたからであると考えることができるだろう。

　そのことを指摘するなかで，バザンは次のように述べる。「いずれにせよ，動画に音と立体感を付け加えようと考えない発明家はいなかった」（バザン 2015: 29）。注目すべきことに，フランス語の原文ではこの「動画」という部分に，「アニメーション」という言葉が用いられている。この言葉はここでも，何らかの図像や物語の内容ではなく，動画合成としての特性を指し示していると考えるべきだろう。と同時に，そのような特性は音や立体感にも先立つ，完全映画の根幹となるような技術として位置づけられているのである。

　それでは，私たちを驚かせる最新の映像技術が次々と実現し，実写とアニメーションの見分けをつけることが困難になった現在にあって，この「完全映画」はほとんど実現しつつあるのだろうか。確かに 20 世紀に入ってから，映画には音声や色彩がつけ加えられ，さらに現在では高画質の 3D 映像やバーチャル・リアリティなど，映像技術の進展は，ますます「自然の総合的な模倣」へと向かうかのようである。

　しかしながら，私たちはそうした映像のことをいまだ世界の「完全な錯覚」とみなすには（かろうじて？）いたっていない。つまり，現在もいまだ，完全映画を実現しようとするプロセスのうちにあり，または映画が登場した頃と同じように，そのような神話に取り憑かれているのかもしれない。とするなら，現在の映像文化もまた，その根幹となる動画合成としての特性から再考されるべきではないだろうか。

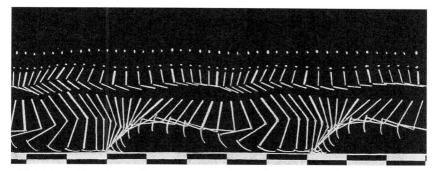

図14-4 エティエンヌ=ジュール・マレー,幾何学的クロノフォトグラフィ,1886年頃（Etienne-Jules Marey, 1894, *Le Mouvement*）

5　モーションキャプチャとアニメーション

動きを抽出するということ

　このような観点から注目すべき事例となるのが,モーション（パフォーマンス）キャプチャと呼ばれる技術である。これはよく知られるように,カメラに撮影された俳優の動きをいったんデータ化し,自由なキャラクターの造形に変換すると,CGI技術でつくりだされた世界のうちに再配置することを可能にする。モーションキャプチャは,文字どおりに俳優の演技から動きだけを捉えて抽出し,あらためて合成することに特化した技術であるといえるだろう。

　私たちにとってそれがさらに示唆的なのは,モーションキャプチャの歴史が,実写映像とアニメーションを横断するようにして展開してきたからである。その原型となる技術も,すでに19世紀末に確認することができるのである（石田 2008）。

　先のマイブリッジの写真に着想を得たフランスの生理学者エティエンヌ=ジュール・マレー（1830-1904）は,1880年代から自身の運動研究のために「幾何学的連続写真」と呼ばれる撮影技術を開発した。その仕組みは,黒いスーツにマーカーをつけた人間が,同じく黒い背景の前で運動する様子を撮影することによって,その動きだけを白い点線として浮かび上がらせるというものであった（図14-4）。ある種のトリック撮影によって,マレーはそれまでは不可視

図14-5 モーションキャプチャを用いた映画『アバター』（ブルーレイ発売中。20世紀フォックスホームエンターテイメントジャパン。(C) 2013 Twentieth Century Fox Home Entertainment LLC. All Rights Reserved.）

のものであった人間の身体の運動を分解し，グラフ化しようとしたのである。

　この特殊な写真術と，その後のモーションキャプチャに共通するのは，カメラに撮影した身体の動きから余分な視覚的情報を削ぎ落とし，その動きだけを抽出しようとする点である。20世紀に入ると同時に，マレーの写真術は軍隊の兵士や労働者たちの身振りを記録し，効率的に管理するために応用されることになる。さらに現在では，モーションキャプチャを用いた映画の撮影風景に，マレーのときとほとんど同じ黒いスーツを着た俳優たちの姿を確認することができるだろう。

　もちろん，現代のモーションキャプチャは，デジタル化された演算処理に基づいて総合されるものであって，この点において幾何学的連続写真と大きく異なるのかもしれない。それでも運動を合成するための先駆的な技術を，今度は1910年代以降に活躍したアメリカのアニメーターの実践に確認することができるのである。

動きを合成するということ

　ディズニーのライバルとして知られ，『ベティ・ブープ』や『ポパイ』シリ

ーズを手がけたフライシャー兄弟は，1917年に「ロトスコープ」という技術の特許を取得した（図14-6）。その仕組みは，撮影機と映写機の両方を兼ねていた旧式の映画装置を応用したものである。まずは被写体の動きを通常どおりにフィルムに撮影しておき，次にそのフィルムを手元のスクリーンへと投影する。そして反対側から，1コマずつその図像をトレースしていく。これらの作業によって，彼らは実写映像を手描きのアニメーションへと変換したのである。

ロトスコープは現在にも利用されることがあり，その独自のリアリズム的な効果において注目されることが多い（ただし，実際には法外なまでの時間と労力を必要とするため，経済的にも割に合わないのが実情のようであ

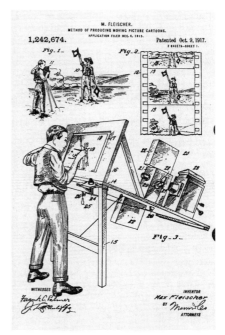

図14-6 マックス・フライシャー，ロトスコープの特許資料，1917年公開（Method of Producing Moving-picture Cartoons, US Patent No. 1242674）

る）。確かに，現在のアニメ作品にも頻繁に見られる写真をもとにした風景描写のように，ロトスコープの映像は，想像で描いたとされる手書きの原画とは異なり，現実の世界と強い結びつきをもつように思われるかもしれない。

ただし，フライシャーの時代にも，アニメーションが実写映像と合成されることは珍しいことではなかった。それ以上に驚かされるのは，彼らの制作した道化師のキャラクターが見せる，あまりにも滑らかな動きである。行き当たりばったりの筋書きのなかで，登場人物の軽快な動きばかりが強調され，それらは見る者に「不気味な」印象を与えることにもなる。

フライシャーは実際に特許書類のなかで，撮影したフィルムから「最低限の重要な線」を取り出し，その「グロテスクな」効果を強めることができると記

していた。つまり、ロトスコープとは「単に人物の動きをそのまま写し取る」ためではなく、「むしろその動きを利用しながら、描き手の筆を加えて、キャラクターをどんどんメタモルフォーゼさせていく」ための技術であったのだ（細馬 2013: 122）。ここでも実写のような静止画を獲得するだけではなく、むしろ新しい動きを合成することがめざされていたのである——とするなら、『白雪姫』にパノフスキーが落胆した理由は、ロトスコープを利用したことによる不気味な動きによるものであったのかもしれない。

　こうしてみると、モーションキャプチャの歴史は、あたかも実写映画との区別などなかったかのように進められてきたのである。この技術がはやくから、科学と娯楽の領域を横断するようにして展開してきた理由もまた、見慣れていたはずのものがいつもとは異なる形で動き出す様子に、人びとが魅了されていたからであるに違いない。

6　アニメーションという動き

フル／リミテッド・アニメーション

　こうした動きの誇張は、20世紀以降のアニメーションにおいてさまざまな方法で展開していくことになった。たとえば、その代表的なものに「スカッシュ＆ストレッチ（潰しと伸ばし）」と呼ばれる技法がある。これは走ったり飛んだりする人物や事物をありのままに描くのではなく、必要以上に歪ませることによって、見る者に速度や重力を強く感じさせるための手法である。現在にも確認することができるように、アニメーションのなかのキャラクターは、走り出すためにわざわざタメを見せて逆方向にいったん身を傾けたり、または停止するときにも横滑りや伸縮を起こしたり、ときに潰れてしまうほどに踏んばってみせたりする。これらの描写は、現実世界の物理的法則からかけ離れたものであり、それでいて私たち観客は、そうした動きに見入ってしまう。

　ディズニーのアニメーターたちはこれらの表現技法を体系化し、その内容を大著『生命を吹き込む魔法』にまとめている（トーマス／ジョンストン 2002）。これらの運動を丁寧に描写するためには、大量の作画枚数を用意しなくてはな

らない。こうした方式は「フル・アニメーション」と呼ばれ、その後のアニメーションにも多大な影響を与えてきた。実際にディズニーの技法を引き継ぎ、その動きの描写にこだわり続けたのが、東映動画やジブリをはじめとする、戦後日本のアニメ作品であった（大塚 2013）。

それとは異なり、手塚治虫が先導して 1963 年に開始された『鉄腕アトム』以降、毎週放送されるテレビアニメでは、一般に 1 秒間 24 コマのうち 3 コマに同一のセル画が用いられるようになった。というのも、テレビアニメの制作現場では、週に 1 本という過酷なスケジュールのもと、時間や予算、労働力の効率化が必要とされたからである（津堅 2017）。こうした経済的理由により、作画枚数を節約した製作物は「リミテッド・アニメーション」と呼ばれる。

だが、ここでも注意すべきことに、原画の枚数だけで区別されるフルとリミテッドに、優劣をつけることはできないだろう。実際にはどちらの場合も、場面ごとに利用される原画の枚数が異なることがあれば、ズームやアングルなどによって画面の一部だけが移動することも少なくない。また、テレビアニメでは、同一の図案をくりかえす「バンク」や強調点として作用する「止め絵」などが、独自の効果的な演出技法として応用されてきた。

最近では、こうしてリミテッド・アニメーションが独自の技法を展開してきたこと、それがフル・アニメーションと混交するような傾向にあったことが指摘されてもいる（顔 2009; ラマール 2013）。これらの議論に共通するのは、フルとリミテッドの間に優劣をつけてしまいがちであった従来の理解を批判的に展開しようとする態度である。本章で明らかにした観点からすれば、そのような誤解もまた、アニメーションを静止画へと還元しようとしたことに由来するものであったといえる。結局のところ、さまざまな動きを含みもつアニメーションを連続した静止画でしかないとみなす態度には、つねに困難がつきまとうのである。

動きとしてのアニメーション

本章ではアニメーションの個別のジャンルや作品よりも、この言葉の元来の意味から出発して、映像文化の歴史に頻出する動画合成という側面を検討してきた。生命力や原形質、完全映画といった、アニメーションにまつわる指摘は、

静止画に由来するリアリズムや技巧よりも，それらが動いて見えるという「素朴な」事実こそが，人びとを強く魅了していたという事実を明らかにする。これらの動きの分析と合成について，ほかの何よりもこだわりをみせ，それをさまざまな形で展開してきたのが，アニメーションという映像文化なのである。
　現在ではセル画がコンピュータの画面に移行し，その編集や視覚効果が自動化されるなど，アニメーションの制作現場は大きく変動し，その表現も変化している。すでに述べたように，そのことは実写映像と区別できないほどの画質を実現し，その一方で最新の映画作品も，これまでにない視覚効果を競い合うかのように提出している。私たち観客はもはや，アニメーション／映画の内容よりも，新たな動画合成を可能にした映像技術に熱狂しているかのようである。
　こうして機械化や合理化を推し進めるなかで，アニメーションはさらに観客の眼を惹きつけるようになり，その呪術的な側面を強めるようになるだろう。だが，そうした事態は何も最近に限られたことではなく，ここまでの映像文化の歴史上に私たちが頻繁に確認してきたことでもあったはずだ。アニメーションという映像文化を合理的に把握しようとするほどに，先に述べたような「常識的」な理解は裏切られてしまうのである。
　そのことは裏を返せば，アニメーションをあらためて動きの技術として考察することの可能性であったといえる。アニメーションのことを既存のジャンルや稚拙な映像として閉じ込めるのではなく，そこに実現された多様な動きや細部から出発して広く映像文化を検討していくこと，そのような作業は，従来の手法と最新の技術がますます混交している現在にさらに興味深いものとなるに違いない。

●読書案内●
①加藤幹郎編『アニメーションの映画学』臨川書店，2009年。
　　本章で触れた「原形質」に関する2本の論文をはじめとして，作品分析や計量分析，歴史研究など，多様な方法論とともに新旧問わず幅広い作品を対象としたアニメーション論集。
②細馬宏通『ミッキーはなぜ口笛を吹くのか――アニメーションの表現史』新潮社，2013年。
　　『愉快な百面相』からディズニーとフライシャー兄弟，さらには『トムとジェ

リー』まで 20 世紀前半のアニメーション作品の技法と文脈を精緻に分析し，その表現手法の歴史を検討した必読書。

③レフ・マノヴィッチ『ニューメディアの言語――デジタル時代のアート，デザイン，映画』堀潤之訳，みすず書房，2013 年。

　ニューメディア論のマニフェスト的著作。デジタル技術に精通した筆者の視点は，本章で取り上げた箇所に限らず，現在の映像文化とその歴史を考えるうえで示唆的な議論を展開する。

④トーマス・ラマール『アニメ・マシーン グローバル・メディアとしての日本アニメーション』藤木秀朗監訳，大崎晴美訳，みすず書房，2013 年。

　ジブリからエヴァンゲリオン，さらにはオタク文化まで論じた本格的なアニメ論。難解な哲学を援用しつつも実例に根ざした議論が展開されており，そのなかでも「動き」が重要なテーマの 1 つとなる。

増田 展大◆

参考文献

●第1章

バジャック，クエンティン，2003，『写真の歴史』伊藤俊治監修・遠藤ゆかり訳，創元社

バルト，ロラン，1985，『明るい部屋――写真についての覚書』花輪光訳，みすず書房

Batchen, Geoffrey, 2004, *Forget Me Not: Photography and Remembrance*, Princeton Architectural Press.

バザン，アンドレ，2015，「写真映像の存在論」『映画とは何か（上）』野崎歓・大原宣久・谷本道昭訳，岩波書店

飯沢耕太郎監修，2004，『カラー版 世界写真史』美術出版社

小松和彦，1995，『日本の呪い――「闇の心性」が生み出す文化とは』光文社

三井圭司・東京都写真美術館監修，2005，『写真の歴史入門 第1部「誕生」――新たな視覚のはじまり』新潮社

Nadar, 1994, *Quand j'étais photographe*, Éditions du Seuil.

小沢健志編，1996，『幕末 写真の時代』筑摩書房

●第2章

バラージュ，ベラ，1986，『視覚的人間――映画のドラマツルギー』佐々木甚一・高村宏訳，岩波文庫

ボードリー，ジャン=ルイ，1999，「装置――現実感へのメタ心理学的アプローチ」木村建哉訳，岩本憲児ほか編『「新」映画理論集成2――知覚・表象・読解』フィルムアート社

ベンヤミン，ヴァルター，1995，「複製技術時代の芸術作品」久保哲司訳，浅井健二郎編訳『ベンヤミン・コレクションⅠ 近代の意味』筑摩書房

ボードウェル，デヴィッド／クリスティン・トンプソン，2007，『フィルム・アート――映画芸術入門』藤木秀朗監訳，名古屋大学出版会

カートライト，リサ，2017（近刊），『X線と映画』長谷正人監訳，望月由紀訳，青弓社

ツェーラム，C.W.，1977，『映画の考古学』月尾嘉男訳，フィルムアート社

クレイリー，ジョナサン，2005，『観察者の系譜――視覚空間の変容とモダニティ』遠藤知巳訳，以文社

ドーン，メアリー・アン，2003，「フロイト，マレー，そして映画――時間性，保存，読解可能性」小倉敏彦訳，長谷正人・中村秀之編訳『アンチ・スペクタクル――沸騰する映像文化の考古学』東京大学出版会

ガニング，トム，2003，「アトラクションの映画――初期映画とその観客，そしてアヴァンギャルド」中村秀之訳，長谷正人・中村秀之編訳『アンチ・スペクタクル――沸騰する映像文化の考古学』東京大学出版会

長谷正人，2010，『映画というテクノロジー経験』青弓社

長谷正人，2010，「日本映画のポストモダン――映画文化のパーソナル化をめぐって」黒沢清・吉見俊哉ほか編『観る人，作る人，掛ける人（日本映画は生きている第3巻）』岩波書店

ホルクハイマー，マックス／テオドール・アドルノ，2003，『啓蒙の弁証法――哲学的断想』徳永恂訳，岩波書店
北野圭介，2001，『ハリウッド100年史講義――夢の工場から夢の王国へ』平凡社
マルヴィ，ローラ，1998，「視覚的快楽と物語映画」斉藤綾子訳，岩本憲児ほか編『「新」映画理論集成1――歴史・人種・ジェンダー』フィルムアート社
ヴォーン，ダイ，2003，「光あれ――リュミエール映画と自生性」長谷正人・中村秀之編訳『アンチ・スペクタクル――沸騰する映像文化の考古学』東京大学出版会

●第3章
青木貞伸，1976，『かくて映像はとらえられた――テレビの50年』世界思想社
藤竹暁，1963，「大衆文化研究における社会――文化心理学的アプローチ（下）」『放送学研究』6号
星合正治，1932，「アメリカのテレヴィジョン界見た事聞いた事」『ラジオの日本』1932年3月号
飯田豊，2013，「テレビジョンの初期衝動――『遠く（tele）を視ること（vision）』の技術史」飯田豊編『メディア技術史――デジタル社会の系譜と行方』北樹出版
高野光平，2007，「テレビと大晦日」長谷正人・太田省一編『テレビだョ！ 全員集合――自作自演の1970年代』青弓社
マクルーハン，マーシャル，1987，『メディア論――人間の拡張の諸相』栗原裕・河本仲聖訳，みすず書房
水越伸，1993，『メディアの生成――アメリカ・ラジオの動態史』同文舘出版
森楙，1977，「子どもとマスコミ文化」野垣義行編『日本子どもの歴史7 現代の子ども』第一法規出版
佐野眞一，2000，『巨怪伝（下）――正力松太郎と影武者たちの一世紀』文藝春秋
佐藤忠男，1978，『家族の甦りのために――ホームドラマ論』筑摩書房
高柳健次郎，1986，『テレビ事始――イの字が映った日』有斐閣
吉見俊哉，2012a，『「声」の資本主義――電話・ラジオ・蓄音機の社会史』河出書房新社
吉見俊哉，2012b，『メディア文化論――メディアを学ぶ人のための15話 改訂版』有斐閣

●第4章
赤田祐一・仲俣暁生，2011，「ITの起源はヒッピーイズム？ スティーブ・ジョブズも愛読した伝説の雑誌」『サイゾー』2011年10月号，http://www.fujisan.co.jp/yomimono/articles/4863
東浩紀，2001，『動物化するポストモダン――オタクから見た日本社会』講談社
東浩紀，2011，『サイバースペースはなぜそう呼ばれるか＋』河出書房新社
ばるぼら，2010，『教科書には載らないニッポンのインターネットの歴史教科書』翔泳社
ブランド，スチュアート，2014，「Whole Earth Editors #4 STEWART BRAND」「Spectator Vol. 30 ホール・アース・カタログ（後篇）』幻冬舎
Friedman, Ted, 2005, *Electric Dreams: Computers in American Culture,* New York University Press.
古瀬幸広・廣瀬克哉，1996，『インターネットが変える世界』岩波書店

濱野智史，2008，『アーキテクチャの生態系——情報環境はいかに設計されてきたか』NTT出版

池田純一，2011，『ウェブ×ソーシャル×アメリカ——〈全地球時代〉の構想力』講談社

Kay, Alan C., 1972, "A Personal Computer for Children of All Ages," *Proceedings of the ACM Annual Conference*, ACM.

ケリー，ケヴィン，2014，『テクニウム——テクノロジーはどこへ向かうのか？』服部桂訳，みすず書房

喜多千草，2003，『インターネットの思想史』青土社

喜多千草，2005，『起源のインターネット』青土社

キットラー，フリードリッヒ，1998，『ドラキュラの遺言——ソフトウエアなど存在しない』原克・大宮勘一郎・前田良三・神尾達之・副島博彦訳，産業図書

マクルーハン，マーシャル，1987，『メディア論——人間の拡張の諸相』栗原裕・河本仲聖訳，みすず書房

Manovic, Lev, 2001, Post-Media Aesthetics, http://manovich.net/content/04-projects/032-post-media-aesthetics/29_article2001.pdf

マルコフ，ジョン，2007，『パソコン創世「第3の神話」——カウンターカルチャーが育んだ夢』服部桂訳，NTT出版

西垣通，1997，「"思想"としてのパソコン」西垣通編訳『思想としてのパソコン』NTT出版

野上元，2005，「『マイコン』と『パソコン』のあいだ——パソコン雑誌『I/O』にみる，早期採用者たちにおける情報技術の私有化について」『社会情報学研究』9巻2号

大久保遼，2015，『映像のアルケオロジー——視覚理論・光学メディア・映像文化』青弓社

佐藤健二，2012，『ケータイ化する日本語——モバイル時代の"感じる""伝える""考える"』大修館書店

SE編集部編，2010，『僕らのパソコン30年史——ニッポンパソコンクロニクル』翔泳社

杉本達應，2013，「文化としてのコンピュータ——その『柔軟性』はどこからきたのか」飯田豊編『メディア技術史——デジタル社会の系譜と行方』北樹出版

鈴木洋仁，2017（近刊）a，「〈ひろゆき〉とは何だったのか——『2ちゃんねる』からも『ニコニコ動画』からも離れて」稲賀繁美編『海賊史観から見た世界史の再構築』思文閣出版

鈴木洋仁，2017（近刊）b，「経営者・川上量生のビジネス書を読む——『説明できない』ニコニコ動画を『誰もやっていない』ビジネスチャンスに変える術」稲賀繁美編『海賊史観から見た世界史の再構築』思文閣出版

鈴木幸一，2015，『日本インターネット書紀——この国のインターネットは，解体寸前のビルに間借りした小さな会社からはじまった』講談社

山本貴光，2010，『コンピュータのひみつ』朝日出版社

安田寿明，1977，『マイ・コンピュータ入門——コンピュータはあなたにもつくれる』講談社

● 第5章

バッチェン，ジェフリー，2010，『写真のアルケオロジー』前川修・佐藤守弘・岩城覚久訳，青弓社

ベンヤミン，ヴァルター，1998，『図説 写真小史』久保哲司訳，筑摩書房

フロイント，ジゼル，1986，『写真と社会——メディアのポリティーク』佐復秀樹訳，御茶の

水書房
外務省, 2014,「外交史料 Q&A その他」, http://www.mofa.go.jp/mofaj/annai/honsho/shiryo/qa/sonota_01.html, 2015 年 9 月 4 日最終アクセス
外務省旅券課, 2011,「旅券用提出写真について」, http://www.mofa.go.jp/mofaj/toko/passport/pdfs/ic_photo.pdf, 2015 年 9 月 4 日最終アクセス
Gunthert, André, 2015, "La consécration du selfie. Une histoire culturelle," *Etudes photographiques*, n° 32, printemps 2015, http://etudesphotographiques.revues.org/3529, 2015 年 9 月 4 日最終アクセス
橋本一径, 2010,『指紋論——心霊主義から生体認証まで』青土社
飯沢耕太郎監修, 2004,『カラー版 世界写真史』美術出版社
加藤裕康, 2011,『ゲームセンター文化論——メディア社会のコミュニケーション』新泉社
菊池哲彦, 2014,「渋沢栄一，流通する肖像」平井雄一郎・高田知和編『記憶と記録のなかの渋沢栄一』法政大学出版局
北野謙, 2005,『our face——日本に暮らす様々な人々 3141 人を重ねた肖像』窓社
栗田宣義, 2004,「欲望と誹謗のメディア，カメラ付携帯」『木野評論』35 号
ナダール，フェリックス, 1990,『ナダール——私は写真家である』大野多加志・橋本克己編訳, 筑摩書房
多木浩二, 2007,『肖像写真——時代のまなざし』岩波書店
富田英典, 2004,「写真感覚の変容——プリクラからデジカメ付携帯電話へ」『木野評論』35 号
トービー，ジョン, 2008,『パスポートの発明——監視・シティズンシップ・国家』藤川隆男監訳, 法政大学出版局
角田隆一, 2004,「思い出をつくる若者たち——現代的自己の記憶論的アプローチ」宮台真司・鈴木弘輝編『21 世紀の現実（リアリティ）——社会学の挑戦』ミネルヴァ書房
渡辺公三, 2003,『司法的同一性の誕生——市民社会における個体識別と登録』言叢社

● 第 6 章
浅羽通明, 1991,『天使の王国——「おたく」の倫理のために』JICC 出版局
ブルデュー，ピエール, 1990,『写真論——その社会的効用』山縣熙・山縣直子訳, 法政大学出版局
近森高明, 2014,「タグづけされる世界と『くくり』の緩やかな秩序」『ソシオロジ』59 巻 2 号
ギデンズ，アンソニー, 2005,『モダニティと自己アイデンティティ——後期近代における自己と社会』秋吉美都・安藤太郎・筒井淳也訳, ハーベスト社
原野直也, 1997,『プリクラ仕掛人の素顔——プリクラが平成最大の集客マシーンへ進化した理由』メタモル出版
長谷正人, 2009,「写真というメディア」伊藤守編『よくわかるメディア・スタディーズ』ミネルヴァ書房
犬山紙子, 2015,『SNS 盛』学研マーケティング
いしたにまさき・大山顕, 2011,『楽しいみんなの写真——とにかく撮る，flickr で見る。ソーシャルメディア時代の写真の撮り方・楽しみ方』BNN 新社

北田暁大，2011，『広告都市・東京——その誕生と死』筑摩書房
栗田宣義，1999，「プリクラ・コミュニケーション——写真シール交換の計量社会学的分析」『マス・コミュニケーション研究』55号
松田美佐，2000，「若者の友人関係と携帯電話利用——関係希薄化論から選択的関係論へ」『社会情報学研究』4号
見田宗介，1990，「夢の時代と虚構の時代」『東京 都市の視線』東京都写真美術館
見田宗介，2011，『生と死と愛と孤独の社会学（定本 見田宗介著作集Ⅵ）』岩波書店
見田宗介，2012，『現代社会はどこに向かうか——生きるリアリティの崩壊と再生』弦書房
宮台真司，2006，「少女幻想批判序説」『宮台真司ダイアローグス（1）』イプシロン出版企画
奥田容子，1998，「プリクラのとなりに写っているのは誰か？」『木野評論』29号
多木浩二，1991，「家族の肖像」上野千鶴子ほか編『家族の社会史』岩波書店
角田隆一，2004，「思い出をつくる若者たち——現代的自己の記憶論的アプローチ」宮台真司・鈴木弘輝編『21世紀の現実』ミネルヴァ書房
角田隆一，2011，「家族写真と人生の物語」藤村正之編『いのちとライフコースの社会学』弘文堂
鶴見良行，1999，『鶴見良行著作集Ⅰ 出発』鶴見俊輔編，みすず書房
宇野常寛，2011，『リトル・ピープルの時代』幻冬舎
山田太一，2006，『岸辺のアルバム』光文社
四方田犬彦，2006，『「かわいい」論』筑摩書房
米原康正編，2000，『Out of Photographers』Betterdayz Publishing

● 第7章

バルト，ロラン，2005，『映像の修辞学』蓮實重彦・杉本紀子訳，筑摩書房
ボードリー，ジャン＝ルイ，1999，「装置——現実感へのメタ心理学的アプローチ」木村建哉訳，岩本憲児ほか編『「新」映画理論集成2——知覚・表象・読解』フィルムアート社
ベンヤミン，ヴァルター，1995，「ボードレールにおけるいくつかのモティーフについて」浅井健二郎編訳，久保哲司訳『ベンヤミン・コレクションⅠ 近代の意味』筑摩書房
長谷正人，2010，『映画というテクノロジー経験』青弓社
長谷正人，2015，「大量消費社会とパーソナル化」『世界思想』42号
小林信彦，1995，『一少年の観た〈聖戦〉』筑摩書房
ミュラー，レイ，1995，『レニ』（映画作品）
NHKスペシャル，2016，『新・映像の世紀 第6集 あなたのワンカットが世界を変える』（NHK総合テレビ2016年3月20日放送）
リーフェンシュタール，レニ，1995，『回想——20世紀最大のメモワール』椛島則子訳，文藝春秋
ソンタグ，スーザン，1982，『土星の徴の下に』富山太佳夫訳，晶文社
スピーゲル，リン，2000，「家庭の理想型と家族の娯楽——ヴィクトリア朝時代から放送の時代まで」山口誠訳，吉見俊哉編『メディア・スタディーズ』せりか書房
多木浩二，2002，『天皇の肖像』岩波書店
多木浩二，2003，『写真論集成』岩波書店
TBS，1969，『TBS調査情報』9月号（特集「月と人間——"アポロ報道"の全記録」）

渡邉大輔，2012，『イメージの進行形——ソーシャル時代の映画と映像文化』人文書院

● 第8章
アンダーソン，ベネディクト，1997，『増補 想像の共同体——ナショナリズムの起源と流行』白石さや・白石隆訳，NTT出版
バルト，ロラン，1967，『神話作用』篠沢秀夫訳，現代思潮新社
バルト，ロラン，1997，『エッフェル塔』宗左近・諸田和治訳，筑摩書房
バルト，ロラン，2005，『映像の修辞学』蓮實重彦・杉本紀子訳，筑摩書房
ボードリヤール，ジャン，1979，『消費社会の神話と構造』今村仁司・塚原史訳，紀伊国屋書店
ボードリヤール，ジャン，1992，『象徴交換と死』今村仁司・塚原史訳，筑摩書房
ブーアスティン，ダニエル・J.，1964，『幻影の時代——マスコミが製造する事実』星野郁美・後藤和彦訳，東京創元社
ブラッドリー，ジェイムズ／ロン・パワーズ，2002，『硫黄島の星条旗』島田三蔵訳，文藝春秋
フット，ケネス・E.，2002，『記念碑が語るアメリカ——暴力と追悼の風景』和田光弘ほか訳，名古屋大学出版会
ゴールドバーグ，ヴィッキ，1997，『パワーオブフォトグラフィ（下）——写真が世界を動かした』別宮貞徳訳，淡交社
Hall, Stuart, 1973, "The Determinations of News Photographs," Stanley Cohen and Jock Young eds., *The Manufacture of News: Social Problems and the Mass Media*, Constable.
Marling, Karal Ann and John Wetenhall, 1991, *Iwo Jima: Monuments, Memories, and the American Hero*, Harvard University Press.
The White House Press Release, November 10, 2006, "President Bush Attends Dedication of the National Museum of the Marine Corps"

● 第9章
ベンヤミン，ヴァルター，1995，「複製技術時代の芸術作品」『ベンヤミン・コレクション1 近代の意味』浅井健二郎監訳，久保哲司訳，筑摩書房
バイナム，ウィリアム，2015，『医学の歴史』鈴木晃仁・鈴木実佳訳，丸善出版
Cartwright, Lisa, 1995, *Screening the Body: Tracing Medicine's Visual Culture*, University of Minnesota Press.
Curtis, Scott, 2012, "Photography and Medical Observation," Nancy Anderson and Michael R. Dietrich eds., *The Educated Eye: Visual Culture and Pedagogy in the Life Science*, Dartmouth College Press.
ディディ＝ユベルマン，ジョルジュ，2013，『ヒステリーの発明——シャルコーとサルペトリエール写真図像集』（上下）谷川多佳子・和田ゆりえ訳，みすず書房
Dijk, José van, 2005, *The Transparent Body: A Cultural Analysis of Medical Imaging*, University of Washington Press.
遠藤知巳，2016，『情念・感情・顔——「コミュニケーション」のメタヒストリー』以文社
フーコー，ミシェル，1969，『臨床医学の誕生——医学的まなざしの考古学』神谷美恵子訳，

みすず書房
フォール,オリヴィエ,2010,「医者のまなざし」和田光昌訳,『身体の歴史Ⅱ 19世紀フランス革命から第一次世界大戦まで』A. コルバン／J.-J. クルティーヌ／G. ヴィガレロ監修,小倉孝誠監訳,藤原書店
Gilman, Sander L. ed., 2014, *The Face of Madness: Hugh W. Diamond and the Origin of Psychiatric Photography*, Echo Point Books & Media.
Hoel, Aud Sissel and Frank Lindseth, 2016, "Differential Interventions: Images as Operative Tools," *Photo Mediations: Reader*, Open Humanities.
Kevles, Bettyann H., 1997, *Naked to the Bone: Medical Imaging in the Twentieth Century*, Rutgers University Press.
久保田博南,2003,『医療機器の歴史——最先端技術のルーツを探る』真興交易医書出版部
久保田博南,2008,『いのちを救う先端技術——医療機器はどこまで進化したのか』PHP 研究所
美馬達哉,2007,『〈病〉のスペクタクル——生権力の政治学』人文書院
美馬達哉,2012,『リスク化される身体——現代医学と統治のテクノロジー』青土社
中崎昌雄,1996,「放射能発見における写真の役割——レントゲン線とベクレル線」(上下)『中京大学教養論叢』37巻1号,2号
パーカー,スティーヴ,2016,『医療の歴史——穿孔開頭術から幹細胞治療までの1万2千年史』千葉喜久枝訳,創元社
ライザー,S. J., 1995,『診断術の歴史——医療とテクノロジー支配』春日倫子訳,平凡社
多木浩二,2003,『写真論集成』岩波書店
山中浩司,2009,『医療技術と器具の社会史——聴診器と顕微鏡をめぐる文化』大阪大学出版局

● 第10章
東浩紀,2007,『情報環境論集——東浩紀コレクションS』講談社
ボードリヤール,ジャン,1984,『シミュラークルとシミュレーション』竹原あき子訳,法政大学出版局
ボードリヤール,ジャン,1991,『湾岸戦争は起こらなかった』塚原史訳,紀伊國屋書店
ボードリヤール,ジャン／エドガール・モラン,2004,『ハイパーテロルとグローバリゼーション』宇京頼三訳,岩波書店
ベンヤミン,ヴァルター,1994,「ボードレールにおける第二帝政期のパリ」『ボードレール——他五篇』野村修編訳,岩波書店
Bertillon, Alphonse, 1893, *Identification anthropométrique: Instructions signalétiques*, Melun.
ガニング,トム,2003,「個人の身体を追跡する——写真,探偵,そして初期映画」加藤裕治訳,長谷正人・中村秀之編訳『アンチ・スペクタクル——沸騰する映像文化の考古学(アルケオロジー)』東京大学出版会 (Gunning, Tom, 1995, "Tracing the Individual Body: Photography, Detectives, and Early Cinema," Leo Charney and Vanessa Shwartz eds., *Cinema and the Invention of Modern Life*, University California Press.)
長谷正人,2004,「ヴァナキュラー・モダニズムとしての心霊写真」一柳廣孝編『心霊写真は語る』青弓社

橋本一径，2010，『指紋論——心霊主義から生体認証まで』青土社
前川修，2004，「写真論としての心霊写真論」一柳廣孝編『心霊写真は語る』青弓社
ネグリ，アントニオ／マイケル・ハート，2003，『帝国——グローバル化の世界秩序とマルチチュードの可能性』水嶋一憲・酒井隆史・浜邦彦・吉田俊実訳，以文社
ロビンス，ケヴィン，2003，『サイバー・メディア・スタディーズ——映像社会の〈事件〉を読む』田畑暁生訳，フィルムアート社
シンガー，ピーター・ウォーレン，2010，『ロボット兵士の戦争』小林由香利訳，日本放送出版協会
タッグ，ジョン，1999，「監視の技術——証拠物件としての写真」福住廉訳，『現代思想』10月号
坪田敦史，2009，『AH-64アパッチはなぜ最強といわれるのか——驚異的な攻撃力をもつ戦闘ヘリコプターの秘密』ソフトバンククリエイティブ
ヴィリリオ，ポール，1998，『電脳世界——最悪のシナリオへの対応』本間邦雄訳，産業図書
ヴィリリオ，ポール，1999，『戦争と映画——知覚の兵站術』石井直志・千葉文夫訳，平凡社
ヴィリリオ，ポール，2000，『幻滅への戦略——グローバル情報支配と警察化する戦争』河村一郎訳，青土社
渡辺公三，2003，『司法的同一性の誕生——市民社会における個体識別と登録』言叢社

● 第11章

ベイトソン，グレゴリー／マーガレット・ミード，2001，『バリ島人の性格——写真による分析』外山昇訳，国文社
クリフォード，ジェイムズ，1996，「序論 部分的真実」ジェイムズ・クリフォード／ジョージ・マーカス編『文化を書く』春日直樹ほか訳，紀伊国屋書店
クリフォード，ジェイムズ，2003，『文化の窮状——二十世紀の民族誌，文学，芸術』太田好信ほか訳，人文書院
Foster, Hal, 1996, *The Return of the Real: The Avant-Garde at the End of the Century*, MIT Press.
フーコー，ミシェル，1974，『言葉と物——人文科学の考古学』渡辺一民・佐々木明訳，新潮社
ホッキングス，ポール／牛山純一編，1979，『映像人類学』近藤耕人翻訳監修，日本映像記録センター
今福龍太，1999，「映像人類学——ある時間装置の未来」伊藤俊治・港千尋編『映像人類学の冒険』せりか書房
マリノフスキ，ブロニスワフ，2010，『西太平洋の遠洋航海者——メラネシアのニュー・ギニア諸島における，住民たちの事業と冒険の報告』増田義郎訳，講談社
マーカス，ジョージ，E．／マイケル・M．J．フィッシャー，1989，『文化批判としての人類学——人間科学における実験的試み』永淵康之訳，紀伊国屋書店
ミード，マーガレット，1979，「言葉の学問に分け入る映像人類学」ポール・ホッキングス／牛山純一編，近藤耕人翻訳監修『映像人類学』日本映像記録センター
村尾静二・箭内匡・久保正敏編，2014，『映像人類学——人類学の新たな実践へ』せりか書房
大森康宏，1998，「映像としての文化——民族誌映画をめぐって」青木保ほか編『文化という

課題』岩波書店
ルーシュ，ジャン，1979，「カメラと人間」ポール・ホッキングス／牛山純一編，近藤耕人翻訳監修『映像人類学』日本映像記録センター
サイード，エドワード・W.，1986，『オリエンタリズム』今沢紀子訳，板垣雄三・杉田英明監修，平凡社
タン，フィオナ，2013，「フィオナ・タン　インタビュー」『ART iT』2013年10月9日
タン，フィオナ，2014，『まなざしの詩学』東京都写真美術館・国立国際美術館編，美術出版社
吉田憲司，1999，『文化の「発見」──驚異の部屋からヴァーチャル・ミュージアムまで』岩波書店
吉見俊哉，1992，『博覧会の政治学──まなざしの近代』中央公論社
吉見俊哉，2003，『カルチュラル・ターン，文化の政治学へ』人文書院

● 第12章

ブーアスティン，ダニエル・J.，1964，『幻影の時代──マスコミが製造する事実』星野郁美・後藤和彦訳，東京創元社
ユーウェン，スチュアート，1990，『浪費の政治学──商品としてのスタイル』平野秀秋・中江桂子訳，晶文社
長谷正人，2005，「ヴァーチャルな他者とのかかわり──模倣という快楽と自己承認」井上俊・船津衛編『自己と他者の社会学』有斐閣
稲増龍夫，1993，『増補　アイドル工学』筑摩書房
加藤秀俊，1958，『テレビ時代』中央公論社
北野圭介，2001，『ハリウッド100年史講義──夢の工場から夢の王国へ』平凡社
松本美香，2012，『ジャニヲタ女のケモノ道』双葉社
モラン，エドガール，1976，『スター』渡辺淳・山崎正巳訳，法政大学出版局
太田省一，2011，『アイドル進化論──南沙織から初音ミク，AKB48まで』筑摩書房
サドゥール，ジョルジュ，1995，『映画の先駆者たち──パテの時代1903-1909（世界映画全史4）』丸尾定・村山匡一郎・出口丈人・小松弘訳，国書刊行会
佐藤忠男，1995，『世界映画史（上）』第三文明社
佐藤忠男，2006，『増補版　日本映画史1』岩波書店
佐藤忠男，2007，『見ることと見られること』岩波書店
さやわか，2013，『AKB商法とは何だったのか』大洋図書
鳥原学，2016，『写真のなかの「わたし」──ポートレイトの歴史を読む』筑摩書房
吉田司，1999，『スター誕生──ひばり・錦之助・裕次郎・渥美清そして新・復興期の精神』講談社

● 第13章

浅羽通明，1991，『天使の王国──「おたく」の倫理のために』JICC出版
Batchen, Geoffrey, 2004, *Forget Me Not: Photography and Remembrance*, Princeton Architectural Press.
Sconce, Jeffrey, 2000, *Haunted Media*, Duke University Press.

一柳廣孝編，2004，『心霊写真は語る』青弓社
小池壮彦，2000，『心霊写真』宝島社
小中千昭，2003，『ホラー映画の魅力——ファンダメンタル・ホラー宣言』岩波書店
斎藤環，2004，「精神科医は多重人格の幽霊を見るか？」『解離のポップ・スキル』勁草書房

● 第14章
バザン，アンドレ，2015，「完全映画の神話」『映画とは何か（上）』野崎歓・大原宣久・谷本道昭訳，岩波書店
Braun, Marta, 2010, *Eadweard Muybridge*, Reaktion Books.
Brookman, Philip, 2010, *Helios: Eadweard Muybridge in a Time of Change*, Steidl/Corcoran Gallery of Art.
エイゼンシュテイン，セルゲイ，2013，「ディズニー（抄訳）」今井隆介訳，表象文化論学会編『表象07』
顔暁暉，2009，「セレクティブ・アニメーションという概念技法——『リミテッド・アニメーション』の限界を超えて」山本安藝・加藤幹郎訳，加藤幹郎編『アニメーションの映画学』臨川書店
長谷正人，2010，『映画というテクノロジー経験』青弓社
細馬宏通，2013，『ミッキーはなぜ口笛を吹くのか——アニメーションの表現史』新潮社
石田美紀，2008，「新しい身体と場所——映画史における『ロード・オブ・ザ・リング』三部作」藤井仁子編『入門・現代ハリウッド映画講義』人文書院
ラマール，トーマス，2013，『アニメ・マシーン——グローバル・メディアとしての日本アニメーション』大崎晴美訳，藤木秀朗監訳，名古屋大学出版会
マノヴィッチ，レフ，2013，『ニューメディアの言語——デジタル時代のアート，デザイン，映画』堀潤之訳，みすず書房
大塚康生，2013，『作画汗まみれ 改訂最新版』文藝春秋
押井守，2004，『すべての映画はアニメになる』徳間書店
パノフスキー，アーウィン，1982，「映画における様式と素材」出口丈人訳，岩本憲児・波多野哲朗編『映画理論集成』フィルムアート社
トーマス，フランク／オーリー・ジョンストン，2002，『生命を吹き込む魔法——The Illusion of Life』高畑勲編，徳間書店
津堅信之，2017，『新版 アニメーション学入門』平凡社

索　引

―――― 事項索引 ――――

● アルファベット

AKB48の総選挙　228
Apple（アップル）　73
AR　114
ARPANET　68, 71
『ASAYAN』（あさやん）　228
BBS　70
BS　59
cameran　114
CdV　→カルト＝ド＝ヴィジット
CGI　256, 257, 261
CS　59
CT　160, 173
DIY　72, 74, 76
DPE　92, 239
Dynabook（ダイナブック）　69, 71, 73, 76
ENIAC　67, 71
Facebook　190
FLR　184
GIFアニメ　256
GUI　→グラフィカル・ユーザ・インタフェース
HDR写真　114
IHADSS　185
Instagram　65, 115
Jホラー　242, 245, 247
KDKA　49
MRI　160, 173
NHK　52
OS　73
PC　→パソコン
PNVS　184
PTSD（心的外傷後ストレス障害）　189
SFX　32, 40
SNS　23, 64, 65, 95, 96, 108, 110, 190-192, 229, 245
　――のシェア機能　246
　――のタグづけ　246
SNS（写真）コミュニケーション　108, 109, 116
TADS　184
TVゴースト　241
VFX　256
Windows95　73
X線（写真）　160, 171, 172, 237
YouTube　4, 135

● あ　行

アイコノスコープ　47
アイコン　71
アイデンティティ　180, 182, 183
　――の復元・分類・管理　180, 182
アイドル　218, 225-231
『アウフォト』　106
アウラ　1, 4, 6, 38, 219, 224, 231
　――の凋落　1-6, 219
アーカイブ　152
『明るい農村』　56
『明るい部屋』　13
『赤ん坊の食事』　29
秋葉原殺傷事件　113
アップル・コンピュータ　73, 74
アナログ写真　16, 108
アニメ化された画像　258
アニメーション　5, 28, 38, 249-258, 260, 261, 263, 266
　――の源流　253, 256, 258
　――の制作現場　266
　――の生命力　251
『アバター』　257
アパッチ　184, 185, 187, 188

279

アポロ11号の月面着陸の世界同時生中継　55, 130, 132, 134
アマチュア　21, 48, 70-73, 241
アメリカ的消費生活　129
『アメリカン・スナイパー』　189
アーリントン国立墓地　144, 145
アローヘッド　184, 185
安　全　190-192, 194
アンブロタイプ　17
遺影写真　102, 121, 125
硫黄島記念切手　144
『硫黄島の砂』　146, 152
「硫黄島の星条旗」　4, 137-154
医学写真　235
胃カメラ　4, 173
イコン　181, 183, 184
　——としての軍事映像　186, 187
　——としての身体　194
イコン性(模造)　111
『意志の勝利』　126, 127
イーストマン社　21
一太郎　75
一家団欒　56, 57
イデオロギー　37, 189
移動式戦争記念碑　148
『生命を吹き込む魔法』　264
イメージオルシコン撮像管　51
イラク戦争　151, 186
医　療　4
インターネット　94, 152
　——の時制　246
インターネット放送　61
インデックス　111, 181, 182, 188, 242, 243
ウインドウ・システム　68
「宇宙船地球号」　132
写ルンです　103, 104
映　画　1, 3, 26, 28, 46, 52, 125, 129, 167, 178, 196, 198, 219, 226, 250, 255
　——というテクノロジー　31
　——のイデオロギー批判　36, 37
　アトラクションの——　32-34, 37, 39, 40
　古典的——　32, 34, 35, 39, 40
映画研究　133
　——における精神分析学的アプローチ　133
映画スター　125
映画装置論　37
衛星(生)中継　120, 132
衛星放送　59
映　像　193, 211
　——としてのパーソナル化　70
　——の疑似アウラ性　224
　——のデータベース化　185
映像イメージ　223
映像化　193
　——された身体　189
映像社会学　195
映像人類学　199, 203, 212
　——に関する決議　206
映像テクノロジーの進展　229, 230
映像文化　1, 2, 5, 6, 256, 260, 266
　——の社会学　5
　20世紀の——　120, 121
映像文化研究　133
映像編集ソフト　257
『駅馬車』　36
エクストラ　237
エスキモー　198, 199
『エネミー・オブ・アメリカ』　191
エリオグラフィ　10
炎上(事件)　23, 64, 109
『おいしいビール』　254
応用人類学　212
大型スクリーン　75
オーディション　227
オートフォーカス　21
『オリエンタリズム』　207
オリエンタリズム批判　206
『オリンピア』　126-129, 131, 134
オリンピック　55, 120, 129
オンデマンド・サービス　59, 60
「女の子写真」ブーム　114

● か　行

解釈人類学　206
街頭緊急通報装置　190

街頭テレビ　52, 55, 60
街頭テレビ日報　52
海兵隊博物館　150
解剖学　163
カウンター・カルチャー　41, 72, 74-77
拡張現実の時代　116
画像共有サイト　245
画像診断　160, 161, 173
家　族　3
家族アルバム　101, 103, 104, 121
家族写真　101-103, 122
合衆国海兵隊記念碑　144, 145
活版印刷　164
家庭用ビデオデッキ　41
『悲しきピエロ』　254
『カノッサの屈辱』　58
歌舞伎　221
カメラ　245, 252, 261
　——の自動化・小型化　92
カメラ・オブスキュラ　10, 11, 49
カメラ付携帯電話　22, 94
カメラ付スマートフォン　120
『カルトQ』　58
カルト＝ド＝ヴィジット（CdV，名刺判写真）
　　17, 18, 84-86, 91, 92, 124
カロタイプ　12, 17, 196
観光のまなざし　114
感光版（フィルム）　13, 16, 20
監　視　190-192, 194
監視映像　194, 245, 247
監視カメラ　4, 177, 190-194
監視モニター　245
『間接聴診法』　166
完全映画　259, 260
「完全映画の神話」　259
観相学　169
管　理　190, 192, 194
機械式テレビジョン　47
幾何学的連続写真　261, 262
疑似イベント　142, 143, 147, 222
疑似同期化　247
キネトスコープ　255
記念写真　101, 105, 106

キャラクター　251, 261, 263, 264
911テロ　150-152
驚異の部屋　196, 211
胸部X線写真　4
『興味深い時代を生きますように』　210
『極北のナヌーク』　197-199
虚構の時代　113
儀礼的空間　125
記録映画　5, 203
近代化　87, 102
近代社会　105, 224
近代心霊主義　234
近代ナショナリズム　145
近代の表象原理　246
近代批判　208
偶　像　223
組写真　202
クラ（交換）　197
「グラウンド・ゼロの星条旗」　150
グラビア誌　220
グラビア写真　126
グラフィカル・ユーザ・インタフェース（GUI）
　　68, 73, 74
グラフィック革命　223
クローズアップ　38
軍事　184
軍事行動　185-188
　警察化した——　184, 186, 190
群　衆　180
警　察　178-181
警察・軍事映像　190
携帯電話（ケータイ，ケータイ電話）　60, 65,
　　75, 77, 257
『啓蒙の弁証法』　37
『激突！』　40
血圧測定　167
『月世界旅行』　32
ケーブルテレビ　59
原形質　251
『小悪魔ageha』　112
光化学　20
光　学　20
広告映像　249

索　引　281

『工場の出口』　29
合成技術　256
構造人類学　206
高度経済成長　129
『紅白歌合戦』　56, 57
交霊会　233-235
交霊会写真　236
国債ツアー　142, 143, 153
国民（ネーション）　145
国民国家　4, 102, 122
個人　3
　——のアイデンティティ　122
　——の特定化　180
御真影　4, 122-126, 129, 131, 133
　——の神聖性や呪術性　125
　明治6年の——　123, 128
　明治21年の——　123, 128, 133
コスプレ文化（コスプリ）　111
コードのないメッセージ　139, 141, 151, 154
子ども向け番組　57
コミュニケーション　4
　盛る——　111, 114
ゴールデンアワー　56
コンテンポラリー・アートの民族誌的転回
　　210, 211
コンピュータ　257

● さ　行

再帰性 reflexivity　104
再帰的な自己の維持　110
再帰的な人間関係の構築　106, 107
サイレント映画　32
詐欺プリ　112, 115
ザ・コダック　21, 92
『サザエさん』　252
撮像　46
『サモアの思春期』　200
3点認識型　238
参与観察　197
ジオラマ　10, 29
視覚（的）効果　39, 40, 249, 256, 266
視覚社会学　195
『視覚的人間』　38

視覚のリアリティ　246
『時間ですよ』　227
『地獄の黙示録』　41
自己肯定　110
私生活　129, 130, 132
『時代の顔』　86
視聴者　228
実写映画　252, 253, 257, 258
実写映像　261, 263, 264, 266
湿版コロディオン法　17, 82
私的空間　122
私的な映像文化の時代　132
自動車ナンバー自動読取装置（Nシステム）
　　190
自撮り　245
シネ＝トランス　205
シネマ・ヴェリテ　205
シネマトグラフ　28-30, 172, 220, 254
ジブリ（作品）　252, 265
司法写真　87, 90, 177-180, 190, 235
シミュラークル　107, 111, 147
シミュレーター　188
指名手配写真　181, 182
指紋　89
指紋法　183
社会（的）制度　121, 122
社会秩序　4, 87, 125, 128, 129
　国家主義的な——　131
社会的記号　85-87
『邪願霊』　242
写交性　109
写真　1, 3, 65, 100, 101, 113, 120-122, 125,
　　139, 167, 168, 180-183, 196-198, 200, 219,
　　220, 223, 225-237
　——と被写体の同一視　15, 19
　——の意味作用　152
　——の痕跡性　13-18, 20
　——の自動（処理）機構　235, 239, 240
　——の大衆化　92
　——のデジタル化　108
　——の複製性　17, 18, 20
　——の文化　12, 18, 20, 23, 100
　——の流通（拡散）　108, 109

——を撮ることの大衆化　20-23
　　　——をめぐるコミュニケーション　101
写真印刷(写真製版)　19
写真研究　133
　　　——における記号論　133
写真コミュニケーション　102, 104, 105
　　　——の個人化　103, 104
　　　現実を盛る——　113, 114, 116
写真術　10-13, 15, 87, 96
写真投稿サイト　135
ジャストシステム　75
ジャニヲタ　230
写メール(写メ)　22, 93, 108
宗教画　38
「17歳」　227
重要指名手配被疑者の(ポスター)写真　177, 178
16ミリフィルム　202
呪術性　124, 126
受像　46
『ジュラシック・パーク』　257
シュルレアリスム　205, 208-210
シュルレアリスム宣言　209
肖像画　38
肖像写真　14, 17, 82-84, 86-92, 95, 121, 122, 124
　　　——の大衆化　17
　　　パスポートの——　90
承認　230
消費社会　146-149, 223
消費生活　130
情報通信テクノロジー　184-187, 191
証明写真　87, 121, 122
ジョージ・イーストマン社　21
『白雪姫』　250, 264
シリー・シンフォニーシリーズ　251
新3人娘　227
『人体の構造』　164
『診断術の歴史』　162
心電図　167
新派　221
人類学　196, 199, 203-206, 208, 211, 212
人類学批判　211

人類学フィルム・アーカイブ　206
心霊映画　243, 247
心霊映像　233, 244-247
　　　インターネット上の——　247
心霊写真　5, 193, 235-238, 240, 243, 244, 246
　　　——の1度目の死　238
　　　——の語られ方　239, 241
　　　——のステージ1　238
　　　——のステージ2　238-240, 242
　　　——の第2の死　240, 241
　　　あるといえばある——　238
　　　あるものがある——　235
心霊写真師　235-237
心霊写真スタジオ　233, 238
心霊写真ブーム　240
心霊動画(サイト)　233, 243
心霊ビデオ　5, 241, 242, 245, 246
　　　——にまつわる都市伝説　242
心霊ホラー作品　242
スカッシュ＆ストレッチ(潰しと伸ばし)　264
スター　5, 217-219, 221-225, 228-231
　　　——の神話性　226
スター・アイドル化現象　230
『スター・ウォーズ』　257
『スター・ウォーズ　エピソード1』　257
スターシステム　220
ステレオ写真　18
ステレオ・スコープ　18
ストラップゴースト　240
砂嵐　243
スーパー防犯灯　190
スペクタクル　172, 258
スマートフォン(スマホ)　60, 65, 75, 77, 94, 229
　　　——における写真加工アプリ　114
スマトラ島沖地震におけるインド洋の大津波の記録映像　135
3D(映像)　32, 40, 260
スローモーション　38
成婚パレード　53
『精神の生態学』　200
西部劇　34

索　引　283

ゼラチン乾板　17
セル画　266
セルフィ（自撮り写真／画像）　94-96, 230
　　──をめぐるコミュニケーション　95
セルフ・ポートレイト　82, 94, 96
全自動カメラ　239
戦争ゲーム　177, 183, 188
戦争の映像化　184
走査　46
想像の政治共同体　145
『贈与論』　197, 209
ゾーエトロープ　27
ソーシャルネットワーキングサイト　229
卒業アルバム　5
ゾープラクシスコープ　255, 256
ソーマトロープ　27, 253

● た　行

大河ドラマ　56
大衆娯楽文化　31
大衆文化　5
タイムライン　191
タグ付け　190
タグによる写真管理のシステム　110
ダゲレオタイプ　10-12, 14-17, 82-84, 196
他者への非対称な崇拝　230
タッチパネル式　76
タブレット端末　76
多摩ケーブルネットワーク　59
『探偵王ニック・カーター』　219
『父親たちの星条旗』　152-154
超音波画像　160
超音波診断装置　173
聴診器　166
通　信　48-50, 60, 61
つながり　115
　　──の可視化　110
　　──の社会性　110
テアトル・オプティーク　254
『ディスオリエント』　210-212
ディズニー（映画）　5, 250-252, 262, 265
ディスプレイ　71
テクニカラー　250

テクノロジー（複製技術）　2
デジタル・アーカイブ　212
デジタル・カメラ　3, 16, 22, 94, 120, 132, 244
デジタル・カメラ付携帯電話　93, 94
デジタル技術　256
デジタル・サイネージ広告　75
デジタル写真　16, 22, 108, 243
デジタル・ビデオカメラ　25, 31, 41, 135
デジタル放送　60
デスクトップ　68
データベース　110
鉄道　179
『鉄腕アトム』　265
テレクトロスコープ　49
テレグラフ（電信）　46
テレビ　3, 46, 50, 130, 172, 194, 225-228
　　──のオーディエンス研究　134
　　大晦日の──　56
テレビアニメ　265
テレビ研究　133
　　──におけるオーディエンス論　133
テレビコマーシャル　129
テレビ受像機　52
テレビジョン　46, 52, 129
テレビジョン電話　50
テレビ離れ　59
テレビ放送　55
テレフォン（電話）　46
電子式テレビジョン　49, 51
電磁波　237
天皇制の儀式　129
『天皇の肖像』　122
トイカメラ　114
東映動画　265
動画合成　253, 254, 259, 260, 265, 266
動画投稿サイト　135
東京スカイツリー　61
投稿型心霊映像　238, 239, 241, 242
投稿鑑定システム　240
投稿ビデオ　247
同時多発テロ事件　55
『東芝日曜劇場』　56
『東方見聞録』　196, 211

トーキー映画　32
『ドキュマン』　209
ドキュメンタリー映画　199
『独裁者』　189
読者モデル　230
トマホーク　186
止め絵　265
『ドラえもん』　252
トリック（撮影）　33, 38
『ドリーの冒険』　34, 36
撮ること／撮られることの大衆化　92
撮る文化　22
ドローン　186, 188, 189

● な　行

内視鏡　160, 173
内閉　109
ナショナリズム　4
『ナショナルゴールデン・アワー』　56
ナショナルな共同性　55, 57
ナチュラル盛り　115
ナヌーク　199
ナマ写真　20
ニコニコ動画　76
『西太平洋の遠洋航海者』　197, 198, 200, 206
「20世紀の人間たち」　86
日常写真　93, 95
日常写真ブーム　93, 105
2ちゃんねる　76
ニプコー円板　47
日本映画　221
日本テレビ（NTV）　51, 52
日本放送協会　51
ニュース映画　126
ニュース映像　120, 130
ニューメディア　59
『人魚の踊り』　251
『人間の顔貌のメカニズム』　169
ニンテンドー戦争　188
ヌーヴェルヴァーグ　206
ネ　ガ　11, 12
ネガ・ポジ法　11, 12, 15, 17
『呪われた部分』　209

● は　行

バイオメトリクス　183
バカッター　109
パケット通信　69
パソコン（PC）　3, 64-66, 70, 76, 77
パーソナル化　3, 65, 66, 71, 72, 74, 77
　映画文化の──　39, 41, 42
　コンピュータの──　71, 73
　文化としての──　75
　見ることの──　58
パーソナル・コンピュータ　41, 69, 94
パーソナルな私的経験　135
パーソナルな文化　132
バーチャルな他者　225, 231
バーチャル・リアリティ　260
パノラマ　29
ハーフトーン印刷（網目写真版印刷）　19
パラパラマンガ　28, 256, 258
ハリウッド（映画）　5, 26, 31, 32, 37, 40, 146, 220, 221, 256
『バリ島人の性格──写真による分析』　197, 200, 202, 203
パリ民族学会　196
パロディ広告　147
『ハワイ・マレー沖海戦』　126
犯罪者記録カード　88
『犯罪者写真台帳のための被写体』　178, 179, 182
反戦運動　70, 71
反体制運動（カウンター・カルチャー）　70
反体制文化　72
東日本大震災の津波を捉えたホーム・ムービー映像　135
光のパントマイム　254
ピクサー社　252
被写体　13-16, 18, 20, 205, 234, 236
　──の自意識　95
非対称な関係　218, 225, 226
ビッグデータ　212
ヒッピー文化　41, 70, 72, 75, 76, 131
ビデオ　242, 247
　──におけるTVゴースト　241
ビデオデッキ　59, 247

ビデオテープ　242, 247
『人及び動物の表情について』　169
批判的人類学　206, 208
ピュリッツァー賞　140
ファクシミリ　46
ファン　225, 227, 228
『ファンタジア』　250
フィールドノート　203
フィルム写真文化　111
フェナキスティスコープ　27, 28, 253, 255, 256, 258
フエルアルバム　102, 104
フォトジェニック・ドローイング　12
フォトジェニックな心霊写真グラビア時代　241
フォト・ジャーナリズム　202
『フォレスト・ガンプ』　257
不可視光　237
複数フレーム性　246
複製（技術）　1, 3, 5, 38, 125, 142
複製技術革命　143
「複製技術時代の芸術作品」　38, 170
複製芸術論　6
プライバシー　130
ブラウン管　172
プラクシノスコープ　254
プリクラ（プリント倶楽部）　4, 93, 99, 105-109, 111-114, 120, 229
　　──のコミュニケーション　107, 111
　　公衆電話に貼られた──　107
プリクラ手帳　106, 107, 109
フル・アニメーション　265
ブルジョワジー（市民階級）　3, 84-87, 121, 122
フレーム　246
フレーム内フレーム映像　241
プロジェクション・マッピング　114
プロパガンダ映画（映像, 装置）　126, 132, 148
ブロマイド写真　18
フロンティア精神　75
文化産業　37
『文化の窮状』　208

文化の社会学　206
『文化批判としての人類学』　208
『文化を書く』　206, 208
ヘッドレスト　234
『ベティ・ブープ』　262
ベトナム反戦　70, 71, 225
ベルティヨン・システム（方式）　88, 180-183
ベルリン・オリンピック　126
放射線　237
放　送　48, 50, 51, 53, 55, 59-61
報道写真　120, 125, 139, 141, 151
防　犯　190-192, 194
ポケットアルバム　104
ポ　ジ　11, 12
ポスト構造主義文学理論　208
ポスト古典的映画　32, 40
ポストコロニアリズム　208, 210, 211
ポストプロダクション　257, 258
ポータブル・テープレコーダー　205
ポップ・カルチャー　146, 150, 153
ポトラッチ　197
ポートレート写真　229
『ポパイ』　262
ホーム・ムービー　4, 120-122, 135
「ホール・アース・カタログ」　72-77
『本当にあった呪いのビデオ』シリーズ　241

●ま　行
マイクロソフト社　73, 74
マイコン　74
マジック・ショー　235
マジックランタン　29, 254, 255
マスコミュニケーション　100
マスメディア　20, 142, 220
マッキントッシュ　73
マルチプレーンシステム　250
『水をかけられた撒水夫』　29
ミッキーマウス　38, 251
ミニアルバム　105
身分証明書　87
脈波計　167
ミュージックビデオ　256
見ることの大衆化　92

「見る」文化　32
　――としての映画　31, 36
民主化　4
民主主義　1
民族学　196, 212
民族学研究所　209
民族誌　204, 206-210, 212
民族誌映画　203, 205
民族誌学的映像　208
民族誌的シュルレアリスム　210
民族誌的真実　207
無線　48, 49, 55
無名性　5
名刺判写真　17, 84, 125
メインフレーム　67, 68
メディア・イベント　57
「メメント（・モリ）」から「モメント」への変容　245
モーションキャプチャ　256, 261, 262, 264
モダニズム　208
モニター　244
物語性の有無　255
モーフィング　256
模倣　221, 223, 229
盛りプリ　112
盛る　110, 112, 115, 116

● や　行
有名人　223
『夕やけニャンニャン』　227
『愉快な百面相』　253

ユーザー生成コンテンツ　245

● ら　行
『ライフ』　19
ライブドアによるニッポン放送の買収騒動　61
ラジオ　48, 50-52
リア充　113, 116
リアリティ感覚の希薄化　113
理想の時代　113
『リフト』　210
リミテッド・アニメーション　265
『臨床医学の誕生』　164
霊媒　234, 235, 238
『列車の到着』　30
『レ・ミゼラブル』　180
連合赤軍による浅間山荘事件　55
レンズ付きフィルム（使い捨てカメラ）　21, 93
『連続テレビ小説』　56
レンタル・ビデオ　41, 242
レンタル・ビデオ店　247
ロトスコープ　250, 263, 264
ロンドン民族学会　196

● わ　行
早稲田式テレビジョン　49
『私をスキーに連れてって』　103
ワールドカップ　55, 120
湾岸戦争　184, 188
ワンセグ放送　60

――――　人 名 索 引　――――

● ア　行
赤田祐一　74
浅羽通明　104, 239
アーチャー（Frederick Scott Archer）　17
アドルノ（Theodor W. Adorno）　37
天地真理　227
アームストロング（Neil Alden Armstrong）　130, 131

嵐寛寿郎　222
アーリ（John Richard Urry）　114
アルチュセール（Louis Pierre Althusser）　151
アルバート公　124
アンダーソン（Benedict Richard O'Gorman Anderson）　145
飯田豊　50

石原裕次郎　222
イーストウッド（Clint Eastwood）　152, 189
市川右太衛門　222
稲増龍夫　226
ヴィクトリア女王　124
ウィリアムズ（Raymond Henry Williams）　206
ヴィリリオ（Paul Virilio）　186, 187
ウェイン（John Wayne）　146
ヴェサリウス（Andreas Vesalius）　164
ヴェルトフ（Dziga Vertov）　205
ウェルドン（Felix Weihs de Weldon）　144
ウォズニアック（Stephen Gary Wozniak）　73
内田九一　123
宇野常寛　116
エイゼンシュテイン（Sergei Mikhailovich Eisenstein）　251, 258
AKB48　228
エッカート（John Adam Presper Eckert, Jr.）　67
エディソン（Thomas Alva Edison）　172, 255
エンゲルバート（Douglas Carl Engelbart）　68-71, 73
大河内傳次郎　221
太田省一　227, 229
押井守　257
おニャン子クラブ　227
オルドリン（Buzz Aldrin）　130

● カ 行

カイル（Christopher Scott Kyle）　189
片岡千恵蔵　221
加藤秀俊　226
加藤裕康　94
ガニング（Tom Gunning）　32, 39, 181
カリム（Jawed Karim）　135
ガルボ（Greta Garbo）　221
ガレノス（Claudius Galēnos）　162, 166
ギアーツ（Clifford James Geertz）　206
北野謙　89
ギデンズ（Anthony Giddens）　104
キャメロン（James Francis Cameron）　257

ギュンテール（André Gunthert）　95
キョッソーネ（Edoardo Chiossone）　123
キーンホルツ（Edward Kienholz）　148
クーパー（Gary Cooper）　221
グラムシ（Antonio Gramsci）　151
グリフィス（D. W. Griffith）　34, 35
クリフォード（James Clifford）　206-210
ケイ（Alan Curtis Kay）　69-73, 75, 76
ゲイツ（William Henry "Bill" Gates III）　73, 75
ケネディ大統領（John F. Kennedy）　257
ゲーブル（Clark Gable）　221
小池壮彦　240
高野光平　56
コッポラ（Francis Ford Coppola）　41
小柳ルミ子　227
ゴルトン（Francis Galton）　89

● サ 行

サイード（Edward Wadie Said）　206, 207
斎藤環　246
佐藤忠男　57, 218, 224, 226
サドゥール（Georges Sadoul）　220
サーノフ（David Sarnoff）　50
さやわか　227
ザンダー（August Sander）　86, 87
サンレク（Constantin Senlecq）　49
島津斉彬　100
シャルコー（Jean-Martin Charcot）　169
正力松太郎　51, 52
ジョブズ（Steven Paul "Steve" Jobs）　73, 75
シンガー（Peter Warren Singer）　188
スウィントン（Alan Archibald Campbell-Swinton）　47
スコット（Tony Scott）　191
スピルバーグ（Steven Allan Spielberg）　40, 152
ゼメキス（Robert Lee Zemeckis）　257
ソンタグ（Susan Sontag）　133

● タ 行

ダイアモンド（Hugh Welch Diamond）　168
ダーウィン（Charles Robert Darwin）　169

高柳健次郎　　45, 47, 49-51
多木浩二　　86, 121-123, 133
ダゲール（Louis-Jacques-Mandé Daguerre）
　　10, 11, 96
タン（Fiona Tan）　210, 212
チャップリン（Charles Spencer Chaplin）
　　38, 189
ツヴォルキン（Vladimir Kosmich Zworykin）
　　47, 50
角田隆一　93
鶴田法男　242
ディスデリ（André-Adolphe-Eugène Disdéri）
　　17, 84
手塚治虫　265
デュシェンヌ・ド・ブローニュ（Guillaume Duchenne de Boulogne）　168, 169
鳥原学　229
トルボット（William Henry Fox Talbot）　11, 12, 17
ドワン（Allan Dwan）　146

● ナ 行
ナダール（Félix Nadar）　14, 82, 83, 85, 86
ニエプス（Joseph Nicéphore Niépce）　10
西垣通　75
蜷川実花　114
ニプコー（Paul Julius Gottlieb Nipkow）　47

● ハ 行
ハーヴェイ（William Harvey）　166
バザン（André Bazin）　14, 259, 260
パース（Charles Sanders Peirce）　111, 181
ハースト（William Randolph Hearst）　173
長谷正人　227
長谷川一夫　222
バタイユ（Georges Albert Maurice Victor Bataille）　209
バッチェン（Geoffrey Batchen）　14
パノフスキー（Erwin Panofsky）　250, 251, 258, 264
バヤール（Hippolyte Bayard）　82, 96
バラージュ（Béla Balázs）　38
バルザック（Honoré de Balzac）　14

バルト（Roland Barthes）　13, 133, 139, 141, 151, 234
バレンティノ（Rodolfo Valentino）　221
阪東妻三郎　222
ヒポクラテス（Hippokrátēs）　162
ブーアスティン（Daniel Joseph Boorstin）
　　142, 143, 147, 222, 223, 231
フィッシャー（Michael M. J. Fisher）　208
フェルゼンスタイン（Lee Felsenstein）　70-73
フォスター（Hal Foster）　210
フォード（John Ford）　36
フーコー（Michel Foucault）　164, 165
ブッシュ大統領（George W. Bush）　150
フライシャー兄弟（brothers Max Fleischer and Dave Fleischer）　263
ブラウン（Ludwig Braun）　26
ブラックトン（James Stuart Blackton）　253
フラハティ（Robert Joseph Flaherty）　197-199, 205
フランクリン（Thomas E. Franklin）　150
ブランド（Stewart Brand）　72, 73, 75-77
ブルデュー（Pierre Bourdieu）　101
ブルトン（André Breton）　209
ベアード（John Logie Baird）　47
ベイトソン（Gregory Bateson）　197, 200, 202
ベイン（Alexander Bain）　46, 47
ベル（Alexander Graham Bell）　46, 49
ヘルツ（Heinrich Rudolf Hertz）　46, 48
ベルティヨン（Alphonse Bertillon）　88, 90, 180-182
ベンヤミン（Walter Bendix Schönflies Benjamin）　1-6, 37, 39, 125, 170, 171, 180, 219
ボアズ（Franz Uri Boas）　196, 199
ボガート（Humphrey DeForest Bogart）　221
星合正治　49
ボードリー（Jean-Louis Baudry）　37, 134
ボードリヤール（Jean Baudrillard）　146, 147
ボードレール（Charles Pierre Baudelaire）　85

索引　289

ホープ（William Hope） 237
ホール（Stuart McPhail Hall） 151
ホルクハイマー（Max Horkheimer） 37

● マ 行

マイブリッジ（Eadweard Muybridge） 27,
　171, 255, 256, 258, 261
マーカス（George E. Marcus） 208
マクルーハン（Herbert Marshall McLuhan）
　54, 64
マッキンタイアー（John Macintyre） 26
松本美香 230
マノヴィッチ（Lev Manovich） 64, 257, 258
マムラー（William Mumler） 236, 237
マリノフスキ（Bronisław Kasper Malinowski）
　197-200, 206
マルヴィ（Laura Mulvey） 37
マルコーニ（Guglielmo Marconi） 48, 50
マルコ・ポーロ（Marco Polo） 196, 211
マレー（Étienne-Jules Marey） 27, 28, 167,
　171, 261, 262
水越伸 55
美空ひばり 224
見田宗介 113, 116
ミード（Margaret Mead） 197, 200, 202-204,
　206
南沙織 227
宮台真司 113
ミュラー（Ray Müller） 126, 128
明治天皇 122, 123
メリエス（Georges Méliès） 32, 38
モークリー（John William Mauchly） 67
モース（Marcel Mauss） 197, 209
モーニング娘。 228
モラン（Edgar Morin） 219, 221

● ヤ 行

山口百恵 225
ユーウェン（Stuart Ewen） 223
ユゴー（Victor Marie Hugo） 180
吉田司 222

● ラ 行

ライザー（Stanley Joel Reiser） 162
ラエネク（René Théophile-Hyacinthe Laennec）
　166
力道山 52
リーフェンシュタール（Leni Riefenstahl）
　126-128, 133
リュミエール兄弟（Auguste et Louis Lumière）
　25, 26, 28-30, 32, 38, 42, 46, 172, 254
ルーカス（George Walton Lucas, Jr.） 257
ルーシュ（Jean Rouch） 199, 202, 205, 206
ルーズベルト大統領（Franklin Delano
　Roosevelt） 142
ルロワ＝グーラン（André Leroi-Gourhan）
　202, 203
レイノー（Charles-Émile Reynaud） 254,
　255, 258
レヴィ＝ストロース（Claude Lévi-Strauss）
　204, 206
レノン（John Lennon） 224
レリス（Julien Michel Leiris） 209
レントゲン（Wilhelm Conrad Röntgen） 171,
　172
ローゼンソール（Joe Rosenthal） 140, 145,
　146
ロビダ（Albert Robida） 50
ローレンス（Florence Lawrence） 220

● ワ 行

ワイリー（Edward Wyllie） 237

映像文化の社会学
Sociology of Visual-Imagery Media

2016 年 10 月 10 日　初版第 1 刷発行
2018 年 5 月 30 日　初版第 2 刷発行

編　者	長　谷　正　人
発行者	江　草　貞　治
発行所	株式会社　有　斐　閣

郵便番号 101-0051
東京都千代田区神田神保町 2-17
電話 (03) 3264-1315 〔編集〕
　　 (03) 3265-6811 〔営業〕
http://www.yuhikaku.co.jp/

印刷・大日本法令印刷株式会社／製本・牧製本印刷株式会社
© 2016, Masato Hase. Printed in Japan
落丁・乱丁本はお取替えいたします。
★定価はカバーに表示してあります。
ISBN 978-4-641-17424-5

[JCOPY] 本書の無断複写 (コピー) は、著作権法上での例外を除き、禁じられています。複写される場合は、そのつど事前に、(社) 出版者著作権管理機構 (電話03-3513-6969、FAX03-3513-6979、e-mail: info@jcopy.or.jp) の許諾を得てください。